中国新闻社　编著

中国焦点
面对面

一

中国言实出版社

图书在版编目（CIP）数据

中国焦点面对面 / 中国新闻社编著. -- 北京：中
国言实出版社，2022.12
ISBN 978-7-5171-4375-8

Ⅰ.①中… Ⅱ.①中… Ⅲ.①社会问题—研究—中国
—现代 Ⅳ.①D669

中国版本图书馆CIP数据核字（2022）第255702号

中国焦点面对面

出　版　人：冯文礼
责任编辑：曹庆臻
责任校对：王建玲

出版发行：中国言实出版社
　　　　　地　　址：北京市朝阳区北苑路180号加利大厦5号楼105室
　　　　　邮　　编：100101
　　　　　编辑部：北京市海淀区花园路6号院B座6层
　　　　　邮　　编：100088
　　　　　电　　话：010-64924853（总编室）　010-64924716（发行部）
　　　　　网　　址：www.zgyscbs.cn　　电子邮箱：zgyscbs@263.net

经　　销：新华书店
印　　刷：徐州绪权印刷有限公司
版　　次：2023年5月第1版　　2023年5月第1次印刷
规　　格：710毫米×1000毫米　　1/16　　25.75印张
字　　数：330千字

定　　价：88.00元
书　　号：ISBN 978-7-5171-4375-8

面对世界，话说中国

"希望给公众、特别是那些想要了解当今中国的海外朋友，提供一个观察视角、一种思考维度、一幅真实图景、一份权威解答。"

中国新闻社在创办《中国焦点面对面》栏目之初，主创团队这样描述栏目初衷。

面对百年未有之大变局，世界对中国的关切越来越多，围绕中国的焦点话题日益突出。为了回应关切、解说话题，中新社推出高端人物访谈类融媒体专栏《中国焦点面对面》，邀请各领域各行业的权威与大家，围绕与中国相关的焦点热点议题，他们"谈与论"，我们"记和录"，真实、直观地解读中国发展，讲述中国故事。

面对面，问答之间，透过百年华诞的世界最大政党看待世界的"目光"，揭示中国共产党的"成长密码"；展现我们国家"开门立法"之进步，详解普通人的"民声"如何经常被吸纳到国家法律中；借助大量史实与事实，向公众讲明藏传佛教活佛转世事务的最高权威属于中央政府；从 GDP 增速目标"重现"政府工作报告说开去，清晰传递中国进入高质量发展阶段信息；通过生动案例解读全面推进乡村振兴战略内涵，展示中国"拼经济"会给世界带来的无限商机；于分享"在故宫修文物"和长城申遗背后故事之际，娓娓道尽文物和文化遗产的生命历程与文化尊严；从"天宫""嫦娥"到"祝融""羲和"，勾画中国人探索浩瀚宇宙，建设航天强国的坚实足迹；回顾过往，笑对风雨，畅谈港澳与内地真诚"双向奔赴"的美好未来……栏目努力以权威声音用事实说话，厘清国家成长脉络，洞见国家发展趋势，剖析热门新闻背后历史逻辑，融汇信息、辨析事理。

自 2020 年底创办以来，《中国焦点面对面》栏目对近百位权威人士、领域大家、行业翘楚进行了访谈。作为一个调动中新社海内外全媒体采集力量共同打造的融媒体栏目，每一次访谈均会推出"融媒体主产品＋文图视专业产品＋碎片化周边产品"的融合产品矩阵，在"两端三微"以及海外传统媒体、社交账号等多个传播渠道分发，成为中新社在新闻生产中资源、流程、产品融合的全方位探索。

这些新闻产品固然已经全部与受众见面，但作为参与者、创作者，还是希望能将其中的真知灼见、崇论宏议以另一种更长久的方式留存。所以，从既往访谈报道中精选出数十篇具有代表性、凸显针对性的作品辑印成册，既是帮助读者多一种途径和形式了解"关于中国"的方方面面，也是为我们自己留下一个真切的"足迹"和珍贵的纪念，激励和提醒我们继续踔厉奋发、勇毅前行，更好地讲好中国故事。

编　者

2023 年 4 月

目 录

CONTENTS

大国之治

中国这十年

经纬纵横

📝 人文泛舟

📝 逐梦苍穹

港澳传声

大国之治

100 岁的中国共产党，如何看待世界的"目光"

 本期策划 ｜ 夏宇华

 记者 ｜ 张蔚然　徐朋朋　蒋启明

 撰稿 ｜ 张蔚然

 播发时间 ｜ 2021 年 6 月 11 日

采访嘉宾　谢春涛
时任中央党校（国家行政学院）副校（院）
长，现任中央党校（国家行政学院）分管
日常工作的副校（院）长

- 西方绝没有任何理由说中国不民主，绝没有任何理由说我们的民主效果比他们的差

- 中共目的从来不是为了去输出价值观、意识形态，输出制度，输出革命，我们不会这样做。事实上也证明，谁想这样做也做不成

> 建党百年之际，世界的目光聚焦中国共产党。世界最大政党的"发展密码"是什么？面向第二个百年，中共面临的最大挑战是什么？应该如何看待世界关切的"目光"？

扫 码
看访谈视频

访谈实录

FANGTAN SHILU

中新社记者：100年前中共成立前后，中国先后有过二三百个政党，只有中共"脱颖而出"，不断发展壮大，执政地位持续巩固。放眼全球各国政党，连续执政逾30年的（已经是）屈指可数。您如何看待中共的"发展密码"？

谢春涛：现在世界上党龄超过100年的党不多了，连续执政超过70年、继续在执政的，只有中国共产党。

中国共产党为什么能？得从她的历史当中找寻答案。中国共产党之所以取得今天这样的成就，简单地说是赢得了最大多数中国人的拥护和支持。中国共产党一成立就确定要为工农大众谋利益，推翻旧的不合理制度，到1945年中共七大就确定了全心全意为人民服务的宗旨。

当年的中共主要领导人毛泽东要求中国共产党人把人民当作自己的"上帝"，讲的是愚公移山的故事，毛泽东就用这个故事要求中国共产党人感动自己的"上帝"——人民群众。

中共中央总书记习近平一再强调以人民为中心，一再强调人民至上。从成立一直到现在，中国共产党把人民放在最重要的位置上，这个理念没有变过。

从实践中看，中国共产党成立百年来为人民做了什么？首先在民主革命时期推翻了帝国主义、封建主义、官僚资本主义的统治，让中国人站立起来，让中国人政治上翻了身，经济上做了主人，解决了近代以来其他任何政治势力、任何政党都没能完成的任务。新中国成立后，在中国共产党的领导下，（我们）建立了国家工业化现代化的基础，使人民群众生活有了明显改善，中国人的人均寿命大幅度提高。改革开放以来，通过推进改革开放新的伟大革命，极大地解放和发展生产力，中国的经济实力、科技实力有了大幅发展，人民群众生活水平有了明显改善，中国人逐步富起来了。

2021年7月1日上午，庆祝中国共产党成立100周年大会在北京天安门广场隆重举行。
中新社记者 盛佳鹏 摄

中共十八大以来，习近平总书记明确提出，人民对美好生活的向往，就是我们的奋斗目标。去年以来疫情防控，习近平总书记强调"人民至上、生命至上"，中国取得了新冠疫情防控重大战略成果，中国经济在短时间内得到恢复发展，人民生活基本恢复常态。中国人民从自己的切身感受当中，实实在在感觉到党为自己谋利益。跟党走，国家、民族包括人民的前途会越来越好。

中新社记者：即将步入第二个百年，作为世界最大政党的中共面临的最大挑战是什么？执政能力需从哪些方面继续增强？

谢春涛：在中共十九大报告中，习近平总书记做了一个非常重要的政治判断，中国社会的主要矛盾发生了转化变化，已经转化成人民日益增长的美好生活需要和不平衡不充分的发展之间的矛盾。中国已经成为世界第二大经济体，200多项工业产品的产量产能世界第一。今后人民群众除了继续增长的物质文化需要之外，对于民主法治、公平正义、环境安全有了更多更高的要求。

怎么满足这个要求？习近平总书记提出"四个全面"战略布局，不光看清楚了挑战之所在，分析清楚了挑战存在的原因，更找到了应对这些挑战的成功做法。

我认为，关于社会主要矛盾转化变化的判断，是十九大报告立论的基础，也是习近平新时代中国特色社会主义思想立论基础。

还有一个某种程度上更难的挑战——国际方面的挑战。这些年来世界范围内，包括中国所处的国际环境变得跟过去任何时期都不太一样。变局对我们来讲影响最大的、应对挑战最难的，恐怕是中国的快速发展让有些国际社会的成员不适应。过去有些难题不是完全没有，但至少没有今天这么尖锐，没有今天应对起来这么困难。

不管有些西方人对我们怎么做，我们有自己的定力、方向、节奏。尽管我们遇到了一些困难，但依然走得很好，走得很稳。我相信在以习近平同志为核心的党中央坚强领导下，全国人民高度团结凝聚起来，没有什么困难不能够战胜，没有什么挑战不能够克服。

中新社记者： 从外国政党政要到普通外国友人，近些年有兴趣了解、观察和学习中共治国理政经验的外国人士不断增多。您经常向海外介绍中共，能否结合自身经历谈谈中共执政理念之中有哪些具有超越国别的普遍意义？

谢春涛： 这些年来我经常有机会跟外国政党，尤其是发展中国家政党政要交流，有机会到他们的国家、到他们的党去访问，更有机会在北京、在中国接待他们来访。

我本人学习研究中国共产党历史。过去我自认为对中国共产党比较了解，因为中国共产党不同时期的历史我都比较熟悉，但后来有机会同很多外国政党有了深入广泛交流之后，我发现过去的了解是不够的，缺乏中国共产党跟别的党的比较。

很多政党有共通的方面。比如说，执政党无论在哪个国家和地区执政，无论自认为党是什么性质、要为谁谋利益、为谁代言，所在国家和地区的老百姓（对执政党）的要求，跟别的国家地区的老百姓对其他执政党的要求，我觉得都是差不多的。

比如作为一个普通民众，都希望自己所在国家和地区的执政党能够实现经济快速发展，创造越来越多就业机会，收入越来越高，生活越来越好；都希望自己国家和地区的执政党能够不断推进民主政治，不断健全法治，让老百姓合法权益得到越来越多的切实保障；都希望执政党能给他们带来越来越丰富多彩的文化产品和享受；都希望执政党给他们带来越来越多的生活保障，越来越好的医疗、养老等公共服务；都希望自己所生存的环境越来越好，有洁净的空气和水，谁都不愿意见到污染雾霾。

我举了人们日常生活最重要的这五个方面，哪个国家和地区的老百姓会有什么根本的不同呢？可能只会有程度的不同、方式的不同，实质上是没有不同的，执政党都要满足老百姓这样的需求。如果从这个角度看，中国共产党在满足老百姓需求方面显然做得是好的。

中新社记者：这次新冠肺炎疫情让人们更直观感受到中西方的差异，并试图理解中国的国家制度和治理体系。有人说中国道路的成功将对西方造成威胁，并将中国定义为所谓的"制度性对手"。您如何看待中西方制度和治理体系的差异？

谢春涛：西方有些人（感到）不安甚至惶恐，当然有他们的原因，其中有人就从意识形态、社会制度的角度考虑。过去很长时间，甚至过去几百年间，有些西方人看来，他们的制度是世界上最好的制度，他们的文化也是世界上最好的文化。尤其是上世纪80年代苏东剧变之后，他们抛出"历史终结论"。在他们看来，资本主义是人类历史上最好的制度，而社会主义终结了。

但是世界没有像他们所期望的那样发展。在中国共产党领导下，改革开放以来这几十年间，尤其是党的十八大以来，中国走得越来越好，中国坚定不移地走经过长时间探索走出的中国特色社会主义道路。在实现现代化方面，尽管中国是后来者，曾经落后西方国家几十年甚至上百年，中国共产党人一直想找出一条后发国家赶超的路径。

经过多年的探索努力，也包括走弯路，中国共产党人找到了这条路，那就是中国特色社会主义道路。中国共产党人提出和发展了中国特色社会主义理论体系，建立和完善了中国特色社会主义制度，繁荣和发展了中国特色社会主义文化。

我们的目的从来不是为了去输出价值观、意识形态，输出制度，输出革命，我们不会这样做。事实上也证明，谁想这样做也做不成。任何一个国家和地区的政府和人民选择什么制度、选择什么思想，那是他们自己的事、是他们的选择。

这些年我经常有机会到拉美国家、非洲国家，包括其他发展中国家和地区访问，时常听到有些发展中国家的政要感慨"他们上了西方民主的当"，他们在某些方面学西方，结果学来了内耗、内乱甚至内战。而中国共产党为中国人民开辟的道路，越来越让他们羡慕。

中国共产党的理念、理论包括中国特色社会主义制度，在各方面的实践中让全世界人看清楚，中国的制度、理念、价值观和文化有独特的魅力和价值。

中新社记者： 个别西方政客声称，中国人民不等同于中国共产党。您如何看待这种试图割裂中共和人民的做法？如何看待中共与人民的关系，以及中共执政的合法性基础？

谢春涛： 我注意到了美国蓬佩奥之流讲中国共产党和中国人民不一样，他们似乎不愿意得罪中国人民，似乎觉得也得罪不起，觉得他们攻击的对象是中国共产党、是中国共产党领导的政府，不是跟中国人民过不去，目的是想离间中国人民同中国共产党的关系。毫无疑问，他们这种努力是徒劳的。

100 年前的中国共产党力量很小，党员人数很少。参加一大的一共只有 13 个人，被代表的党员总共才有五十几个人。当年中国可以说政党林立，有二三百个政党，显然在当年诸多的政党当中，中国共产党是走得最好的，是笑到最后的。

中国共产党领导的多党合作和政治协商制度被习近平总书记称为新型政党制度。这是历史形成的，不是哪个党、哪个政治家想实现就能实现得了的。

1945 年抗日战争快胜利的时候，毛泽东代表中国共产党提出的主张是建立民主的联合政府，联合政府当中显然国民党占优势，共产党和各民主党派参与。经过重庆谈判，蒋介石答应了中国共产党和各民主党派的一些要求，但是内战准备做好之后撕毁了协议，向中国共产党领导的解放区发起进攻，向民主党派人士举起了屠刀。

2021年6月3日，位于上海的中国共产党第一次全国代表大会纪念馆全新开放。图为铜像雕塑再现了当年一大会议的情景。

中新社记者 张亨伟 摄

中国共产党和各民主党派不得不联合起来反对国民党的反动统治。1948年胜利在望，中共中央发布"五一口号"，号召各党各派共同召集新政协会，协商建立新中国。各民主党派广泛热烈响应，宣布接受中国共产党领导。今天中国共产党领导的多党合作和政治协商制度就是这个过程中形成的，所以当年中国共产党的执政地位是历史的选择、人民的选择。

一次选择当然不能定终身。一直到今天，历史和人民继续选择中国共产党。百年下来，中国人民对中国共产党的选择是理性的、负责任的。中国人民从自己的切身感受当中深刻认识到，这个党是为他们谋利益的，是致力于实现中华民族伟大复兴的，跟着这个党就能过上越来越好的生活。

中新社记者： 中国是人民当家作主的国家，但在一些西方人看来中国是个威权国家，他们视中国为异类，并以价值观划线，把中西方关系看做是威权和民主之争。您如何看待这一说法？如何更好让西方读懂中国民主？

谢春涛： 有些西方人有这样的认识，前提是他们对自己国家民主的一种迷信，好像民主就是他们那个样子。跟他们不一样就不民主，就是威权甚至专制独裁。

世界是丰富多彩的，民主有多种不同形式。中国共产党人理解的民主、中国共产党人实行的民主方式跟他们不一样。他们绝没有任何理由说我们不民主，绝没有任何理由说我们的民主效果比他们的差。

我记得过去有人有这样的说法，好像中国共产党是怕民主的，我说"胡说八道"，中国共产党就是靠着搞民主起家的。

抗日战争时期，国民党反动派在自己的统治区实行法西斯特务统治，中国共产党在自己局部执政的区域实行了真正的普选，政权的参与者都是老百姓选出来的。

当年的普选今天想来似乎不具备条件，一个村都不见得能找出两三个识字的老百姓，怎么划选票？中国共产党人创造了原始的投豆法。从老照片、老纪录片上可以看到，候选人背对选民而坐，屁股后放一只碗，或者帽子摘下来口朝上，给选民发黄豆粒，愿意选谁就把豆放在谁屁股后头的碗里。方式肯定是原始的，但谁能说不民主呢？

所以老百姓对中国共产党发自内心认同，包括当年到延安参观的民主党派人士，无一不留下深刻印象。

中国共产党人后来进一步丰富发展了民主，民主形式越来越多，效果越来越好。改革开放以来中国共产党人建立和发展的基层群众自治制度，美国前总统卡特、美国时任总统克林顿都来中国考察过，公开发表过赞叹的言论。

中国的民主绝不仅是表决民主、选举民主。一些西方人（认为）民主就是选举，是全民公决一人一票，不太有协商民主的概念，更没有这样的实践。而在中国，任何重要决策在作出之前一定要经过充分广泛协商，协商民主在十八大之后已经制度化机制化。比如说执政党要出台重大决策，在有这个念头、确定议题的时候就广泛征求意见，文件草案本身就是集中全党全国智慧的产物。

草案写出之后，又在相当大的范围内征求意见，经过修改，政治局审议之后才提交中央全会讨论。讨论的时候，参加会议的中央委员、候补委员，包括列席的各方面代表、基层代表都有机会发言，可以提意见。提的意见如果有道理，可能被采纳。文件要付诸表决的时候，往往大家已经对文件有了高度共识，通过后也能得到有效落实。

如果中国的领导人意识到某一项决策会有不少人有不同意见，哪怕这个比例并不高，这样的决策一定不会马上付诸表决，一定会再搁一搁，再去协商征求意见，再去调整。

我曾经问过西方大国的有些人士，你了解了中国的民主运作之后，难道你觉得这个方式不民主吗？难道你觉得这个民主的效果比你们国家的民主差吗？应该说，西方人士通过了解，对中国的民主有了比过去更丰富的认知。

中新社记者： 世界正处于百年未有之大变局，您认为中共需要应对变局之中的哪些重要"变量"？展望未来，中共如何深化与世界的良性互动，为人类和平与发展创造更多机遇？

谢春涛： 党的十八大以来，在以习近平同志为核心的党中央坚强领导下，中国共产党向何处去、中华民族向何处去、中国向何处去，应该说都很清楚了。

我们同国际社会成员的互动也很明确。习近平总书记提出推动构建人类命运共同体，在多个重要场合、多次重要讲话当中，已经对怎么样处理人类社会共同面临的经济问题、政治问题、环境问题等都提出了中国人的思路方案。总书记的这些理念和思想已经得到世界上广泛热烈的认同。

过去这些年，我经常有机会到一些发展中国家访问，所到之处觉得他们对中国共产党、中国政府、中国人民充满了好感。在他们看来，中国共产党和中国政府跟有些国家的执政党和政府是完全不一样的。中国共产党不光为中国人民谋幸福，也为全世界人民谋和平，在自己快速发展的同时，为其他国家带来发展的机遇和机会，尤其是习近平总书记提出的"一带一路"倡议受到了各方面广泛的响应。我们的主张在世界上影响力越来越大，赞同的国家和地区越来越多。

当然，依然会有一些人、一些势力对我们的主张理念不认同，会持续不断地跟我们制造一些麻烦、一些障碍。但是某几个国家不代表整个国际社会，他们的媒体舆论也不代表整个国际社会的舆论，他们的某些做法、某些规矩更不能代表国际社会的规则，不能代表《联合国宪章》。不管西方有些人会做什么努力，中国在世界上的形象会越来越好，中国的发展环境也一定会越来越好，我们一定能够同越来越多的国际社会成员实现良性互动。

2035 年远景目标如何实现

本期策划 ┃ 魏晞

记者 ┃ 夏宾　刘轩廷　田雨昊

撰稿 ┃ 夏宾

播发时间 ┃ 2021 年 4 月 9 日

采访嘉宾　林毅夫
北京大学新结构经济学研究院
院长

- 中国跨过"中等收入陷阱"不是难事。中国现在已有全世界最大的中等收入群体，大约是 4 亿人。2035 年人均 GDP 翻一番，中等收入群体将达到 8 亿人，将来仍是中等收入群体最大的国家
- 实际发展要根据国内外条件做适当调整
- 要让农村产业发展起来，基础设施也要不断完善，让产品能够进

入到市场，同时要让农村的生活方便一些，公共服务也应该有一个不断完善的、跟城市差距不断缩小的水平

扫　码
看访谈视频

"

"十四五"规划和2035年远景目标纲要已正式发布，这份描绘未来的宏伟蓝图拉开了中国全面建设社会主义现代化国家的新征程。人均GDP达到中等发达国家水平、中等收入群体显著扩大、共同富裕取得更为明显的实质性进展……这一系列2035年的目标该如何实现？

访谈实录

FANGTAN SHILU

中新社记者：中国已经提出，到2035年人均GDP要达到中等发达国家的水平，您觉得未来15年中国经济发展应该保持一个什么样的水平才能实现这个目标？

林毅夫：总书记在对"十四五"规划跟2035年远景目标提出建议的时候有一个想法，就是到2035年我们的GDP规模或是城乡人均收入水平要在2020年的基础上翻一番。

在2020年的时候，我们的人均GDP大约是11500美元，翻一番会是23000美元。

这样的水平比高收入国家的最低门槛 12535 美元高出了 10000 美元左右，基本上可以讲是一个中等发达国家的水平。达到这样的目标，需要我们在 2021 年到 2035 年，这 15 年时间里面平均每年的经济增长速度达到 4.7%。这个目标只要我们努力，我认为是完全有可能达成的。

中新社记者： 2035 年中国也提出了一个目标，叫做中等收入群体显著扩大，在您看来中等收入群体的数量要增加多少才能达到"显著扩大"的要求？又应该怎么去实现这样一个目标呢？

林毅夫： 我们现在实际上已经有全世界最大的中等收入群体，大约是 4 亿人。如果说到 2035 年，我们人均 GDP 翻一番，那中等收入群体的人群大概也要翻一番，达到大概 8 亿人，目前已经是全世界最多了，那将来当然仍然是全世界中等收入群体最大的国家。

要实现这个目标最重要的就是平均收入水平要提高，而且在收入水平提高的时候，要依靠劳动生产率水平的提高来创造更多更高收入的就业机会。

因此总的来讲，要实现这个目标，就要在经济发展的过程中，不断创造劳动生产率水平越来越高、能够支撑收入水平不断增加的就业机会。

如果这样的就业机会增加（得）多了，进入到中等收入群体的家庭就多了，所以最重要的还是要靠经济发展，还是要靠技术不断创新，产业不断升级，来实现经济增长的目标，以及实现中等收入群体显著增加的目标。

中新社记者： 您认为中国能否跨越"中等收入陷阱"？为什么？

林毅夫： 按照现在国际上的一般标准，只要一个国家的人均 GNI（国民总收入）超过了 12535 美元，那就从中等收入国家进入到高收入国家了，当然就摆脱了中等收入陷阱。

实际上（能否跨越中等收入陷阱）是用收入水平来衡量的，我前面提到我们现在（人均 GDP）大约已经是 11500 美元左右，那再增加个 1000 多美元，应该讲并不是难事，我相信应该在 2025 年前后（中国）就能够从中等收入跨过进入到高收入的门槛。

而且要是跨过的话，这在人类经济史上将会是一个很重要的里程碑。因为现在全世界生活在高收入国家的人口占全世界总人口 16%、17%，中国人口占全世界人口 18% 多，所以当中国变成高收入国家的时候，全世界生活在高收入国家的人口可以翻一番，这将是一个很重要的里程碑。

当然，（实现）它靠的是收入水平的提高，收入水平的提高必须靠劳动生产率水平的提高，劳动生产率水平的提高就要技术不断创新，产业不断升级，道理很简单，但是怎样把道理从理论变成实际的经济发展需要各方的努力。

这个努力很重要的是两个制度安排，一个是"有效的市场"，一个是"有为的政府"，市场跟政府"两只手"都要同时用得好。中国能跨过去，也会给其他国家带来信心。

中新社记者： 您长期研究比较优势，中国改革开放已经 40 多年了，您觉得中国的比较优势发生了哪些变化？

林毅夫： 比较优势永远是比较来的，而且永远都会有。改革开放初期，我们人多、资本少，当时的比较优势是劳动力价格便宜，所以我们早年发展的基本上都是劳动密集型的产业，当中很多还是加工业。

随着 40 多年的发展，我们从 1978 年的时候人均 GDP156 美元，到现在超过 1 万美元了。资本就从相对短缺逐渐变成相对丰富，劳动力就从相对丰富变成相对短缺，这个过程中（中国的）教育水平也不断提高，所以我们的比较优势逐渐地就会变成资本和技术比较密集的产业。

那未来的发展当然就要往资本更密集、技术更密集的产业去发展，因为那将会是我们新的比较优势。怎样把这样的产业发展起来？同样要有效的市场和有为的政府"两只手"共同作用。

2021年浦东新区被赋予改革开放新的重大任务，踏上更高水平改革开放的新征程。图为航拍上海浦东陆家嘴灯火辉煌的夜景。

中新社记者 张亨伟 摄

中新社记者：您之前提到在2030年之前，中国都有8%左右的经济增长潜力，但我们现在看最近几年并没有实现这样一个数字的增长，您觉得是哪些因素阻碍了中国经济潜力完全发挥？

林毅夫：潜力是一个技术的可能性，是从供给侧来看的，要把它变成现实还要看需求侧。

从2008年国际金融危机以后，发达国家一直没有恢复，因为在2008年之前，发达国家平均每年的增长速度是3%到3.5%之间，但是从2008年以后，发达国家的平均增长速度最好的是美国2%左右，欧洲国家1%左右，日本基本上在1%的水平。

如果按照市场汇率计算，这些发达国家的经济占全世界接近一半，那一半的市场发展慢，需求侧就不足了。

同时，我们在发展的过程中，还不只是为了发展速度，我们还希望解决环境的问题、解决地区收入差距的问题等，也就是说我们有这样一个发展潜力，也要看国内国际市场的实际状况。

在这种状况下，（实际）发展速度在可能的潜力之下有一个好处，让我们有比较大的回旋空间。所以有这样一个潜力，给我们能够提供一个比较高的发展可能，同时在实际的发展过程中也要看国际跟国内的条件做适当的调整。

中新社记者：从"十四五"到2035年，中国都对共同富裕提出了要求，您觉得我们应该怎样理解在新发展阶段下共同富裕的内涵？

林毅夫：共同富裕是希望在发展过程中，大家的收入、大家的生活水平不断提高，就像前面讲的，中等收入群体的比重能够不断扩大，而且不仅收入水平提高，生活质量也要不断改善，才能够满足人们对美好生活的期望。

这个过程中，我想重要的还是首先要发展，要发展就必须技术不断创新，产业不断升级。在技术创新产业升级的过程中，就要按照比较优势，按照你有什么，能做好什么，把能做好的做大做强。

我们也知道中国这么大的一个国家，有城乡之间的差距，有地区之间的差距，政府也要给现在相对比较落后的地区提供必要的帮助，在公共服务方面、公共基础设施方面去消除城乡之间的差距、消除地区之间的差距。在这个过程当中，大家不仅收入水平可以提高，而且进入到中等收入群体的人数会不断增加，重要的是大家的生活质量都能不断改善。

中新社记者：今年也提出了全面推进乡村振兴战略，您觉得这对于共同富裕来说意味着什么？

林毅夫：同样的，还必须让（生活）在乡村的人的收入水平不断提高，在乡村的人收入水平要不断提高的话，一定要有能够不断提高劳动

浙江丽水云和梯田附近的民宿。　　　　　　　　中新社记者　王刚　摄

生产率的、能够不断提高收入的产业，在这样的产业基础之上才能不断提高农村地区的收入水平，缩小跟城市的收入水平的差距。

要让农村的产业发展起来，基础设施也要不断完善，让它的产品能够进入到市场，同时要让农村的生活方便一些，公共服务也应该有一个不断完善的、跟城市差距不断缩小的水平。

同时在农村里面也要保护好文化环境，完善治理环境，这也是乡村振兴的内容。只有这样，我们大家才能有一个充满着期望的故乡，有一个美好的城市和农村生活，那才能够实现我们现在讲的绿水青山就是金山银山。

践行联合国可持续发展目标，中国表现如何

本期策划 ｜ 田冰

记者 ｜ 薄雯雯　单璐　田雨昊

撰稿 ｜ 薄雯雯

播发时间 ｜ 2021 年 4 月 15 日

采访嘉宾　白雅婷
联合国开发计划署驻华代表

- 中国为联合国减贫目标作出重要贡献，2020 年中国现行标准下农村贫困人口实现脱贫，消除了绝对贫困。过去 40 年间，中国共有 7.7 亿人摆脱贫困，约占同期全球减贫人口的 3/4

- "十四五"规划没有设定 GDP 具体增长目标，而是"保持在合理区间、各年度视情提出"，这表明中国正在从高速增长向更高质量、更可持续的增长过渡，为追求环境目标留出了更多空间

扫　码
看访谈视频

"

消除贫困与饥饿、开展紧急气候行动、可持续生产与消费……这些都是联合国2030年可持续发展议程中的内容。今年距实现这一全球目标已不到十年，目前中国表现如何？坚持可持续发展的中国又对世界意味着什么？

访谈实录

FANGTAN SHILU

中新社记者：新冠肺炎疫情大流行给全球带来诸多不确定性。这给落实可持续发展目标带来哪些影响？

白雅婷：这是个很重要的问题。实际上，在新冠疫情暴发之前，全球就已偏离实现联合国2030年可持续发展目标的轨道，而疫情更加剧了挑战。根据我们目前的预测，2021年全球将有1.24亿人重返贫困。我们通过衡量全球教育、健康和生活水平三大综合指标发现，人类发展指数出现30年以来的首次衰退。

由于人类不断侵入自然界与其他生物的栖息地、气候变化以及生物多样性减少等危机，我们将会看到更多类似流行病。我认为教训之一是，从疫情中复苏必须是绿色的、具有包容性的，使世界走向绿色、环保和可持续发展的轨道。实际上，这也利于创造就业机会，我们已经看到在疫情期间数字经济成为众多企业维持经营的应对策略。全球所有工作中有40%依赖健康的生态系统。因此，实现这种绿色、环境可持续的复苏对我们从疫情中更好恢复以及在未来面对类似冲击时更具抵抗力十分关键。

另一个教训是，全球及区域合作是绝对必要的。没有一个国家能够独自解决这些问题。因此，使国际社会更紧密地团结在一起，开展气候行动、加强全球卫生管理系统等，对于各国到2030年实现可持续发展目标来说至关重要。

中新社记者：今年距实现2030年可持续发展目标已不到十年，如何评价目前中国在落实可持续发展目标中的表现？

白雅婷：中国已为多个可持续发展目标作出了非常重要的贡献，特别是在消除贫困方面取得的成就。2020年，中国现行标准下农村贫困人口实现脱贫，消除了绝对贫困。过去40年间，中国共有7.7亿人摆脱贫困，约占同期全球减贫人口的3/4。

中国在落实可持续发展目标第13项应对气候变化方面也起到非常重要的作用。中国是风能和太阳能生产的领导者。习近平主席2020年在第七十五届联合国大会上承诺，中国二氧化碳排放力争于2030年前达到峰值，努力争取2060年前实现碳中和。

我认为决策者发出的信号是，他们非常支持联合国可持续发展目标，并将这些全球议程纳入中国对内和对外的发展之中。

中新社记者：联合国可持续发展目标第1项，即消除一切形式的贫困，也是UNDP的首要任务。中国日前宣布脱贫攻坚战取得全面胜利，您认为中国能够获得成功的关键因素有哪些？这对世界意味着什么？

白雅婷：的确，有很多有趣的经验能从中国脱贫攻坚战中汲取。我认为中国在消除极端贫困方面能够成功主要有三大因素。第一是政治意愿，并能够长期保持这一意愿，为目标奋斗数十年。第二是采取有针对性的方法，通过精准扶贫，中国真正地将贫困识别到户，针对每个县、每个家庭制定非常具体的措施，并逐步进行投资和追踪。第三是大量投入，从人力和财力投入上看，中国已向农村地区派出了 22.5 万个工作团队，有 300 万名公务员帮助基层切实解决消除贫困的"最后一公里"问题。中国已投入 1.6 万亿元人民币用于消除贫困。

值得注意的一点是，扶贫工作没有真正的终点，需要继续进行下去。我想说的是，新冠疫情表明人们仍然十分脆弱，尤其是那些生活水平刚刚超过贫困线的人，很容易返贫。我认为，关注这群人并防止其滑落非常重要，而"十四五"规划表明，这些人群将在五年过渡期内得到密切关注。

另一点需要注意的是，尽管中国取得了成功并提高了增长质量，但在收入水平居于末尾 40% 的人中，其收入增长速度只有前 1% 的一半。中国还需要研究如何从解决绝对贫困转变为解决相对贫困。

中新社记者：正如您所提到的，脱贫摘帽并不是终点。在中国，我们依然需要解决发展不平衡不充分的问题，以及缩小城乡区域发展差距。为了不让任何一个人掉队，UNDP 能够在促进中国乡村振兴方面发挥哪些作用？

白雅婷：我觉得你说得很对。如果将中国城乡地区进行比较，2020 年城镇居民人均可支配收入是农村居民的 2.6 倍；农村居民往往更为老龄化，55 岁及以上约占 30%；教育水平也通常较低，仅 40% 完成初等教育。

中国的乡村振兴在"十四五"规划中得到了进一步体现，这表明政府正在致力于缩小差距。乡村振兴有利于实现地方经济多元化、改善当地生活条件以及扩大福利体系和公共服务。这些措施能够吸引人们回到农村地区，特别是受过良好教育的年轻人，因为如果当地出现经济中心和强大、多元的农村经济，那就意味着有就业机会。对于政策制定者来说，真正重要的是确保乡村振兴战略的执行，加强公共财政管理能力和规划能力，关注妇女、老年人等弱势群体获得新发展机会。

作为 UNDP，我认为无论是在公共财政管理、规划，还是在增加人民收入机会的生计方案等领域，我们都具有专业知识与技能，我们也将继续在这些领域中积极参与。消除贫困和减少脆弱性是我们工作任务的核心。贫困实际上不仅仅关乎收入，也关乎教育、健康以及获取资产的途径。

中新社记者：不知您是否听过张桂梅的故事？她是中国脱贫攻坚的楷模之一，创办了一所全免费女子高中。她人生中有 40 多年的时间都在帮助与激励云南山区贫困家庭的年轻女孩追求高等教育。您如何看待教育与扶贫的关系？您认为教育扶贫对于促进性别平等有何意义？

白雅婷：这是个好问题。我对张桂梅了解不多，但是据我所知她的经历非常感人，她的故事也点明贫困与教育之间是紧密联系的。就像我在之前所说，教育是 UNDP 用来衡量人类发展的三个标准之一。尤其是在 21 世纪，自动化和数字经济塑造着我们的生活，教育比以往任何时候都更加重要，能使人们为新的世界做好准备，并确保我们避免新的鸿沟扩大。掌握数字技能的人可以参与现代经济。教育在创造和保持公平竞争环境上非常关键。

教育也具有很强的推动性别平等的作用，这也是张桂梅具有远见的地方。正如你介绍的那样，她从几十年前就坚持这么做。举个例子，全球 7.5 亿文盲中 2/3 是女性。如果女孩没有受教育的机会，这将影响她们在就业市场中的定位。就全球平均水平而言，与男性从事相同类型工作的女性，收入要低 16%。相反，女孩多接受一年初等教育就意味着她进入就业市场后获得的收入将上涨 10% 至 20%。因此，帮助女性脱贫是非常明智的投资。如果女性有工作，他们可以更加独立，还可以更好地保护自己免受家暴等伤害。

作为 UNDP，我们实际上将性别视角列为我们每年发布的人类发展报告中的关键组成部分之一。我们的性别不平等指数（GII）也将教育作为标准之一。据 2019 年的数据，中国的 GII 在全球 162 个国家中排名第 39 位。

中新社记者：我们再来聊聊气候变化的话题。中国日前公布的"十四五"规划和2035年远景目标纲要中，积极应对气候变化是一项关键任务。您如何评价中国为应对气候变化所设下的目标？

白雅婷：我前面已经提到，去年中国在联大会议上承诺，二氧化碳排放力争于2030年前达到峰值，努力争取2060年前实现碳中和。中国是世界第二大经济体，这将对世界能否从灾难性气候变化的边缘退回安全地带产生重大影响。

我们对"十四五"规划聚焦于应对气候变化表示欢迎。中国计划五年内单位GDP二氧化碳排放降低18%令人感到鼓舞。但挑战在于，如果中国经济增长过快，将很难达成目标。中国80%的排放量来自煤炭。在能源结构中，煤炭仍占中国一次能源的56%。从总量控制和减少排放的角度出发，限制煤炭消费绝对至关重要。对世界上任何一个国家而言，这都绝非易事。

但我们已看到积极的信号。比如，根据中国煤炭工业协会的数据，即使预计总能源需求将增加，2025年煤炭消费量也将限制在42亿吨，接近当前水平。再比如，"十四五"规划没有设定GDP具体增长目标，而是"保持在合理区间、各年度视情提出"，这表明中国正在从高速增长向更高质量、更可持续的增长过渡，为追求环境目标留出了更多空间。

中新社记者：我们注意到，有观察人士认为中国在保持经济增长的同时想要实现"碳中和"目标极具挑战性，您对此有何看法？

白雅婷：首先我想说，这对世界上所有国家来说都是巨大的挑战。从各国在《巴黎协定》下提出的减排承诺（的评估）可以看到，到2030年，所有国家和地区的排放量（与2010年相比）合计仅减少0.5%，这将与全球升温控制在1.5℃或2℃以内所需的45%的减排量相去甚远。所有国家都为此而苦苦挣扎。

对中国而言，确实是一个挑战。因为与世界上其他经济体相比，中国仍是一个快速增长的经济体。从根本上讲，这意味着单位GDP碳强度的下降速度必须足以抵消因经济增长而增加排放的速度。这非常复杂，需要控制能耗。虽然我认为排放量必须在2030年之前开始下降具有挑战性，但我确实相信，如果世界上有一个国家可以做到这一点，那就是中国。因为中国已经通过脱贫攻坚战的胜利证明，这个国家能够凭借长远的眼光与规划来实现目标。中国正处于有利位置，因为中国已经在进行绿色经济转型。

认为应对气候变化与经济增长只能二选一的观点是错误的。因为延迟解决气候变化的成本将高得多，等待的时间越长，成本就会越高。实际上，解决气候变化问题的同时保持经济增长是可能的，特别是在像中国这样的国家。中国是绿色技术的领导者，其风力发电装机容量占世界的1/3，太阳能发电装机容量占世界的1/4。在中国绿色行业，可再生能源实际上已经创造了比化石燃料部门更多的就业机会。绿色能源有430万个工作岗位，燃料部门和煤炭部门有400万个工作岗位。此外，中国还处于低碳交通发展的前列。

中新社记者：您提到了低碳交通，对于中国新能源汽车发展您有何看法？对此有哪些建议？

白雅婷：交通运输业占全球碳排放量的1/3，因此低碳交通尤为重要。中国在该领域处于世界领先地位，目前中国新能源汽车保有量约占世界一半，连续五年保持世界库存和销售的最高纪录。想要进一步扩大和加强中国这场新能源出行革命，我认为有四点需要注意。

首先，从整体看待汽车的碳足迹，不仅仅是用户端的全链条排放，也包括电池生产、处理和回收过程中的全链条排放。目前，回收一个锂电池的成本是生产一个新电池的五倍。为了减少碳足迹和原材料对环境的影响，我们必须降低回收成本。

新能源汽车吸引参观者。　　　　　　　　中新社记者 陈骥旻 摄

其次，促进车辆电网整合。这意味着电动汽车不仅可以充电，还可以放电，通过双向充电实现分散式存储，通过车辆到电网，实现车辆电网整合。可再生能源往往在中国西部地区生产，但那里能源需求实际上很低，主要经济重心在东部，而分散式存储可以解决这一问题。

再次，将新能源汽车发展与乡村振兴战略相结合。农村地区拥有更多空间，意味着更多的停车位与充电点。此外，在逐步淘汰传统内燃机车辆的过程中，农村人口可能会失去他们赖以生存的出行工具或是谋生工具，因此也需要考虑到公平问题，为其予以补贴。

最后，促进氢燃料电池汽车的发展，并补贴该技术发展。氢燃料电池具有很大的优势，可以存储大量能量。

中新社记者：南南合作是 UNDP 的中心任务。对于中国在其中扮演的角色，特别是在共同应对气候变化等全球性挑战方面，您有何期待？

白雅婷：中国作为重要参与者，能够在应对气候变化方面发挥非常重要的作用。

尽管大家都在谈论气候变化，但全世界平均每周都有超过 4.4 个新的煤炭发电站建成，如果我们想减少我们的碳足迹，这显然太多了。

联合国秘书长古特雷斯近日发表了非常有力的声明，呼吁各国停止对煤电厂的融资，并将投资转向可再生能源。中国在其中可以发挥非常重要的作用，而这也是 UNDP 与中国共同努力的领域。

我们即将与中国国际经济交流中心就全球低碳转型以及"一带一路"的发展路径发表的报告提出中国在国际合作中如何减少碳排放的三项建议：第一，继续推进清洁技术的创新、发展及转让；第二，引导资金流向低碳项目，在与伙伴国的合作中，将海外投资从煤炭和化石燃料领域转移出去；第三，加强伙伴国转向低碳发展的能力。我认为这些都是中国可以作出贡献的地方。UNDP 实际上一直在与中国开展能源领域的南南合作和三方合作。例如，受到丹麦政府资助，我们与中国、加纳和赞比亚合作，为这些国家提供可再生能源技术。我们正在努力将可再生能源方法与消除贫困相结合，通过可再生能源技术，如光伏电池，为其他国家的偏远地区提供电力解决方案。

中新社记者：我们知道您本科在汉堡大学读中国研究学，当时为何选择这一专业？中国哪些方面最吸引您？

白雅婷：我一直对学习语言感兴趣，中文也让我着迷，因为它是如此与众不同。而且，中国拥有悠久的历史文化以及可以追溯到千百年前的古典文学。我认为通过一门语言能够更好地理解一国文学、文化乃至整个国家。上世纪 90 年代初，作为学生的我第一次来到中国旅行时就感到这里有着巨大的吸引力，因为中国是一个如此多元化的国家，由北至南、从东到西是如此迥异，在不同地区生活的人民及其食物也是不同的。

很显然，无论是我在上世纪 90 年代初时认识的中国，还是在 2000 年代初在 UNDP 驻华代表处工作时所认识的中国，都与我们现在看到的中国截然不同。作为一名发展专业人士，我认为追随与见证中国的发展故事是很吸引人的。有很多不同的事物吸引着我来到中国，从语言到文化，再到我有幸在这里从事的工作，我对于自己职业生涯现阶段所拥有的感到非常开心。有机会回到中国，作为 UNDP 与中国一同致力于应对我们刚刚在采访中讨论的所有这些发展挑战，是我的荣幸。这里让我梦想成真。

民法典"已来"，新规如何影响未来

🎙 本期策划 ｜ 夏宇华　郭金超

👤 记者 ｜ 梁晓辉　单璐　张兴龙

👤 撰稿 ｜ 梁晓辉

🕐 播发时间 ｜ 2021 年 1 月 1 日

采访嘉宾　孙宪忠
全国人大宪法和法律委员会
委员

■ 人一辈子可以不参加政治活动，比如说不参加投票，不（参加）
　选举，但是你离不开民法，民法里所有的关系是你自然而然就加
　入了。所以（民法典）对老百姓而言，它的意义是非常重大的

■ 网络名字确定化以后，又跟它所代表、体现的社会价值有关，所
　以我们把它作为个人姓名权中的一个特殊类型加以保护，是很有
　意义的

> **"**
> 《中华人民共和国民法典》2021年1月1日正式施行，这是中国首部以法典命名的法律，也被称作社会生活的百科全书，一系列关乎中国民众婚姻、居住、网络生活，甚至是如何起名的新规也正式施行。如何看待这些新规？如何理解这些改变背后的意义？

访谈实录

FANGTAN SHILU

中新社记者：中国现在已有现行法律300多部，涉及民事商事的法律也有20多部，为什么还要再立一部民法典？

孙宪忠：简单说有三方面的价值。

第一是因为以前20多个法律显得很零散，不成系统。世界各国差不多都有民法典，而我们是碎片化的法律。民法典立法的第一个好处就是把这些法律编在一起，使得法律内在的系统比较协调。

第二是提升法律本身的时代性。这（部）法律是人类进入到互联网时代、信息化时代的法律，而以前的法律对这些问题很少照顾到。我们现在制定的民法典，其中规定数据资产的问题，尤其现代化信息化社会条件下隐私保护的问题等，实际上就适应了现代化的要求。

第三是要弥补原来法律立法的短板。我们过去有些法律，像民法通则是计划经济时代制定的，它在投资制度、人民权利制度很多方面都跟市场经济体制、跟人民权利的基本要求不相符合，甚至连《合同法》都有这样的缺陷。通过这次新的立法，把这些制度短板都给弥补了。

所以民法典可以说从思想性、技术性、体系方面都实现了极大的飞跃和更新，这就是它的意义。

中新社记者：对于一个国家来说，民法典非常重要，您之前多次引用拿破仑的话说，他一生的功绩并不在于打了多少胜仗，而是他为法国制定了民法典。为什么这么讲？

孙宪忠：这是法制史上一段佳话。

法国民法典编撰之前，法国有 50 多个省，民法领域的法律体系有 400 多个。所以当时伏尔泰说，你（骑马出行）上马的地方是一个法律体系，下马的地方就（是）另一个法律体系，换法律比换马还频繁还复杂。法律体系不统一，国家经济怎么发展？这个话对拿破仑有很大的刺激。拿破仑执政以后，下定决心一定要把民法典搞出来，推进社会进步。他用系统性的法律，实现了法国市场规则的统一。

虽然在法国民法典之前也有法律，但是没有像法国民法典影响这么大。从现在来看，我们从（这个）法典也还能学到很多东西。

中新社记者：对于普通民众而言，这部民法典为什么重要？

孙宪忠：民法这个词，（一听）就像是跟老百姓有关系，它确实是这样。我们每个人一出生，就是一个民事主体，一辈子都要从事民事生活。

首先你一出生，就有父母子女之间的关系，你是别人的子女，跟父母之间有法律上的关系。你上学或者进幼儿园的时候，可能是跟学校有法律上的关系。等以后开始工作，你跟就业单位有法律上的关系。你自己要创业，可能会有创业性的权利。结婚了，又有夫妻关系，有家庭的关系，如果又有了自己的子女，接着就又有子女方面的家庭关系了。

广西南宁市青秀区民政局婚姻登记处，新人领证后拍照留念。

中新社记者 陈冠言 摄

所以，人一辈子可以不参加政治活动，比如说不参加投票，不（参加）选举，但是你离不开民法，民法里所有的关系是你自然而然就加入了。所以对老百姓而言，它的意义是非常重大的。

中新社记者：谈到具体条文，很多人关注到近期社会上也有一些热点是关于租房的，民法典有没有相关规定对大家的租房安全进行保障？

孙宪忠：租房问题在民法典"租赁合同"有明确规定，要强化承租人的利益。其中最重要的就是（关于）解约权利的问题，民法典明确规定禁止随意撤租，禁止随意终止租赁关系，要给对方留（一定的）的通知期限，给人足够的准备时间。这些问题是有明确规定的。

中新社记者：我们也关注到一些看起来可能是非常"细枝末节"的新规，比如说关于知名的网名，民法典也进行保障，这是出于什么考虑？

孙宪忠：我们有时在网络上看到一些名字，会自然而然想到某个人，这个网名就特定化了，就等于是他法律上的姓名一样。网络名字确定化以后，又跟它所代表、体现的社会价值有关，所以我们把它作为个人姓名权中的一个特殊类型加以保护，是很有意义的。这是我们民法典中的亮点之一。

中新社记者：民法典规定了对网络虚拟财产的保护。但是大家也经常开玩笑说："我去世之后谁来还我的'花呗'？"就数字遗产的问题，民法典似乎还没有关注，这是出于什么考虑？

孙宪忠：第一百二十七条（网络）虚拟财产和数据资产的规定，是我们社会很大的一个进步。数据资产其实都是真金白银，只是没有像我们手里掌握的纸币或者转化成现实中的动产、不动产一样，它是在另一个空间里真实存在的，像微信上的资产、支付宝或者是其他资产。民法典这个规定很有意义。

为什么没有把它再写得更细一点？立法的时候我们也进行了讨论，结果大家很难达成一致的意见。所以就把这些问题留到将来的法律规定。

虚拟财产，情况更复杂。首先，虚拟财产中间有一部分可能是财产，但是有一部分可能不是财产。财产是现实的一种存在，比如"花呗"，它就是真实的财产，但是有些人玩游戏，一个大刀长矛（游戏装备）可能就不是资产，只是玩（游戏）的时候积攒的成绩而已，这个不能消费，它可能只是一种精神上的爱好。所以还要更加细致地区分。

我们期待着未来立法对这些问题做进一步的发展。虽然我们已经进入到（数字）社会，但这些领域的问题，现在真的还不好给它总结出来一套系统的规则。但法律能够先把它规定出来，这就不错，揭示了一个未来。

中新社记者：还有一个非常现实的、让我们觉得"未来已经到来"的例子。大家现在生活中普遍是"十步一刷脸，五步一扫码"，请问（在提供便利的同时）涉及的个人隐私保护问题，民法典有没有规定？

孙宪忠：民法典有规定。民法典规定跟现在已在全国人大常委会初审的个人信息保护法（草案），是有密切关联的。我们已经进入到信息化社会，而信息化社会像一个"双刃剑"，一方面给人民群众的生活带来极大的方便，另一方面也加大了个人信息被侵害的可能。这是以前没有遇见过的，两个问题都要考虑到。

比如说"扫脸"。我看一个资料说，有些人去上厕所都要"扫脸"，这就很没有必要，这涉及到个人信息的过度收集问题。另外，就是信息的不当使用，甚至出卖转卖等，对一般老百姓而言有很大的风险。

2016年12月1日，山西太原，民众正在使用手机支付。

中新社记者 张云 摄

所以在个人信息收集、掌管、使用环节，一定要加大保护。民法典对这些情况有仔细考虑。但是实事求是地说，民法典只是解决个人信息被侵害以后在法律上救济的问题，针对更多个人信息的保护，还是要等待个人信息保护法（的出台）。

未来我们还要建立大数据社会，民法典和个人信息保护法草案都规定，利用个人信息需要消除个人特征，这样就不是个人信息，这个问题就基本上解决了。

中新社记者： 法律的生命力在于实施，很多法律有一些条款可能很难用得到，大家称它是"僵尸条款"，民法典中有没有"僵尸条款"？

孙宪忠： 从我的分析和研究来看，民法典中不应该有"僵尸条款"。"僵尸条款"在刑法中有可能存在，可能设置一种罪，在国外出现过，但在中国没有出现，所以这个条文就一直没有被用过。但是民法跟刑法不一样，最大的区别就是刑法是由检察院、法院、公安机关来用，一般老百姓是不用的；民法中有很多规范是行为性的规范，不是法院、检察院或者是政府去用的，而是老百姓自己去用，这恰恰就是民法的特点，因为民法常常是当事人自己积极主动去适用法律。所以民法中有可能有法院、检察院没有用的条款，老百姓自己就用了，所以不能说有"僵尸条款"。

中新社记者： 从您表达中能看出来，您对民法典特别有感情。我们也想知道，您作为全程的参与者，在民法典（制定过程中）有哪些特别难忘的瞬间？

孙宪忠： 我在做人大代表以后，连续几年提出编撰民法典的议案，后来中央决定编纂民法典，我看到这个文件，应该是十八届四中全会在（2014年）10月23日做的决定，心情特别激动。因为我的议案在中间也发挥了作用。

　　再就是民法典立法过程中，我当时还不是宪法和法律委员会委员，只是一般代表，被邀请去参加常委会讨论。我当时发言很激动，看到（草案）很多地方是自己设计的，很多条文都很熟悉。

　　还有一次就是（2020 年）5 月 28 日 15 时 15 分民法典通过的时候，大家都站立起来鼓掌。

　　我们重庆团的代表都过来跟我握手。后来从大会堂出来，还有很多人看见我，包括最高法院的同志、检察院的同志，（也）过来跟我握手。

　　这几个环节到现在都忘不了，想起来还是很激动，很高兴。

开门立法，"民声"如何进入国家立法

本期策划 ｜ 夏宇华　郭金超

记者 ｜ 梁晓辉　单璐　田雨昊

撰稿 ｜ 梁晓辉

播发时间 ｜ 2021 年 1 月 18 日

采访嘉宾　臧铁伟
全国人大常委会法工委
发言人

- 推进民生领域立法是一个过程。立法计划就是要立足新发展阶段、贯彻新发展理念、构建新发展格局，继续推进重点领域、新兴领域和涉外领域的立法

- 要积极推进民生领域立法。重点围绕人民群众广泛关心的住房、教育、医疗、养老、保险、食品安全、生态环境等，包括社会治安等，加快完善在这些领域的法律制度

扫 码
看访谈视频

> "
> 2021年是民法典施行的第一年，中国法治建设再次迈出重要一步。以此为开端，今年还有哪些民众关注的立法计划？普通公民的意见，如何进入国家立法进程？面对他国以法律途径干涉中国内政，中方将如何采取对等措施？

访谈实录

FANGTAN SHILU

中新社记者：大家通常觉得立法是非常"高大上"的事情，比如它的技术非常专业，但是民法典让人觉得立法跟民众的日常生活密切相关，您怎么看待这部法律？

臧铁伟：民法典是2020年5月28日，由十三届全国人大三次会议审议通过，并于2021年1月1日起正式实行。民法典被称为"社会生活的百科全书"，它的一些规范、一些制度和规则，确实和我们每个人的日常生活紧密相连，密切关系到我们衣食住行的方方面面，所以它也确实会对我们每个人的生活产生实实在在的影响。

比如说这一次民法典在物权编，加强了对小区业主权利的保护，降低了业主对共同事项表决的比例。规定业主大会和业主委员会在紧急情况下，可以申请使用建筑物的维修资金。这就关系到千千万万个业主的切身利益。比如说我们在继承编也增加了一些新的规则，增加了打印遗嘱和录像遗嘱的遗嘱形式，也修改了公证遗嘱效力优先的规定，增加了遗产管理人制度。民法典婚姻家庭编也增加了"离婚冷静期"制度等。

这些具体的制度，都会涉及到每一个百姓的切身利益和日常生活。

中新社记者：有观点认为，民法典是一部能把社会矛盾"大事化小、小事化了"的法律，您如何看待这种观点？

臧铁伟：民法典被称为"社会生活的百科全书"。它关系到每个人大到生老病死、小到衣食住行的方方面面。它是通过规范民事主体、民事法律行为、民事权利、民事责任这些总则制度，以及规范合同、物权、人格权、婚姻家庭、继承、侵权责任等民事分则制度，来规范我们社会生活的方方面面，它和其他法律规范一起，支撑着我们国家的制度和治理体系。

每个人的日常生活，都有可能涉及到民法的规范。我们也时常关注到，日常生活当中一些小的纠纷，因为处理方式的不当，有可能酿成恶性的事件。比如说邻里纠纷、因为噪音或宅基地等的纠纷，还有合同纠纷、债务纠纷，导致的非法拘禁这些刑事案件，也经常会有报道。从这个角度上来讲，只要遵守法律、依法办事，民法典确实可以把日常一些小的纠纷解决在源头，解决在萌芽状态，不使其激化。

中新社记者：民法典出台之后，是否意味着民事领域的立法告一段落？今年还会有哪些涉及民生的重点立法计划？

臧铁伟：推进民生领域立法是一个过程。2021年的立法计划，已经经过十三届全国人大常委会第七十八次委员长会议原则通过。立法计划就是要立足新发展阶段、贯彻新发展理念、构建新发展格局，继续推进重点领域、新兴领域和涉外领域的立法。其中重点领域一个很重要的方面，就是要持续推进民生领域的立法。

按照立法计划，今年这方面的立法项目还是很多的。比如要修改职业教育法、教育法、执业医师法、传染病防治法、国境卫生检疫法、体育法，还要修改农产品质量安全法、安全生产法、畜牧法，以及妇女权益保护法；要制定突发公共卫生事件应对法、湿地保护法、法律援助法、社会救助法，以及文化产业促进法和家庭教育法等法律项目。

抓紧制定和完善民生领域方面的法律是为了保障人民群众高品质生活，增强人民群众的幸福感、获得感和安全感。

中新社记者：我们关注到，其中很重要的一部法律就是反食品浪费法，目前这部法律的草案已经公开征求意见。据您现在了解，大家主要的关注点都集中在哪里？

臧铁伟：这部法律已经经过（2020年）12月全国人大常委会第二十四次会议初次审议。现在已经形成了草案，32条不分章节，并且已经提请常委会进行初次审议。这部草案主要是针对各方面反映的突出问题，以餐饮这个环节为切入点，聚焦在食品销售和消费反浪费这个问题上，同时做好与即将制定的粮食安全保障法等法律的衔接和配套。目的就是为了制止餐饮浪费、节约粮食、节约资源、保护环境，促进经济社会的可持续发展。

福州市高湖小学在校园内开展"爱惜粮食，从我做起"为主题的光盘行动。

中新社记者 张斌 摄

目前这部法律已经在中国人大网全文向社会公开征求意见，欢迎各方提出宝贵的修改完善意见。

中新社记者：还有一部法律大家也非常关心，就是个人信息保护法。现在大家都生活在一个"刷脸""扫码"的社会中。请问个人信息保护法将会对以上行为进行怎样的规范？

臧铁伟：个人信息保护法草案已经在2020年10月由十三届全国人大常委会第二十二次会议进行了审议。草案在民法典有关规定的基础上，进一步细化充实了个人信息保护的制度和一些具体的规则。草案明确规定了处理个人信息需要遵循的一些原则，比如要采取合法正当的方式，出于明确合理的目的。草案还对处理个人敏感信息，包括人脸这些生物特征作了专门规定，作出了更严格的要求。在处理这些信息时，要求有特定的目的和充分必要的前提，而且要进行事先的风险性评估。

应当说人脸识别等新技术的发展和应用，确实给个人信息保护提出

福建福州，地铁闸机处设置的人脸识别通道。　　　　中新社记者 张斌 摄

了新的挑战。法律草案也将在广泛征求各方面意见的基础上，作进一步的修改和完善，对个人信息加强保护。

中新社记者： 十三届全国人大四次会议将于今年3月举行，审议"十四五"规划纲要草案。我们注意到，在此前纲要草案的"开门问策"中，有普通民众的建议，直接被吸收到了草案当中。相信在我们立法过程中，这样的事例也有很多，有没有让您印象深刻的案例？

臧铁伟： 当然有。我从事立法工作将近30年，有几个事例让我印象非常深刻。普通民众对于立法的意见，反映到立法工作机关的渠道是非常畅通的；普通民众的意见被采纳和吸收到法律草案中，也是经常发生、非常正常的一个事情。

民众向立法机关反映意见，主要有两个渠道。第一个渠道，法律草案公开向社会征求意见。中国最早一部公开向社会征求意见的法律是1954年的宪法草案，当时向社会征求意见的规模非常大，真真正正做到了从田间地头的农民到工厂车间的工人都能听到这部法律草案。从那时起到现在，法律草案征求全社会意见已经经历了60多年的历程。应当说这是人民群众参与立法的一个重要途径。

比如说刚刚施行的民法典，它在编纂的过程中，先后十次向全社会公开征求意见，有100多万条，每一条意见立法机关的工作人员都进行了梳理和研究。

第二个主要的途径，是通过法工委的立法联系点。法工委在2015年和2020年，贯彻落实习近平总书记重要指示精神和党的十八届四中全会精神，先后两次在全国范围内建立了十个立法联系点，九个是基层立法联系点、一个是高校。它确实可以让立法工作机构的"眼睛"和"耳朵"直接延伸到田间地头、工厂车间、学校、社区，能直接听取基层一线的单位和干部群众对法律草案的意见。

迄今5年多来，我们先后就80多部法律草案和立法计划，向基层立法联系点征求意见，收到了 4000 多条意见，其中很多都在法律草案中予以采纳。应当说对于提高立法的质量非常有帮助。

在 2020 年未成年人保护法（修订）向立法联系点征求意见的时候，上海华东政法大学附属中学的一群中学生，向虹桥立法联系点提出了许多对未成年人保护法（修订）草案的修改意见，包括课外补习班的问题、教师惩戒权的问题、如何预防青少年沉迷网络的问题、家庭暴力的问题。

这些学生提出的意见经过虹桥立法联系点反馈到立法工作机构之后，我们逐条进行了研究，有一些采纳到了最终通过的法律案中。为此，法制工作委员会还特意给华东附中去了一封感谢信，感谢他们对立法工作的参与和支持。

除了这两种主要的途径之外，还有许多的途径，公民可以通过比如写信、来传真、打电话，甚至有些专家学者当面到立法机关反映意见，这些渠道都是畅通的。

这里我还可以再举一个例子——一封没有字的信。群众关于法律草案（物权法草案）提出的意见是一封没有字的信。这封信到了立法机关之后，我们的工作人员拆开一看，没有一个字，只有密密麻麻的针眼。后来大家猜测说这很有可能是一封用盲文写成的信，我们的同事就专门拿着这封没有一个字的信到中国残联求助。中国残联也对我们非常支持，组织了几位盲文专家当天就翻译出来了，确实是用盲文对法律草案提出的意见。我们对每条意见又进行了研究和梳理。后来了解到是山东的一位视力障碍患者，用盲文给立法工作机构写的这封信。

我们的学生、我们的患者都可以自由表达他们对立法工作、对法律草案的意见，而且每一条意见我们工作人员必定是认真地研究和梳理过的。可见，普通民众参与立法工作的权利是得到充分保障的。

中新社记者：您担任发言人已经有将近两年的时间了，在这个过程中您有什么突出的感受？

臧铁伟：一年多来确实有一些比较深刻的感受。首先一个就是觉得责任重大，压力也很大。因为发言人工作机制是立法宣传的一个重要平台，也是增强立法公开性和透明性的一个重要途径，要围绕着贯彻落实中央的决策部署，围绕突出立法工作特色，围绕回应人民群众的关切，而且还要把这些问题用比较贴近生活的、通俗易懂的语言宣传出去。这些要求要统筹兼顾，不能只顾一点，所以觉得责任重大。

第二个感受，觉得有"本领恐慌"。因为每次法工委记者会，大家提出很多涉法问题。这些问题要比较全面地、准确地予以回应，应当说难度是很大的。我个人也在努力提高自己，加紧学习。我觉得可能这项工作本身就是一个永无止境的学习的过程。

第三点体会，觉得做好这项工作必须加强协作。因为发言人是一个人在台上发言，背后是无数个部门的支持、是很多（同事）的艰苦付出。发言人一个人的作用是极其有限的。所以我也愿意借这个机会，感谢各部门的大力支持，感谢我同事们的艰苦付出。

中新社记者：我们注意到，近些年，美国国会参众两院经常不顾中方警告，执意出台所谓法案，从法律的角度粗暴干涉中国内政，您和全国人大外事委员会发言人也多次就此发表谈话，表示强烈反对。请问未来，我们的立法机关是否也会有对等的有效措施，对此类行为进行反制？

臧铁伟：近年来，美国参众两院出台了多项反华议案，粗暴干涉中国内政，尤其是去年的12月8日，美国国会因为反对中国全国人大及其常委会通过的香港国安法和关于香港特别行政区立法会议员资格问题的决定，竟然针对中国全国人大常委会领导作出所谓的制裁，这是公然借香港问题干涉中国内政的卑劣行径。全国人大常委会发言人也于12

月 9 日发表了谈话，对此予以强烈谴责，表示坚决反对。

我们一贯反对外国和境外的势力以任何方式干涉中国内政，我们将一如既往地坚定履行我们的法定职责，维护国家安全、主权和发展利益。当然，我们也会视情况采取对等的反制措施。正如大家已经关注到，鉴于美方借香港事务粗暴干涉中国内政、损害中国核心利益，我们决定对在香港问题上表现恶劣、负有主要责任的美国国务院官员、议会人员和有关非政府组织人员及其他们的直系亲属采取对等反制措施，并且取消美国持外交护照人员临时访问香港和澳门的免签待遇。

会议召开，明确了习近平法治思想的指导地位。请问这一重要思想将如何落实到我们下一步的立法工作中？

臧铁伟：这次会议最重要的成果是确立了习近平法治思想，明确了习近平法治思想在全面依法治国中的指导性地位，具有重大的现实意义和深远的历史意义。11 月 23 日，栗战书委员长专门主持召开会议，深入研究全国人大及其常委会如何学习贯彻落实习近平法治思想的具体举措。下一步我们也将重点抓好几项工作，在法治的轨道上推进国家治理体系和治理能力现代化。

一是立法工作，要坚持党中央的集中统一领导，增强"四个意识"、坚定"四个自信"、做到"两个维护"。坚决执行向党中央的请示报告制度。凡属在立法工作中遇到的重大事项、重要问题、重要情况，都要经过全国人大党组向党中央请示。

二是要积极推进民生领域立法。满足人民群众的新要求和新期待，重点围绕人民群众广泛关心的住房、教育、医疗、养老、保险、食品安全、生态环境等，包括社会治安等，加快完善在这些领域的法律制度，以满足人民群众日益增长的美好生活需要。同时我们要加强基层立法联系点建设，不断拓宽人民群众参与立法的广度和深度，使我们的立法决策更加科学、更加民主，经得起历史和实践的检验。

三是要积极推进重点领域、新兴领域和涉外法治体系建设。习近平总书记在提到完善法律体系的时候，强调了"加快"两个字，提出了"科学完备、统一高效"的目标，同时点出了七个重点领域的立法，包括国家安全、科技创新、生物安全、生态环保、防范风险、涉外法治以及公共安全。此外，他还就在比较成熟的立法领域适时开展法典化编纂工作，以及加快形成完备的涉外法律体系作出了部署。

我们正根据党中央的决策部署和常委会的工作部署抓紧工作，加强与各方面的协同配合、形成合力，积极推进新兴领域、重点领域和涉外法治体系建设。

中央送深圳 "大礼包" 释放什么信号

记者｜ 王恩博　温孟馨　侯宇

撰稿｜ 王恩博

播发时间｜ 2020 年 10 月 18 日

采访嘉宾　彭森
中国经济体制改革研究会
会长

- 中央出台支持深圳建设中国特色社会主义先行示范区的意见，是一个非常重大的战略性决定。这意味着深圳特区的改革，特别是市场化改革和更高水平对外开放，开启了在一个更高目标、更高层次、更高起点上的再出发

- 中央给予深圳的政策力度比海南 "自贸岛" 更大，特别是提出了

在法律方面做更多授权，鼓励深圳在新经济领域加快一些立法创新，这都是非常好的

扫 码
看访谈视频

"

近日，中办、国办印发了《深圳建设中国特色社会主义先行示范区综合改革试点实施方案（2020—2025 年）》，赋予深圳更多改革自主权。这份方案被看作中央送给深圳的一个政策"大礼包"。"大礼包"中究竟有哪些"礼物"，它将给新时代深圳改革开放再出发带来什么机遇？

访谈实录

FANGTAN SHILU

中新社记者：中央去年提出支持深圳建设中国特色社会主义先行示范区，这与此前的经济特区有何不同？深圳在国家宏观发展层面的定位是否出现变化？

彭森：中央出台支持深圳建设中国特色社会主义先行示范区的意见，是一个非常重大的战略性决定。这意味着深圳特区的改革，特别是市场化改革和更高水平对外开放，开启了在一个更高目标、更高层次、更高起点上的再出发。

大家都了解，深圳 20 世纪 80 年代开始作为经济特区，是改革的先行者、探路者、试验田。40 年来，深圳人民在党的领导下，解放思想、

开拓进取、埋头苦干，在经济体制、科研创新、对外开放、社会治理各方面，取得了翻天覆地的变化和很大成绩，已经把深圳初步建设成为一个国际化现代化的创新型城市。在这种情况下，中央又进一步提出把深圳建设成中国特色社会主义先行示范区，是对深圳提出了一个更高的、全方位的要求。

首先，建设社会主义先行示范区，意味着中国特色社会主义在全国还要不断探索完善。特别是中共十九届四中全会提出坚持和完善中国特色社会主义制度、推进国家治理体系和治理能力现代化任务后，谁来做先行者、探路者？中央等于把这个任务进一步交给了深圳。所以，深圳一方面要做好经济体制的改革开放，做好创新发展，同时在社会治理体系、治理能力现代化方面也要做探索。

深圳人均GDP已经达到3万美元，相当于国际上一个高收入国家的水平。深圳居民人均可支配收入达到6万多元人民币，可能是全国今后15年左右的发展水平。所以深圳完全有必要先行一步研究，作为中国特色社会主义先行示范区，在更高水平上怎样就建立中国特色的治理体系、治理能力现代化做出探索。在实现经济发展的同时，追求民主法治、公平正义，实现共建共治共享共同富裕的新发展格局。我想这是最重要的。

其次，在中国的市场化改革、高水平对外开放方面，深圳还是要做一个先行者、探索者、排头兵。在这方面，中央对深圳也寄予了更高希望。40年前，深圳就是靠大胆试、大胆闯杀出一条血路来，今天还是这样。希望深圳在市场化改革方面，按照中共十八届三中全会上中央所提出的市场化改革的一系列要求，在前面起到试点、探索、创新的作用，能够尽快为全国提供一些可复制可推广的经验。

第三，还有很重要的一点，深圳建设中国特色社会主义先行示范区，也是中国改革推进方式的一个全新探索。这个问题涉及如何在特区基础上，进一步赋予深圳一些综合授权，通过综合授权方式进行全方位改革探索。

中新社记者：您提到的"综合授权"最近确实备受关注，到底什么是"综合授权改革"？方案为何将它定位为"深圳建设社会主义先行示范区的关键一招"？

彭森：综合授权是这次方案的核心，也是最大亮点。深圳特区本身也是一个授权，1980年设立经济特区就是一个特殊政策、灵活措施。按照邓小平同志当时讲的，"中央可以给些政策，你们自己去搞，杀出一条血路来"。这是一种嘱托，也是一种授权。

说到底，当时这种特殊政策、灵活措施，就是中央的很多要求或政策，在深圳特区如果合适就执行，不合适可以采取变通措施。但现在讲的综合授权，就是在全面深化改革、全面依法治国的大环境下，对改革形式做一个全新尝试和探索。

综合授权方式是什么方式？具体来讲，就是清单式、批量式的申请和批复。对于地方按照中央总体要求，比如深圳在2025年要建成现代化国际化创新型城市，到2035年要成为中国建设社会主义现代化强国的城市范例，到2050年要成为竞争力、创新力、影响力卓著的全球标杆城市，要达到这些目标，就要给予充分配套的一些政策和权力。通过这种清单式、批量式的申请和授权，在重要领域和关键环节，把解决一些重大体制机制问题需要的权力真正交给深圳。这样的话，深圳全面推进市场化改革和更高水平对外开放，就将具有全面的责任和全面的改革自主权。

而且，此次中央批准的实施方案讲的是2020年到2025年，并明确将出台首批综合授权事项清单。随着工作进一步开展，可能还会有第二批、第三批，只要是改革中遇到的体制机制障碍，遇到的现行法律法规束缚，需要进一步解决上层建筑、生产关系的一些问题，来为生产力解放开辟道路的，就可以通过清单方式向中央报告。经过适当程序，涉及法律的，经过全国人大进行审批授权；涉及国务院一些权责或国务院规章制度的，由国务院进行授权。这对于进一步完善中央和地方关系，给予地方差别化的改革积极性，是一个重要的、全面的尝试。

中新社记者： 此次综合改革试点对深圳放权力度很大，一揽子推出了 27 条改革举措和 40 条首批授权事项，尤其涉及一些重点领域和关键环节。中央给予深圳如此大自主权的目的是什么？

彭森： 这次综合改革试点涉及经济领域、社会领域较多一些，包括完善要素市场化配置体制机制、完善科技创新环境制度、打造市场化法治化国际化营商环境、完善高水平开放型经济体制、完善民生服务供给体制、完善生态环境和城市空间治理体制六大领域。

就一个城市来讲，无论经济管理、社会管理领域，特别目前改革主要突破的重点，基本都囊括其中。这六大领域中，我觉得最关键的还是第一部分——要素市场化配置。在这之前，4 月份中央刚刚发布了《关于构建更加完善的要素市场化配置体制机制的意见》，其中对五大要素怎样加快市场化配置提出了全面的意见。但这些改革要推进，首先还要找一个改革的先行者、示范地、试验区，选定的还是深圳。在这方面进行先行示范，对带动全国市场化改革具有决定意义。

中新社记者： 同样涉及大力度授权放权和对外开放，深圳与正在推进的自贸区、自贸港建设有何不同？

彭森： 在此之前，大家都比较关注海南自贸港政策，应该说它与深圳的情况不太一样。海南自贸港侧重于在更高水平对外开放方面做一些全方位探索，包括结构性的对外开放，和制度性对外开放都会有更大调整。但从海南来讲，不要求它所有政策都是可复制可推广的，而是在海南这个 3.5 万平方公里的岛屿之上，通过"自贸岛"建设来落实相关政策，实现更高水平对外开放的制度创新。

中国（广东）自由贸易试验区深圳前海蛇口片区。 中新社记者 陈文 摄

深圳则是立足于神州大地，要能够尽快提供一些可复制可推广的经验，这是最大的区别。这次中央给予深圳的政策，实际上不比给海南"自贸岛"的政策力度差，应该讲力度甚至更大，特别是提出了在法律方面做更多授权，鼓励深圳在新经济领域加快一些立法创新，这都是非常好的。

中新社记者：在国际上，深圳发展是否有可以参照或比对的例子？深圳下一步发展，如何从"世界版图"上来定位？

彭森：深圳历经40年发展，从一个小渔村、GDP只有2亿元人民币左右的农业县，发展到现在这样一个国际化现代化的创新城市，是人类发展历史上从没有过的创新和范例。在国际上，新加坡可以算是一个相对比较类似的情况，但新加坡缺少的是广大市场腹地，它是一个岛国型、城市型的经济，其外向型经济高度依赖国际环境。

深圳经济特区成立40周年之际，深圳盐田国际集装箱码头一片繁忙作业的场景。　　　　　　　　　　　　　　　　　　中新社记者　陈文　摄

　　深圳则背靠广袤的960万平方公里祖国市场，有全国的支持和关注，深圳的发展也离不开全国支持，无论人才、资本、科技成果，都是全国集聚到深圳，从各方面给予支持。今后深圳的发展，又会给全国提供新的发展动能、提供新的制度范例。所以，深圳走的是一条中国特色社会主义发展道路，是一个具有独特性的探索历程，它会成为全人类、全世界现代城市发展的一个典型范例，这一点我毫无疑问。

全球最大碳市场诞生，中国能再做国际"卖碳翁"吗

本期策划 ｜ 魏晞

记者 ｜ 庞无忌　董泽宇　蒋启明

撰稿 ｜ 庞无忌

播发时间 ｜ 2021 年 8 月 3 日

采访嘉宾　张希良

清华大学能源环境经济研究所所长、全国碳排放交易体系总体设计技术专家组负责人

■ 通过卖碳减排配额获得收入不是中国的诉求

■ 在中国，碳排放主要来自电力和工业两个行业。未来，碳市场覆盖范围将进一步扩展到钢铁、建材、石油、化工、有色金属等工业行业。未来中国碳市场规模或超 70 亿吨，碳价仍有上升空间

■ 中国在碳市场设计时，特别是在核算高耗能企业的排放时，除了核算其直接排放以外，也核算和其用电用热相关的间接排放，以弥补电力市场不完善造成的一些影响。这些也将成为可供发展中国家借鉴的经验

扫　码
看访谈视频

" 2021 年 7 月 16 日，中国碳排放权交易市场正式上线启动，发电行业 2162 家重点排放单位首批被纳入全国碳市场，年覆盖约 45 亿吨二氧化碳排放量。这一巨大规模之下，中国碳市场一经启动便成为全球规模最大的碳市场。

碳市场与人们熟悉的股票等市场有何不同？中国的碳市场是如何设计的？中国未来会成为国际"卖碳翁"吗？

访谈实录

FANGTAN SHILU

中新社记者：碳市场是什么？它和我们熟悉的如股票市场等有何不同？

张希良：碳市场（运行）的基础是政府发放给企业的碳排放许可，也叫配额。一定时间内，企业实际的碳排放量不能超过其所得到的排放

配额，这就叫碳排放履约。

不同企业之间的碳减排表现也不同，有的企业有多余的配额或许可，而有的企业不够。碳市场就提供了一个交易平台，让（不够的）企业购买配额进行补充，从而实现履约，（配额多的）企业则可以卖出多余配额，获得一部分收益。

所以，碳市场的交易实际上是配额的交易，也就是国家发放的碳排放许可的交易。而买股票可以变成一个企业的股东，所以股票市场的交易实际上是一种企业所有权的交易。两者有本质不同。总体来说，碳市场是一个帮助国家实现碳减排目标的政策市场。

中新社记者： 谁可以在碳市场进行交易？

张希良： 碳市场首要的交易主体是企业，特别是碳排放大户、重点排放单位。未来这一范围可能扩大。生态环境部相关文件明确，适时增加符合交易规则的投资机构和个人参与碳排放权交易。这样可以提高市场影响力，改善市场流动性等。

中新社记者： 碳市场的激励机制主要在哪些方面？

张希良： 碳市场的激励机制首先来自碳价。碳价会影响产品生产或者服务提供的成本，最终影响产品和服务的价格。受碳价影响，产品或者服务含碳量越高，价格就会越高；含碳量越低，价格就越低。这就会创造一种机制：让消费者更倾向于选择碳排放较低的产品或服务，从而鼓励低碳产品和服务的生产和消费。

此外，还可以通过碳价，鼓励企业做碳减排方面的技术创新。一个产品如果含碳量低，在市场上会更有竞争力，价格也会更有竞争力。

中新社记者： 目前，中国碳市场中对碳价的定价是如何考量的？

张希良： 碳市场的基本盘还是要看国家发放多少配额。如果国家发的配额比较少，总量设定少，碳价就会相对较高；发放的配额多，碳价就会比较低。

决定碳价的一个关键因素就是国家的碳减排目标是不是严格、国家期望碳市场发挥多大作用。

中新社记者：您提到碳市场的激励机制来自碳价。但企业实现碳减排需要一定成本，对企业来说，通过碳减排来降低产品的碳价会不会不划算？

张希良：我们必须承认，碳减排不是"免费的午餐"。引入了碳价以后，肯定会增加一部分企业的成本，特别是碳减排表现不好的企业。这些企业可能需要额外购买配额才能实现履约。这就体现了碳市场对减排不力企业的一种惩戒作用。但需要看到这是短期的。长期来看，碳价会激励企业进行技术创新，有助于降低减排成本。

中新社记者：据官方透露，碳市场先期启动纳入发电行业仅仅是第一步，未来会逐步扩大市场覆盖范围。您预估，碳市场的规模有多大，未来潜力几何？

张希良：全国碳市场从发电行业开始，目前规模已经超过 40 亿吨。在中国，碳排放主要来自两个行业——电力和工业。未来，碳市场覆盖范围将进一步扩展到如钢铁、建材、石油、化工、有色金属等工业行业，最终年覆盖二氧化碳排放量会超过 70 亿吨，占到全国碳排放量的 70% 以上。

中新社记者：早在 2005 年，欧盟就已着手建立了二氧化碳排放交易体系，现在欧盟的交易体系已经日趋完善。中国碳市场在设计时参考了哪些国际规则？

张希良：目前，国际上大约有 30 多个国家和地区已经或计划采用碳市场的机制来进行碳减排，其中，欧盟和加州的碳市场相对成熟。中国的碳市场在设计和发展过程中是非常开放的，注意借鉴国外经验。

例如，欧美碳市场的建设是采取分阶段的方式，并不是一开始就特别完美，而是逐步改进的。中国的碳市场也采取了这种方式，一开始在5个城市、两个省搞了7个试点，为国家的碳市场发展提供借鉴。

另外，立法对碳市场的健康运行是非常关键的。碳市场涉及经济活动，最后有些问题也要通过法律来解决。中国在这方面也是很积极的。

中新社记者： 跟欧美等国家相比，中国的碳市场有哪些创新？

张希良： 首先，中国碳市场在起步时并不是基于总量的碳市场（mass-based）而是基于强度的（rate-based），这样能尽量降低企业的成本，并将其对经济的影响降到最低。

从碳排放控制（方式）上来说，（一直以来）中国也是以强度控制为主，总量控制为辅的，目前正转变为以总量控制为主。这与中国当前的经济发展阶段和国家应对气候变化的大政策也是相协调的。

此外，中国碳市场建设面临一个很大的挑战在于电力市场化改革尚未完成。中国大部分电价还是由政府决定的，电力行业如果需要额外购买配额，是会增加成本的，但这一成本无法通过电价的价格机制传导到用户端，所以很难完全通过市场机制来实现碳减排激励。因此，在碳市场设计时，特别是在核算高耗能企业的排放时，除了核算其直接排放以外，也核算和其用电用热相关的间接排放，以弥补电力市场不完善造成的一些影响。这些也将成为可供发展中国家借鉴的经验。

中新社记者： 您如何评价中国碳市场的水平？

张希良： 中国碳市场启动以后，碳价在每吨8美元左右，我认为这是一个非常不错的水平。据测算，目前中国全经济尺度的边际减排成本大概是7美元。碳市场若要发挥有效作用，碳价应该大于或等于7美元。目前碳价已经高于这个水平，是一个有效的碳价。

陕西省神木市国能锦界能源有限责任公司 15 万吨／年燃烧后 CO_2 捕集和封存全流程示范项目。 中新社记者 毛建军 摄

欧盟碳市场是全球公认较为成熟的碳市场，目前碳价在每吨 50 欧元以上。但别忘了欧盟碳市场中间有七八年的时间，碳价一直徘徊在每吨 3 欧元至 9 欧元的区间，比较低迷。

将来，迈向 2030 年前实现碳达峰，2060 年前实现碳中和目标，中国经济全尺度的碳减排成本也会有所增加，所以碳价还有上升空间。我们预估，"十四五"期间，中国碳市场的碳价可能在每吨 8 美元至 10 美元左右；"十五五"期间，碳价可能进一步升至每吨 15 美元。

目前，除中国外，其余发展中国家还没有建立碳市场。中国碳市场建设的一个很重要的价值在于其为广大发展中国家提供借鉴。

中新社记者：近期，有外国专家（官员）建议中国、欧盟和美国三方率先形成一致的碳定价机制，您觉得现在是否具备这个条件？中国的碳定价如何与国际接轨？

张希良：从理论上来讲，建立一个全球的碳定价机制，对全球碳减排、应对气候变化是非常重要的。《巴黎协定》第 6 条中就有关于（以）全球碳定价、全球市场机制等实现减排目标的专门安排。一些发达经济体，如美欧等，边际减排成本比较高，有了这个机制以后，就可以通过碳市场在边际减排成本较低的国家购买配额实现减排。比如，欧盟可以到柬埔寨、越南、印度等国去买配额。这样全球范围内的碳价可能会被拉平。一些发展中国家，也能通过卖配额得到一部分收入。

但技术上来讲，中国、欧盟、美国的碳市场要实现链接是很难的，还有很长一段路要走。个人认为，碳市场建设的关键并不在于是否把它们链接起来，是否实行同一个碳价。更为重要的是让尽量多的国家、尽量多的地区建立碳市场，利用碳价机制。

中新社记者： 未来中国还能做国际"卖碳翁"吗？

张希良： 过去也有 CDM 即清洁发展机制，彼时中国曾是这一机制下，碳减排指标最大的卖出国。这对中国可再生能源产业，特别是风电和光伏的发展起到过很大促进作用。但现阶段，中国在碳市场方面与欧盟、美国等的合作不再强调中国企业卖配额了。因为中国自身面临很强的国际履约义务。包括中国提出的"3060"双碳目标等，实际上很有挑战性。所以现阶段，通过卖配额来得到收入，并不是中国的诉求了。

中新社记者： 未来森林碳汇，如何通过碳市场转化成"金山银山"？

张希良： 绿水青山如何转化为金山银山？碳市场会起到直接作用。树木、草地等有碳吸收能力，可以被开发成森林碳汇的项目，然后将其放到国家碳市场里去抵消（碳排放），这就直接变现了。未来这可能成为绿水青山转化成金山银山的一个快捷通道。从国家层面看，在设计碳市场抵消机制时，也会优先鼓励森林碳汇项目，企业通过购买森林碳汇项目而非配额也可以实现碳减排。

"十四五"规划的涉侨表述释放何种信号

🎤 本期策划 ｜ 谢萍

👤 记者 ｜ 马秀秀　程宇　蒋启明

👤 撰稿 ｜ 马秀秀

🕐 播发时间 ｜ 2020 年 11 月 23 日

采访嘉宾　张春旺
中国华侨华人研究所所长、
中国华侨历史学会副会长

- ■ 实现"十四五"规划，需要海外华侨华人的参与，也为海外华侨华人的事业发展提供了机遇和平台
- ■ 疫情暴发初期，国内疫情防控物资非常短缺，海外华侨华人采购了大量抗疫物资，积极运回国内，发生了很多动人的故事
- ■ 建议海外华侨华人切实了解新发展理念和"双循环"新发展格局

的内在要求，使自己的投资项目、事业选择更加符合国内的发展需要，实现共赢发展

扫 码
看访谈视频

"

2020 年对海外侨胞而言是不同寻常的。在新冠肺炎疫情之下，多重因素叠加使海外侨胞的生存发展环境趋于复杂。此种背景下，如何看待"十四五"规划建议的涉侨表述和习近平总书记 10 月汕头考察重要讲话释放的信号与意义？"十四五"时期，海外侨胞如何更好参与到中国建设发展中？

访谈实录

FANGTAN SHILU

中新社记者： 想必您已经关注到了"十四五"规划建议中的涉侨表述以及习近平总书记上个月在汕头考察时的重要讲话。您如何看待相关表述所释放的信号？

张春旺： 改革开放取得的巨大成就，离不开华侨华人的广泛参与和热情支持。据统计，（改革开放 40 年来）华侨华人投资的总额占外商投资总额的 60%，实践证明，华侨华人是改革开放事业的参与者、贡献者，也是受益者，他们是中国现代化建设的宝贵资源和独特优势。

党的十九届五中全会审议通过了"十四五"规划和 2035 年远景目标的建议，实现这一宏伟蓝图，同样需要海内外中华儿女共同团结奋

斗，需要海外侨胞参与和支持。这个参与和支持不是单向的，而是多维的，是在经济全球化、中国与世界各国共赢发展的背景下的参与和支持。中国坚持和平发展、合作共赢的理念没有变，中国的侨务政策、（侨务工作的）原则也没有变。习近平总书记的重要讲话和"十四五"规划涉侨的有关论述清楚地表明，中国的侨务政策是一贯的、明确的、坚定的。

中新社记者：海外侨胞是发展祖（籍）国和住在国关系的重要桥梁和纽带，他们虽然身在海外，但心系家乡故土。在您看来，海外侨胞应该如何处理好与祖（籍）国、住在国的关系？如何促进海内外同胞关系和谐？

2010 名海外侨胞齐聚上海共享世博。　　　　　　　中新社记者 杜洋 摄张春旺：新中国成立后，党和政府始终十分重视海外华侨的生存和发展，在万隆会议前后，中国就陆续与有关国家展开谈判，着重解决华侨双重国籍问题，倡导、鼓励华侨加入当地国籍，成为当地公民，效忠住在国。华侨如果选择中国国籍，必须遵守住在国法律，不能参与当地政治活动。改革开放初期，邓小平同志多次重申这一侨务政策没有变。改革开放后，陆续又有很多人选择出国，选择加入当地国籍，成为外籍华人。外籍华人首先必须效忠住在国，在此基础上，他们出于恋祖恋乡的情结、出于传承中华文化、出于自身事业发展等（原因）保持与中国的联系，我们是赞赏的，实际上这也是国际移民的通用规则。现在，世界上大概有 70 多个国家都设有侨务工作机构，主要职责就是加强本国与他们海外移民的联系。华人作为中国亲戚，他们在有利于住在国、有利于自身事业发展、有利于中国的前提下，搭建中国人民与世界各国人民友好交往的桥梁，传承、弘扬中华文化，促进中外经贸往来，参与国内经济建设等，我们都欢迎。

实现中华民族伟大复兴的中国梦是与世界各国人民的梦想相通的，世界好，中国才会好，华侨华人的生存发展才会好。我们要在这个基础上，共同促进海内外同胞关系的和谐，为实现"十四五"规划、推动构建人类命运共同体作出贡献。

中新社记者：我们知道，新冠肺炎疫情下，海外侨胞承受着很多压力。当国内疫情暴发之时，他们中不少人四处奔走、捐款捐物。如今海外多国正面临新一波疫情，海外侨胞除了面临生活难题和事业发展困境，还会遇到诸如种族歧视等问题，生存发展环境趋于复杂，您对他们有什么建议？

张春旺：疫情暴发初期，国内疫情防控物资非常短缺，海外华侨华人采购了大量抗疫物资，积极运回国内。这其中，他们克服了很多困难，也发生了很多动人的故事，对国内疫情防控工作起到了雪中送炭的作用。

2020 年 1 月 30 日，众多琼籍华侨华人奔走采购的多批口罩、防护服、护目镜分别由泰国、日本运抵海南海口。图为工作人员搬运募捐的医疗物资。

中新社记者 骆云飞 摄

华侨华人身处海外，需要得到双重认同，一是需要得到国内民众的认同，同时他们也希望得到住在国民众的认同。疫情在世界各地蔓延，使海外侨胞的生存、发展、经营等受到了非常大的冲击，特别是有很多侨胞从事餐饮业、零售业、旅游业等，受到的冲击更大。（有些人）把新冠病毒称作"中国病毒"，使一些国家的民众对华侨华人产生了误解、歧视和偏见，甚至发生人身攻击行为。在这种情况下，华侨华人的表现是令人钦佩的，他们像支援国内抗疫工作一样，全身心地投入到当地疫情防控工作中去，大量捐款捐物，严格遵守当地疫情防控规定，他们的感染率相对来说是比较低的。同时，他们面对偏见、歧视行为表现了极大的理智和克制。

随着疫情防控工作的逐步好转，我相信海外侨胞在疫情防控当中也一定能够做到以下几点：抱团取暖、加强相互帮助。侨团之间、侨胞之间加强信息沟通，相互之间给予帮助，这也是华侨华人的传统；抓住机遇，把自己生产经营恢复和当地经济恢复计划融合在一起，渡过难关；根据世界经济形势发展变化，寻找新的商机，实现转型发展；坚持依法维护自己的权益，面对歧视攻击行为要勇敢拿起法律武器；发扬中华民族的优良传统，坚持平和的心态，积极主动地继续参与、支持当地防疫工作，增加与其他族裔之间的交流，增进相互之间的了解，更好融入当地社会。

中新社记者：我们以上谈到了华侨华人在疫情下面临的一些问题和思考。那么，在这一背景下我们回到"十四五"规划建议中的涉侨表述等内容。您如何看待中国当下重申侨务政策的意义？

张春旺：我刚才讲了，党和国家的侨务政策是一贯的、明确的、坚定的。"十四五"规划和2035年远景目标的实施，增强了华侨华人搭乘中国经济发展"顺风车"的信心，同时也为华侨华人住在国与中国开展经贸合作提供了更多机会和选择。我认为，华侨华人不仅是中国现代化建设的宝贵资源和独特优势，同时也是住在国经济社会发展的宝贵资源和独特优势。在"双循环"的新发展格局中，华侨华人一定能够发挥融通中外、联结中西的优势，在促进中国与住在国共赢发展的过程中展现更多更大作为。

中新社记者：在您看来，中国在"十四五"时期需要从哪些方面进一步着手努力，以更好凝聚侨心侨力？

张春旺：涉侨部门应该加强调研，充分了解海外华侨华人回国来华创业的需求，优化国内营商环境，为他们回国（来华）发展提供更多选择。要加强涉侨立法工作，推进现有涉侨法律法规贯彻落实，在全社会营造知侨、爱侨、护侨的氛围，更好凝聚侨胞。还有一个很重要的问题，就是要加强侨乡文化的建设和保护。这次习近平总书记在汕头的重要讲话不仅对海外侨胞对国家（家乡）建设的贡献给予了充分肯定，同时也对保护建设侨乡文化提出了新的更高的要求。侨乡是海外侨胞维系与祖（籍）国关系的情感纽带，是他们根和魂的所在，加强侨乡文化的建设和保护更有利于增进华侨华人与家乡的感情。

中新社记者：规划建议全文中还指出，实行高水平对外开放，开拓合作共赢新局面。其中指出推动共建"一带一路"高质量发展、完善自由贸易试验区布局等。您如何看待目前海外侨胞对中国开放发展的参与度？其中在哪些方面尚存在改善的空间？

2019世界侨商项目与商品博览会在天津举行。

中新社记者 张道正 摄

张春旺：现在，中国经济已经与世界经济紧密相联。2019 年，中国经济对世界经济（增长）贡献率达 30%（左右），持续成为世界经济增长的（主要）动力源，中国已经是 120 多个国家（和地区）的第一大贸易伙伴，其中海外华侨华人的贡献功不可没。现在推进高水平对外开放，推动互利共赢发展新局面，同样离不开华侨华人的参与。

"一带一路"沿线国家华侨华人众多，现在国内有的企业、机构开展海外投资、援助的项目，考虑华侨华人熟悉当地的优势不够，他们投资的项目和援助的项目没有考虑与当地华侨华人的投资相衔接，今后应该加强统筹，充分发挥华侨华人在政策沟通、设施联通、贸易畅通、资金融通、民心相通中的作用。

中新社记者：最后一个问题，为更好实现参与中国"十四五"时期建设发展，您认为海外侨胞自身需作出哪些努力？您对他们有什么建议？

张春旺："十四五"规划是我们迈向第二个百年奋斗目标的第一步。实现"十四五"规划，需要海外华侨华人的参与，也为海外华侨华人的事业发展提供了机遇和平台。我们特别欢迎海外华侨华人在严格遵守住在国法律和国际惯例的基础上，结合自身事业发展回国（来华）投资、创新创业。建议他们要切实了解新发展理念和"双循环"新发展格局的内在要求，使自己的投资项目、事业选择更加符合国内的发展需要，实现共赢发展。

中国这十年

经济体制改革，如何激活中国发展潜能

🎙 本期策划 ｜ 魏晞

👤 记者 ｜ 王恩博　董泽宇　蒋启明

👤 撰稿 ｜ 王恩博

🕐 播发时间 ｜ 2022 年 9 月 21 日

采访嘉宾　蒋毅
国家发展和改革委员会体改司
副司长

■ 中国市场主体总量超过 1.5 亿户，其中企业 4000 多万户。中国已
成为全球最大网络零售市场，即将成为全球最大的消费市场

■ （在深圳实施）综合授权改革试点落地近两年来，国家发展改革
委会同深圳等有关方面合力推动各项任务落细落实。目前，首批
40 条授权事项全面落地实施，重点领域和关键环节改革成效显现

扫 码
看访谈视频

> 中国国家博物馆里，109 枚来自天津滨海新区的红色公章静静躺着。它们形状、材质各异，有的如拳头般大，曾代表着政府的审批权力。
>
> 2014 年 5 月，天津市滨海新区将分散在 18 个不同单位的 216 项审批职责归并到一个部门，率先实行"一颗印章管审批"。这 109 枚印章"封存了就永远不再打开"，被国家博物馆收藏，成为中国进一步理顺政府与市场关系的见证。

处理好政府和市场的关系，是一道世界级难题，也是中国经济体制改革的核心问题。中国共产党对二者关系的认识亦经历了不断深化的过程。

2013 年召开的中共十八届三中全会强调，使市场在资源配置中起决定性作用和更好发挥政府作用。相较此前"基础性作用"的表述，两字之差折射出对市场的全新定位。随后，中共十九大再次明确了上述方向。

国家发展和改革委员会体改司副司长蒋毅日前接受中新社"中国焦点面对面"专访时说，这个定位是中共对中国特色社会主义建设规律认识的新突破，标志着社会主义市场经济发展进入了一个新阶段。

在这个新阶段，中国通过改革，实现产权有效激励、要素自由流动、价格反应灵活、竞争公平有序、企业优胜劣汰；也通过改革，让各类市场主体有更多活力和更大空间去发展经济、创造财富，实现资源配置效益最大化和效率最优化。

更多史无前例的改革举措随之落地开花。2020 年 10 月，改革开放前沿深圳再次按下改革快进键，实施综合授权改革试点。此次改革授权力度之大、任务之艰巨、修法力度之大、试点模式之新均前所未有。

截至目前，首批 40 条授权事项已全面落地实施，重点领域和关键环节改革成效显现。"有效市场"和"有为政府"统筹发力，市场活力、制度活力和社会创造力持续被激活。至 2022 年 8 月底，深圳共有企业 240.48 万户，占商事主体总量逾六成。

从地方到中央，中国正逐渐成为"善于驾驭政府和市场关系的行家里手"。以此为切口观察这十年中国经济体制改革进程，越来越多目标正照进现实。

社会主义市场经济体制更加成熟定型，高标准市场体系建设稳步推进，要素市场化配置体制机制更加完善，全国统一大市场正在加快形成，产权保护、市场准入、公平竞争和社会信用等市场体系的基础制度建设取得积极进展……

眼下，百年变局和世纪疫情相互叠加，中国经济面临更复杂考验。人们期待上述改革红利持续释放，进一步化作增长的动力。

直面严峻挑战，中国决策层已部署了一系列激活发展动力的重大改革。加快推进激发市场主体活力、构建高标准市场体系、稳增长扩内需的相关改革；加快推进高水平对外开放和绿色低碳转型……蒋毅表示，国家发展和改革委员会将认真把这些措施落实落细。

他强调："我们将用足用好改革这个'关键一招'，为经济社会平稳健康发展注入强大动力。"

访谈实录

中新社记者： 经济体制改革是全面深化改革的重点。党的十八大以来，中国经济体制改革的进展如何，取得了哪些成效和亮点？

蒋毅： 党的十八大以来，在以习近平同志为核心的党中央坚强领导下，经济体制改革围绕处理好政府和市场的关系，全方位展开、系统性推进，重要领域和关键环节改革取得决定性成果，社会主义市场经济体制更加系统完备、更加成熟定型，推进国家治理体系和治理能力现代化不断提升。主要成就体现在以下四个方面：

一是市场主体活力有效激发。国资国企改革完成顶层设计，实施国企改革三年行动，国有经济布局优化和结构调整持续推进，中国特色现代企业制度建设取得实质性突破，混合所有制经济稳健发展，以管资本为主的国资监管体制不断健全。重点行业竞争性环节市场化改革持续推进。民营经济发展环境不断优化。过去 10 年，民营企业数量从 1085 万户增长到 4457 万户，翻了两番。

二是市场体系建设不断完善。立法、执法、司法全方位产权保护制度体系逐步形成。全面实施市场准入负面清单制度。建立公平竞争审查制度，清理废除妨碍统一市场和公平竞争的各种规定和做法。完善社会信用体系建设，构建以信用为基础的新型监管机制。加快完善价格市场决定、流动自主有序、配置高效公平的要素市场制度，形成了 100 多万亿元（人民币，下同）经济总量、14 亿人口、4 亿左右中等收入群体的强大国内市场。

三是宏观经济治理改革取得新成就。以国家发展规划为战略导向，以财政政策和货币政策为主要手段，就业、产业、投资、消费、环保、区域等政策协同发力的宏观调控体系不断完善。宏观调控方式持续创新，区间调控、定向调控、相机调控、逆周期和跨周期调节等更加灵活有效，保持经济运行在合理区间。深入推进简政放权、放管结合、优化服务，《优化营商环境条例》出台实施。深入推进行政审批制度改革，行政审批事项大幅减少。

四是高水平开放型经济新体制加快构建。统筹推进 21 个自贸试验区建设，向全国复制推广 260 多项制度创新成果。海南自由贸易港建设顺利起步。外商投资准入前国民待遇加负面清单管理制度全面实行。颁布实施外商投资法。全面建成国际贸易"单一窗口"并覆盖全国所有口岸，贸易便利化水平大幅度提高。

中新社记者：处理好政府和市场的关系，是经济体制改革的核心问题，也是一道世界级难题。围绕把握好有效市场和有为政府的关系，国家发展改革委推动了哪些重要改革举措？

蒋毅：我们党对政府和市场关系的认识经历了一个不断深化的过程。党的十八届三中全会明确提出"使市场在资源配置中起决定性作用和更好发挥政府作用"。党的十九大再次强调"使市场在资源配置中起决定性作用"。这个定位，是我们党对中国特色社会主义建设规律认识的新突破，标志着社会主义市场经济发展进入了一个新阶段。国家发展改革委围绕处理好有效市场和有为政府的关系，充分发挥政府和市场结合的体制优势，推动了许多改革举措。

在充分发挥"市场在资源配置中起决定性作用"方面，一是推动以公有制为主体，多种所有制经济共同发展，夯实社会主义市场经济高效运行的微观基础。推动国有经济布局和优化调整，积极稳妥推进国有企业混合所有制改革，不断优化民营经济发展环境。二是建设高标准市场体系，筑牢社会主义市场经济有效运行的体制基础。健全归属清晰、权责明确、保护严格、流转顺畅的现代产权制度，全面实施市场准入负面清单制度，全面落实公平竞争审查制度，强化竞争政策基础地位。三是推进要素市场化改革，构建更加完善的要素市场化配置体制机制。建立健全统一开放的要素市场，推进要素价格市场化改革，创新要素市场化配置方式等。

在更好发挥政府作用方面，核心是创新政府管理和服务方式，完善宏观经济治理体制。主要包括，构建有效协调的宏观调控新机制，全面完善科技创新制度和组织体系，完善产业政策和区域政策体系，以一流营商环境建设为牵引持续优化政府服务，构建适应高质量发展要求的社会信用体系和新型监管机制等。

中新社记者："十四五"以来中国高标准市场体系建设按下加速键，并提出"通过5年左右的努力，基本建成统一开放、竞争有序、制度完备、治理完善的高标准市场体系"。请问"高标准"如何理解？建设进展如何？下一步有哪些工作重点？

蒋毅：市场体系是社会主义市场经济体制的重要组成部分和有效运转基础。2021年《中共中央办公厅、国务院办公厅关于印发〈建设高标准市场体系行动方案〉的通知》印发实施。《行动方案》提出要"通过5年左右的努力，基本建成统一开放、竞争有序、制度完备、治理完善的高标准市场体系"。"高标准市场体系"的"高"可以从以下六个方面理解：

一是要有高标准的市场基础制度，包括完善的产权保护、市场准入、公平竞争和社会信用制度体系。二是要有高标准的要素市场体系，深化土地、劳动力、资本、技术和数据要素市场化配置改革。三是要有高标准的市场环境和质量，全面提升产品和服务质量，加强消费者权益保护。四是要有高标准的市场基础设施，推动市场基础设施高标准互联互通和全面升级，形成高效畅通的物流、资金流、信息流通道。五是要有高标准的市场开放，国内外开放领域持续扩大，开放深度上持续拓展。六是要有高标准的现代市场监管机制，完善市场监管机制，提高市场监管的科学性和有效性。

《行动方案》印发实施以来，各方面协同配合，中国高标准市场建设体系取得新的进展。一是市场规模效应进一步凸显。市场主体总量超过1.5亿户，其中企业4000多万户。中国已成为全球最大网络零售市场，即将成为全球最大的消费市场。二是市场基础制度持续完善。产权保护全面加强，知识产权保护成效显著，市场准入限制不断放宽，公正竞争共识不断凝聚，社会信用体系逐步健全，统一社会信用代码制度全面实施。三是要素市场化配置改革深入推进。土地管理制度改革持续深化，劳动力和人才流动渠道进一步畅通，资本市场改革持续推进，技术和数据要素市场稳步发展。四是市场环境和质量明显提升。营商环境持续优化，市场监管效能不断提升，各类市场主体投资兴业环境更加稳定、公平、透明、可预期。

下一步，要坚持目标导向和问题导向，加快推进高标准市场体系建设。一是深入推进市场统一开放。完善统一的市场准入制度，推动制度型开放，促进内外规则衔接。二是大力促进市场有序竞争。着力破除地方保护和市场分割，进一步激发各类市场主体活力，促进商品要素有序流动。三是全面提升制度建设水平。一方面加强市场体系本身的各项制度建设，另一方面加强促进市场体系有效运行相关的现代市场监管机制等配套制度建设。四是不断完善市场治理。推动有为政府和有效市场更好结合，完善治理体系、提高治理能力、增强治理效能。

中新社记者：从目前的实践看，国有企业混合所有制改革效果怎么样？下一步将如何推进？

蒋毅：党的十八大以来，党中央对发展混合所有制经济、推进国有企业混合所有制改革作出战略部署。随着国企混合所有制改革不断深化，改革成效日益凸显。

一是形成了各类所有制经济互促共进的良好局面。国有资本实力品牌优势和非国有资本市场机制优势互补融合，围绕产业链价值链创新链的战略合作持续深化。电力、石油、天然气、铁路、民航、电信、军工等重点行业改革提速，竞争性环节有序放开，有效带动非公有制经济发展。党的十八大以来，中央企业累计引入社会资本超过 2.5 万亿元，地方国企通过混合所有制改革引入社会资本超 7000 亿元，呈现出融合发展的良好趋势。

二是实现了国有资产保值增值和功能放大。超过 100 家完成试点任务的混改试点企业共计引入外部资本超过 2530 亿元，改革后国有资本权益平均增长约 20%。近 20 家试点企业成功登陆国内股票市场，国有资本权益实现倍增。通过混合所有制改革，存量国有资本的质量效益显著改善，盈利能力明显提升，增量国有资本也实现结构优化、转型升级，切实放大了国有资本功能。

三是培育了一批高质量的市场主体。通过混合所有制改革，一批长期亏损甚至濒临破产的传统国企扭转颓势，在很多领域培育出一批生机勃勃的"专精特新"和隐形冠军企业，切实激发了微观主体活力，增强了企业的核心竞争力。在推进混改过程中，指导形成了一些行之有效的改革操作路径，为深化改革提供了有益参考借鉴。

实践证明，党中央、国务院关于国企混合所有制改革的战略部署是完全正确的，符合现阶段中国改革发展实际，混合所有制企业有着蓬勃生命力。下一步，国家发展改革委将持续贯彻党中央、国务院决策部署，牢牢把握混合所有制改革的正确方向，坚持加强和改善党的领导，坚持发挥各种所有制资本优势，坚持依法依规推进、坚决防止国有资产流失。

一是突出改革深化。持续深化国企混合所有制改革，严格遵循"完善治理、强化激励、突出主业、提高效率"的要求，聚焦混资本、改机制、优监管、强配套，推动改革取得更大实效。

二是突出增量混改。务实推进新能源等领域增量混合所有制改革，培育一批高质量的市场主体，形成新的经济增长点。

三是突出示范带动。组织开展深化国企混合所有制改革示范，加快培育建设一批产品卓越、品牌卓著、创新领先、治理现代的世界一流企业，为全面建设社会主义现代化国家、实现第二个百年奋斗目标提供坚实微观基础。

中新社记者：始于深圳的综合授权改革试点是改革推进方式的重大创新，请问实施以来效果如何？下一步综合授权改革试点方面还有哪些重大举措？

蒋毅：在深圳实施综合授权改革试点，是新时代推动深圳改革开放再出发的又一重大举措，是建设中国特色社会主义先行示范区的关键一招，也是创新改革方式方法的全新探索。和以往改革不同之处是，综合授权改革更加突出改革系统性、整体性、协同性，聚焦重点领域和关键环节，推动各方面制度更加衔接配套、成熟定型，实现改革的目标集成、政策集成、效果集成。

综合授权改革试点落地近两年来，国家发展改革委会同深圳等有关方面合力推动各项任务落细落实。目前，首批 40 条授权事项全面落地实施，重点领域和关键环节改革成效显现。

一是要素市场化配置改革不断深化。开展永久基本农田以外的农用地转为建设用地审批制度改革。实现深圳证券交易所主板与中小板合并，推动创业板改革并试点注册制。实施契约型私募基金投资企业商事登记改革，首批开展 3 个基础设施 REITs 试点项目。

二是营商环境建设持续推进。实施科技、金融、医疗等 6 大领域 24 条放宽市场准入若干特别措施。出台首部经济特区个人破产条例。

三是科技创新制度环境不断完善。优化创新资源配置管理体制，综合性国家科学中心建设步伐加快。健全双轨制科研经费投入机制，开展科技成果赋权改革。制定外籍"高精尖缺"人才认定标准，审发 520 多份外国高端人才确认函。

前海合作区建设风貌。　　　　　　　　　　　　中新社记者　陈文　摄

四是对外开放合作领域持续扩大。出台实施前海深港现代服务业合作区全面深化改革方案，全国复制推广制度创新成果 65 项。开展本外币合一跨境资金池业务试点，率先赴香港发行 50 亿元离岸人民币地方政府债券。

五是民生服务供给体制不断优化。试点开展国际职业资格视同职称认可工作。开展航空资源结构化改革，宝安国际机场高峰小时容量标准从 55 提升到 60 架次 / 小时，预计每年增加 2.7 万架次航班时刻保障能力。

下一步，我们将总结深圳"实施方案＋授权清单"改革探索经验，稳步做好复制推广工作。同时，我们还将按照中央顶层设计要求，把加强改革系统集成、推动改革落地见效摆在更加突出位置，支持推动有条件的地方开展综合改革试点，探索更多可复制可推广的经验做法。

中新社记者：当前中国经济下行压力有所加大。围绕稳增长，国家发展改革委未来将如何通过改革这"关键一招"激活发展潜力、增强发展动力？

蒋毅：党中央、国务院部署了一系列激活发展动力的重大改革。国家发展改革委将立足新发展阶段，围绕贯彻新发展理念、构建新发展格局、推进高质量发展，将这些重大改革认真落实落细。

一是加快推进激发市场主体活力的改革。完成国企改革三年行动任务，深入推进国有经济布局优化和结构调整，积极稳妥深化混合所有制改革。鼓励和引导民营企业加快结构性改革步伐，实现高质量发展。聚焦市场主体关切，持续加大对中小微企业的支持力度，营造各类市场主体竞相发展的良好环境。大力弘扬企业家精神，加快建设世界一流企业。

二是加快推进构建高标准市场体系的改革。着力清除市场壁垒，完善市场体系基础制度，建设全国统一大市场。开展要素市场化配置综合改革试点，力争在土地、劳动力、资本、技术等要素领域有重大突破，在数据要素相关基础制度上有显著进展。稳步推进重点行业竞争性环节市场化改革，加快建设全国统一电力市场，进一步完善全国统一的油气市场体系。

三是加快推进稳增长、扩内需的改革。创新投融资体制，推进企业投资项目承诺制改革，提升投资便利化水平，更好撬动社会资本扩大有效投资。推动消费提质扩容，进一步改善消费环境，促进居民消费持续恢复。完善按要素分配的制度设计，推动扩大中等收入群体规模。

四是加快推进高水平对外开放。坚持扩大制度型开放，落实好外资企业国民待遇，进一步放宽外资市场准入，实施好跨境服务贸易负面清单。加快海南自贸港建设，抓好全岛封关运作。优化外商投资服务，推动重大外资项目加快落地。

五是加快推进绿色低碳转型。扎实做好碳达峰、碳中和工作，完善科学考核和统计核算体系，有效避免"一刀切"和运动式减碳。加快形成减污降碳的激励约束机制，搞好用能权和绿色电力交易试点。完善资源价格形成机制，推动生态产品价值实现机制试点取得重要突破。

我们将按照党中央、国务院要求，用足用好改革这个"关键一招"，为经济社会平稳健康发展注入强大动力。

枝叶总关情，中国十年书写民生保障新篇章

本期策划 ｜ 魏晞

记者 ｜ 王恩博　董泽宇　蒋启明

撰稿 ｜ 王恩博

播发时间 ｜ 2022 年 10 月 12 日

采访嘉宾　欧晓理
时任国家发展和改革委员会
社会司司长

- 截至目前，已有 20 个省份以及新疆生产建设兵团加入国家区域医疗中心建设，实现三批共 50 个项目落地实施，规划设置床位超过 6 万张，派驻专家超过 3000 人，实现先进医疗技术快速平移，跨省就医流向得到初步改善

- 全民健身公共服务体系基本建立，经常参加体育锻炼的人数比例

达到 37.2%，人民群众生活方式更加文明健康

■ 十年来，健康中国建设加快推进，人均预期寿命提高到 78.2 岁；建成世界上最大的社会保障体系，基本医疗保险覆盖超过 13.6 亿人，基本养老保险覆盖超过 10.4 亿人

扫　码
看访谈视频

"

药费清单上的报销比例更高了、高质量养老托育服务选择更多了、街头巷尾的公共健身设施更丰富了……

民生无小事，枝叶总关情。中国民众生活水平的提升，正被诸多日常生活细节所记录。也正是这些细微处的变化，在过去十年间一笔一画，写成了一篇保障和改善民生的"大文章"。

国家发展和改革委员会社会司司长欧晓理日前接受中新社"中国焦点面对面"专访时表示，中共十八大以来，中国夯实民生基础，筑牢民生底线，不断满足人民对美好生活的向往，推动发展改革成果更多、更公平惠及全体人民，让人民群众的获得感、幸福感、安全感更加充实、更有保障、更可持续。

这一时期，也是中国社会主要矛盾发生转化的时期。随着中国人对美好生活的需求更加丰富、全面，"民生"二字已不再是单一领域的概念，更演变成综合性、多向度的载体。

十年来，健康中国建设加快推进，人均预期寿命提高到 78.2 岁；养老托育服务体系加快建立健全，养老床位近十年增加近一倍，规模超

过 800 万张，普惠托育服务实现"从无到有"，更好帮助亿万家庭扶老携幼；建成世界上最大的社会保障体系，基本医疗保险覆盖超过 13.6 亿人，基本养老保险覆盖超过 10.4 亿人……数字跃动间，是中国人生活的全方位改善。

当然，民生事项千头万绪，从来都不乏新挑战。突如其来的新冠肺炎疫情给保障和改善民生带来"加试题"，中国坚持人民至上、生命至上，上至百岁老人下至新生婴儿，都得到全力救治，统筹经济发展和疫情防控取得举世瞩目的成果。

中国人口老龄化进程正在加快，积极应对这一进程事关国家发展和民生福祉。今后一段时期，中国 60 岁及以上老年人将年均增加逾 1000 万人。欧晓理提到，政府要强化保基本兜底线职能。着力满足所有老年人的基本养老需求，织密扎牢特殊困难老年人兜底保障网。

安徽合肥金色家园养老中心医疗卫生服务站。　中新社记者 韩苏原 摄保障和改善民生没有终点，只有连续不断的新起点。眼下，中国仍有一些民生问题交叉体现在各个领域，有待进一步解决。民众对相关公共服务的需求也从"要有"向"要好"转变，呈现多样化、多层次、多方面的特点。

今年1月，经国务院批复同意，国家发展和改革委员会会同中共中央宣传部等20个部门联合印发了《"十四五"公共服务规划》，对未来一段时期公共服务体系建设工作进行了系统部署安排。紧扣幼有所育、学有所教、劳有所得、病有所医、老有所养、住有所居、弱有所扶、优军服务和文体服务等需求，改善民生这篇"大文章"里的更多细微之处，料将得到细致关照。

欧晓理表示，这项工作将坚持一个原则，即"尽力而为、量力而行"。公共服务体系建设既要关注回应民众的"急难愁盼"，努力满足民众美好生活需要，也要充分考虑经济发展状况和财政负担能力，合理引导社会预期，不吊高胃口、不过度承诺，实现公共服务保障水平与经济社会发展水平"同频共振"。

访谈实录

中新社记者：过去十年中国民生领域取得历史性、全方位成就。具体到社会领域，哪些进步最值得关注？

欧晓理：人民幸福是"国之大者"。党的十八大以来，以习近平同志为核心的党中央坚持以人民为中心的发展思想，夯实民生基础，筑牢民生底线，不断满足人民对美好生活的向往，推动发展改革成果更多、更公平惠及全体人民，让人民群众的获得感、幸福感、安全感更加充实、更有保障、更可持续。

这十年，中国人民实现全方位生活改善。面对突如其来的新冠肺炎疫情，坚持人民至上、生命至上，上至百岁老人下至新生儿，都得到全力救治，统筹经济发展和疫情防控取得世界上最好的成果。教育事业蓬勃发展，劳动年龄人口平均受教育年限达到 10.9 年。健康中国建设加快推进，人均预期寿命提高到 78.2 岁。文化旅游繁荣发展，文旅产品供给更加丰富多元。全民健身公共服务体系基本建立，经常参加体育锻炼的人数比例达到 37.2%，人民群众生活方式更加文明健康。养老托育服务体系加快建立健全，养老床位近十年增加近一倍，规模超过 800 万张，普惠托育服务实现"从无到有"，更好帮助亿万家庭扶老携幼。建成世界上最大的社会保障体系，基本医疗保险覆盖超过 13.6 亿人，基本养老保险覆盖超过 10.4 亿人。全面建成小康社会目标实现后，我们不失时机推动生活性服务业补短板上水平，大力发展普惠生活服务，不断满足人民群众品质化、多样化的美好生活需求。

中新社记者：十年来，中国老百姓生活的变化体现在方方面面的诸多细节上。能否举个与大众生活密切相关的例子？

欧晓理：十年来，一项项真真切切的实惠，一件件实实在在的好事，不断提升着人民群众的幸福指数。这里，我举一个例子。国家区域医疗中心建设是党中央、国务院作出的重大决策部署，是减少患者跨省就医、解决"看病难"问题的重要举措。2019 年以来，国家发展改革委会同有关部门扎实推进国家区域医疗中心建设试点和有序扩围。截至目前，已有 20 个省份以及新疆生产建设兵团加入国家区域医疗中心建设，实现三批共 50 个项目落地实施，规划设置床位超过 6 万张，派驻专家超过 3000 人，实现先进医疗技术快速平移，跨省就医流向得到初步改善。按照工作部署，接下来将把其余省份全部纳入建设范围，实现全国全覆盖。目前正在抓紧推动第四批国家区域医疗中心项目落地，努力向

"大病不出省"的目标再迈进一步。

中新社记者： 公共服务关乎民生，连接民心。国家发展改革委对中国公共服务体系建设有哪些整体考量？未来将如何进行系统谋划？

欧晓理： 健全完善公共服务体系建设是落实以人民为中心的发展思想、改善人民生活品质的重大举措，有利于促进社会公平正义、扎实推动共同富裕，有利于促进形成全国统一大市场、构建新发展格局，对于在发展中保障和改善民生、不断增强人民群众获得感、幸福感、安全感具有十分重要的意义。

今年1月，经国务院批复同意，我委会同中宣部等20个部门联合印发了《"十四五"公共服务规划》，对未来一段时期公共服务体系建设工作进行了系统部署安排。简要来讲，就是要坚持一个原则，发挥两方力量，抓好三项工作。

坚持一个原则，就是尽力而为、量力而行。公共服务体系建设既要关注回应人民群众的"急难愁盼"，努力满足人民群众的美好生活需要，也要充分考虑经济发展状况和财政负担能力，合理引导社会预期，不吊高胃口、不过度承诺，实现公共服务保障水平与经济社会发展水平"同频共振"。

发挥两方力量，就是要充分发挥有为政府和有效市场的作用，区分基本公共服务与非基本公共服务，政府保基本，多元促普惠，统筹各种资源，引导各方参与，形成政府、社会、个人协同发力、共建共享的公共服务发展格局。

抓好三项工作，一是持续推进基本公共服务均等化，要推进基本公共服务标准体系建设，着力补齐短板弱项，全面落实国家基本公共服务标准，推动基本公共服务实现目标人群全覆盖、服务全达标、投入有保障，地区、城乡、人群间的基本公共服务供给差距明显缩小。

二是多元扩大普惠性非基本公共服务供给，要积极推动政府、社会、市场多元参与，围绕托育、学前教育、县域普通高中、养老、医疗、住房等6大领域，快速增加人民群众负担得起的普惠性服务供给，推动供需矛盾明显缓解。

三是推动生活服务与公共服务有效衔接，要充分发挥市场作用，引导品牌化标准化建设，不断丰富高品质多样化的生活服务供给，既促进消费、满足群众需求，又为今后公共服务提档升级蓄势储能。

河北沧州市青县后洼村的老人们观看文化志愿者表演河北梆子等节目。

中新社记者 翟羽佳 摄

下一步，国家发展改革委将认真贯彻落实党中央、国务院决策部署，会同有关部门抓好《规划》各项任务举措贯彻落实工作，做到任务有实招、工作有实效、群众有实感。

中新社记者：随着中国进入老龄化社会，如何满足民众日益增长的养老服务需求？中国养老体系建设整体部署和发展思路是怎样的？

欧晓理：今后一段时期，中国人口老龄化进入快速发展阶段，60 岁及以上老年人年均增加超过 1000 万人。在这个过程中，有两个特征值得关注：一是独生子女家庭陆续进入老龄阶段，这个特殊国情意味着注重家庭养老的同时，要加快发展社会化养老；二是新进入的老年群体消费意愿和能力更强，老年人需求结构正在从生存型向发展型转变。为此，我们将重点围绕以下三方面推进养老体系建设：

一是多种路径协同发展。首先，政府要强化保基本兜底线职能。着力满足所有老年人的基本养老需求，织密扎牢特殊困难老年人兜底保障网。其次，扩大面向普通老年人的服务供给。通过完善规划、土地、住房、财政、投融资、人才等方面支持政策，实施普惠养老专项行动，增加普惠性养老服务资源，精准对接广大中低收入老年人群体的养老需求。此外，充分发挥市场力量满足个性化需要。做好银发经济这篇大文章，发展老年人实物消费、服务消费、新型消费等养老产业，有效满足多层次多样化需求。

二是实施整体解决方案。"十四五"期间，我们创新采取整体解决的方式推进落实，组织全国各地编制"一老一小"整体解决方案，请各个城市细化发展目标和任务，拿出一揽子支持性"政策包"，建立工作推进机制，加强养老体系建设。目前，有 329 个城市报送了整体解决方案，我们专门组织力量研究，逐个反馈了意见建议，指导这些城市打造量身定制的养老托育服务体系。2022 年底前，将进一步加大工作力度，推动全国所有地市印发实施。

三是调动各方力量参与。我们将通过中央投资的支持和引导，带动地方政府和社会力量加大投资力度。同时，积极会同有关部门深化"放管服"改革，打造包容开放的发展环境，完善便利高效的监管服务，让市场主体蓬勃发展，打造一批创新力强、品质优良、标准规范的具有全国影响力的"为老服务优质品牌"，引导老龄产业集群发展。

中新社记者：今年政府工作报告继续提出政府投资更多向民生倾斜，人们明显感觉到国家在这方面更舍得投入。近年来中国社会民生领域投资情况如何？未来还有哪些安排？

欧晓理：党中央、国务院高度重视民生保障和社会事业建设。历年中央经济工作会议和政府工作报告始终将"保民生"作为工作重点，强调要加大对民生领域的投资支持力度。国家发展改革委认真贯彻落实党中央、国务院决策部署，发挥中央预算内投资"四两拨千斤"作用，统筹利用多种资金渠道，不断加大对社会民生领域的支持力度。

社会领域中央预算内投资持续增长，重点民生保障能力不断增强。十九大以来，社会领域中央预算内投资合计超3400亿元（人民币，下同），2022年相比5年前增长了31.8%，积极支持教育、医疗卫生、文化旅游、社会福利、体育、养老托育等领域公共服务设施建设项目。地方政府专项债券为提升地方公共服务设施水平提供坚实支撑。近3年，社会领域实际已发行的地方政府专项债券近1.7万亿元，有力改善了公共服务基础设施条件，有效促进了各地公共服务供给量质齐升。政策性开发性金融工具等新融资渠道也不断为社会事业建设注入新活力，补充优质公共服务供给资源。

未来，国家发展改革委将进一步坚持"三聚焦"，聚焦党中央、国务院重大决策部署，聚焦人民群众急难愁盼，聚焦"十四五"规划102项重大工程，多措并举保障民生投入。持续发挥中央预算内投资"压舱石"作用，组织实施好社会领域中央预算内投资6大工程专项；用好地方政府专项债券和政策性开发性金融工具等多种资金渠道，完善要素跟着项目走的保障机制，加快项目实施；激发社会力量积极性，引导带动社会资金共同参与民生领域事业产业发展。通过充分发挥有为政府和有效市场"两种作用"，促进形成多方合力，保障好基本公共服务等民生底线，切实提升公共服务供给能力和服务水平，促进形成多样化、个性化、高品质的生活服务供给，不断满足人民日益增长的美好生活需要。

共筑全球新"气候"，中国从未缺席

本期策划 ｜ 吴庆才

记者 ｜ 彭大伟　董泽宇　蒋启明

撰稿 ｜ 李金磊

播发时间 ｜ 2022 年 10 月 14 日

采访嘉宾　王毅

国家气候变化专家委员会副主任、中国科学院科技战略咨询研究院研究员

■　应对气候变化是一个系统工程。在地缘政治竞争加剧下，零和博弈的做法是不可取的，应对气候变化合作仍然是基础

■　要防止气候单边主义，走多边主义基本路径，需要加强交流和沟通，要促进双边、多边交流合作来增信释疑

扫 码
看访谈视频

> "要么一同采取行动，要么一起自杀。"今年夏季，面对极端天气频发，联合国秘书长古特雷斯发出警告。
>
> 洪水、干旱、极端风暴和野火，异常的气候变化让人类面临严峻考验，全球气候治理面临巨大的威胁和挑战。

"人类燃烧化石能源排放的温室气体产生温室效应，导致全球温度上升，升温又带来了地球表面各个圈层的一些变化，比如冰川融化、海平面上升、极端天气气候事件发生的频率和强度增加并产生相关的粮食生产、能源安全等风险。"国家气候变化专家委员会副主任、中国科学院科技战略咨询研究院研究员王毅日前在接受中新社"中国焦点面对面"专访时说。

"我们必须要加速采取行动来拯救人类自身。"王毅表示，从《联合国气候变化框架公约》到《京都议定书》，再到《巴黎协定》以及去年通过的《格拉斯哥气候协议》，人类必须要采取统一的行动来共同应对气候变化，减少温室气体排放。

在应对气候变化、推动全球气候治理过程中，中国根据自身的能力不断更新、提升目标，从"十一五"时期提出节能减排约束性指标，到"十二五"时期提出"国家自主贡献"，再到 2020 年提出"双碳"（碳达峰与碳中和）承诺，有力推动了全球应对气候变化的进程。

十年来，中国"逐绿而行"，坚定不移走生态优先、绿色低碳发展道路，取得显著成效，一个"只此青绿"的中国展现在世界面前。

这十年，中国稳步推进能源结构调整，风电、光伏装机量、发电量均居世界第一，新能源汽车产销量居全球之首。

中国严格控制二氧化碳排放，2020年单位国内生产总值二氧化碳排放比2005年降低48.4%，同时建立了全国碳市场机制，成为全球覆盖温室气体排放量最大的碳市场。

同时，中国不断提高生态系统碳汇能力，是世界森林密度增长最多和人工造林面积最大的国家，全国增绿面积占全球四分之一。

河北塞罕坝机械林场林海景观。　　　　　　中新社记者 李晓伟 摄

"过去十年，中国以年均3%的能源消费增速支撑了年均6.6%的经济增长率，发展中国家的经济增长与能源增长并未脱钩，但是中国以更少的能源支撑了经济增长。"王毅表示，一方面控制化石能源的消费，另一方面转变能源结构，中国在一些重要的产业特别是可再生能源设备、动力电池制造等领域具有明显优势，在全球碳减排上发挥了重要作用。

当前，全球气候治理正受到全球疫情、经济低迷、能源和粮食危机、地缘竞争，以及一些国家气候政策"回摆"等多重挑战。

王毅认为，发达国家应加速自己的行动，同时也要资助发展中国家并为其留出更大的发展空间，而不是"忽悠"发展中国家作出不切实际的减排承诺。在复苏和应对过程中，要找到一条推进高质量公正转型的路线，以更加节能和可持续的非化石能源的增长来减少二氧化碳排放，同时提高适应能力，来弥补在减缓、适应、技术、资金、领导力等方面的赤字，共同推进全球应对气候变化。

访谈实录

FANGTAN SHILU

中新社记者：世界气象组织近期发布《团结在科学之中》报告。报告警告称：人类正朝着错误的方向前进。如果不采取更加雄心勃勃的行动，气候变化的自然和社会经济影响将越来越具破坏性。为什么全球极端天气频发？人类应对气候变化面临着哪些挑战？

王毅：世界气象组织的报告揭示了人类的行动跟目标之间相距甚远，特别是要实现升温在1.5℃之内，现在的行动是远远不够的，甚至说要增加七倍的努力，这是一个巨大的差距。

气候变化首先是一个科学问题,人类燃烧化石能源排放温室气体所产生的温室效应,导致全球温度上升,升温又带来了地球表面各个圈层的一些变化,比如冰川融化、海平面上升、极端天气气候事件发生的频率和强度增加,并产生相关的粮食生产、能源安全等风险,严重影响人类的生存与发展,所以我们必须要加速采取行动来拯救人类自身。

从《联合国气候变化框架公约》到《京都议定书》,再到《巴黎协定》以及去年通过的《格拉斯哥气候协议》,人类必须要采取统一的行动来共同应对气候变化,以减少燃烧化石能源造成的温室气体排放。

应对气候变化主要有两方面工作,一方面是减缓,就是要减少化石能源的消耗或者依赖,同时要增加生态系统碳汇,开发和利用碳捕获与封存(CCS)技术。另外一方面是适应,地球的地表温度还在上升,我们要适应这种变化,同样也要采取更多行动来做这项工作。

江苏常州市"渔光互补"光伏发电基地,实现经济效益和生态效益双丰收。

中新社记者 泱波 摄

中新社记者：中国为推动全球气候治理做出了哪些贡献？

王毅：在国际层面，中国推动气候多边进程，并促进一系列国际气候规则的达成。在国内层面，中国在"十一五"时期提出节能减排约束性指标，"十二五"时期提出中国的"国家自主贡献"，2020 年提出"双碳"承诺，都有力推动了全球应对气候变化的进程。中国根据自身的能力，不断在更新、提升目标，一步一步往前推进，做出积极而具有引领性的贡献。

中国现在已经是最大的发展中国家，也是世界第二大经济体，一方面需要与各国合作采取行动，同时也在帮助其他发展中国家应对气候变化以及实现可持续发展目标。

过去十年，中国以年均 3% 的能源消费增速支撑了年均 6.6% 的经济增长率，实际上发展中国家的经济增长与能源增长并没有脱钩，但是中国以更少的能源消耗来支撑经济增长。

同时，可再生能源发展非常迅速，我国可再生能源发电累计装机已经接近 11 亿千瓦，已占全部电力装机的 44.8%，2021 年可再生能源发电量将近 2.5 万亿千瓦时，相当于总发电量的约 30%。一方面控制化石能源的消费，另一方面转变能源结构，更多去依靠可再生能源和新能源，减少由于能源的增长所带来的温室气体排放。中国在一些重要的产业上特别是可再生能源设备、动力电池制造等领域具有明显优势，在全球碳减排中发挥了重要作用。

中新社记者：中国驻欧盟使团临时代办王红坚近日表示，绿色合作不可能在真空中推进，不可能一面搞地缘对抗，一面要求别人无条件合作。该如何破解这种困境？

王毅：应对气候变化是一个系统工程，涉及到整个经济社会系统性变革。在地缘政治竞争加剧下，零和博弈的做法是不可取的，应对气候变化合作仍然是基础。

发达国家首先要提高自己的力度，也要资助发展中国家并为其留出更大的发展空间，而不是"忽悠"发展中国家（作出不切实际的减排承诺）。各国要以更加节能和可持续的非化石能源的增长来减少二氧化碳排放，同时提高适应能力，弥补在减缓、适应、技术、资金、领导力等方面的赤字，共同推进全球应对气候变化，把安全、气候保护、经济复苏和增长统筹起来，这很重要。

乌克兰危机、新冠疫情以及通货膨胀等很多非气候因素跟气候问题交织在一起，怎么更好去统筹处理这些问题，也需要我们做更多的研究，采取更加务实的行动。

同时，竞争也是不可避免的，特别是在技术领域，要通过竞争来促进创新，通过竞争来降低成本，但合作是主流，所以应该把握合作的各种机会，同时也要为竞争做好准备。

中新社记者：气候变化是超越国家、超越意识形态的全球性挑战，但是近年来，个别国家在国际合作中表现出气候单边主义倾向，对国际气候条约合则用、不合则弃，给全球气候治理合作带来严重阻碍。该如何克服气候单边主义倾向，促进开展务实的合作和行动？

王毅：气候单边主义有两种倾向，一是不合作。不承认气候变化的事实，就像美国特朗普政府退出了《巴黎协定》，采取了不合作的态度，影响了全球合作和应对气候变化多边进程。

二是不尊重现在的多边规则。很多发达国家只是单纯要其他国家提高目标，要更有雄心、更有力度，但是忽视了这些国家的转型路径和替代方案。

中国同意不断减少化石能源消费、更多利用可再生能源，但是需要一个公正、安全、平稳的转型。这一年来，欧洲经历了乌克兰危机，也经历了能源紧张，说明我们仍然需要一个更科学合理的路径、更明确的替代方案来实现目标。

我们要防止单边主义，走多边主义的基本路径，需要加强交流和沟通，必须要促进双边、多边的交流合作来增信释疑。

中国一定要坚定方向，保持力度和节奏，同时要通过国际传播来讲好中国故事，跟其他国家分享"双碳"的实践、经验、技术，帮助其他发展中国家实现绿色低碳转型和可持续发展。

中新社记者：**"共同但有区别的责任"原则是维护全球气候治理公平正义的基石。但是当前一些发达国家却通过建立"碳边境调节机制"（CBAM，俗称碳关税）等方式向发展中国家转移排放责任、转嫁减排成本，试图无形中消解这一基石。如何看待这种现象？**

白鹤滩水电站。　　　　　　　　　　　　中新社记者 李嘉娴 摄

王毅： 对此要有全面的认识，欧盟拟单边采取的"碳边境调节机制"不符合"共同但有区别的责任"原则，同时是否破坏现有的一些多边规则也需要关注。例如，欧盟国家声称 CBAM 没有破坏 WTO 规则，但是 WTO 关注的是自由贸易和投资便利化，相关环境条款的规定不清晰，对有关环境产品的认定一直没有实质进展，也未达成环境产品减税的协议，导致一些国家借此设立各种"绿色贸易壁垒"。所以，欧盟国家的做法存疑。

在乌克兰危机和通货膨胀背景下，能源价格高涨，"碳边境调节机制"的很多政策环境也发生了很大变化，需要我们综合研判和应对，但最核心的就是加速转型。

中国在可再生能源设备制造、动力电池及电动汽车方面有很多优势，只要坚持方向，实现系统性的变革，把整个产业结构、能源结构、生产生活方式、贸易方式向绿色低碳转变，比别人转得更快，就有望化解相关的政策挑战。

中新社记者：《联合国气候变化框架公约》第 27 次缔约方大会（COP27）即将在埃及举行。当前全球气候治理正受到全球疫情、经济低迷、能源和粮食危机，以及一些国家气候政策"回摆"等多重挑战，中方如何保持定力，推动气候多边进程持续取得进展？

王毅： 中国气候变化事务特使解振华多次表示，COP27 首先应该是一个落实和行动的大会。

要把《巴黎协定》《格拉斯哥气候协议》的各项规定落实下来，但现在有一些重要的缺口，比如说适应问题、资金问题，发达国家提出的到 2020 年到达 1000 亿美元资金的支持仍未落实。

雄心目标同务实行动必须要保持平衡。在乌克兰危机、通货膨胀影响能源和粮食安全的形势下，一些国家气候政策短期"回摆"可以理解，但在恢复的过程中必须要考虑构建未来净零排放或碳中和的新格局。

各国一方面要更好去应对现有的一些短期问题，同时在复苏和应对挑战过程中找到一条公正转型的路径。大家要一起努力，才可能弥补差距并且减少可能出现的风险和危机。各国一起把步子走稳走实走好了，才能共同迈向低碳可持续的未来。

十年，中国航天如何让"神话"走进现实

🎙 本期策划 | 夏宇华　郭金超　张蔚然
👤 记者 | 马帅莎　董泽宇　田雨昊
👤 撰稿 | 马帅莎
🕐 播发时间 | 2022 年 9 月 29 日

采访嘉宾　杨宇光
国际宇航联空间运输委员会
副主席

- 中国已具备太空旅行的技术条件，太空旅行是前景光明的市场
- 未来外国宇航员乘坐神舟飞船造访中国空间站，是大概率事件，国外航天器来访也有可能性。这些国际合作，都是中国从航天大国迈向航天强国的重要组成部分

扫　码
看访谈视频

> 天宫、嫦娥、玉兔、鹊桥、祝融、羲和……十年来，中国航天用硬核实力对古老的故事传说进行了全新诠释与精彩演绎，将古人对灿烂星河的憧憬与后人对浩瀚宇宙的探索牵连，将现代科技与传统文化完美融合，一步步让"神话"走进现实。

习近平总书记指出，"探索浩瀚宇宙，发展航天事业，建设航天强国，是我们不懈追求的航天梦"，"航天梦是强国梦的重要组成部分。随着中国航天事业快速发展，中国人探索太空的脚步会迈得更大、更远"。

这十年，中国航天硕果累累。神舟九号任务实现中国首次载人交会对接，嫦娥三号使中国成为世界上第三个实现月面软着陆的国家，北斗三号全球卫星导航系统建成开通，嫦娥四号实现人类探测器首次月球背面软着陆，天问一号使中国成为第二个成功登陆火星的国家，嫦娥五号开启中国地外天体采样返回之旅，空间站实现中国航天员长期在轨驻留，"羲和"逐日带领中国步入"探日时代"……中国航天正持续向世界先进水平靠近。

国际宇航联空间运输委员会副主席杨宇光日前在接受中新社"中国焦点面对面"专访时表示，这十年是承上启下的十年，既是过去布局的开花结果，也为未来发展奠定了扎实基础，中国航天正在从过去的跟跑阶段向并跑阶段迈进，甚至在局部领域实现了领跑。

回顾中国航天史，当中国成功发射首颗人造地球卫星时，国外已经实现载人登月。随着中国航天不断"加速跑"，现如今部分航天技术已弯道超车，卫星应用已从关键技术验证转变为注重应用效益，便利民众日常生活。

杨宇光指出，中国航天不及国外起步早、基础好，之所以能取得这些丰硕成果，不仅取决于航天人的长期奋斗积累，也与中国航天事业的长期合理规划密切相关。中国航天在决策制定和计划实施过程中几乎没有失误和反复，有效避免了资金和时间浪费。

面向未来，中国航天也已作出全面、科学的布局。嫦娥六号任务有望实现人类首次月球背面采样返回，嫦娥七号和嫦娥八号任务将为建设国际月球科研站勘察选址，火星探测计划实施火星取样返回，小行星探测将通过一次任务实现近地小行星采样返回和小行星带观测两个目标，木星系探测也已纳入深空探测规划，论证建设近地小天体防御系统提上日程……中国航天的印记逐渐向更远深空稳步延伸，上演更多"宇宙级浪漫"。

北京观众在中国国家博物馆参观拍摄月球样品001号。

中新社记者 田雨昊 摄

中国航天成果遍地开花，也为开展更广泛、更深层的国际合作提供更多可能。中国空间站建成后，将成为重要的航天国际合作平台。杨宇光认为，未来不仅可以在中国空间站开展国外的科学实验项目，还有望看到外国宇航员"入住"，甚至国外航天器"来访"也在技术上可行。此外，中国瞄准在月球南极建造国际月球科研站，人们期待更多国家加入，共享科研成果。

"这些不同层级的国际合作，都是中国从航天大国迈向航天强国的重要组成部分。"杨宇光说，相信中国会继续秉持开放的态度，与传统的航天强国、航天大国以及第三世界的新兴航天国家开展更深入的交流合作，挖掘航天发展的共同点，创造国际合作的闪光点。

访谈实录

FANGTAN SHILU

中新社记者： 这十年中国航天一直处于创新发展"快车道"，在火箭发射研制、空间站建造、深空探测等方面都取得了重要成就。您认为中国航天事业发展呈现出什么样的特点和趋势，为何能取得多样化的丰富成果？

杨宇光： 概括而言，目前我们正在从过去的跟跑阶段向并跑阶段迈进，在局部领域甚至实现了领跑。这十年非常关键，是承上启下的十年，为未来取得更加辉煌的成就奠定了厚实基础。

回顾中国航天史，当1970年中国成功发射首颗人造地球卫星"东方红一号"，美国已在1969年实现载人登月，差距之大可想而知。随着经济发展与科技进步，尤其是上世纪90年代到本世纪初，中国航天技术取得长足发展。

2012 年以来，神舟九号任务实现中国首次载人交会对接，嫦娥三号任务使中国成为世界上第三个实现月面软着陆的国家，北斗三号全球卫星导航系统具备其他国家全球导航系统所没有的短报文通信功能，嫦娥四号任务实现人类探测器首次月球背面软着陆，天问一号任务使中国成为第二个成功登陆火星的国家，嫦娥五号任务取回月球样品的同时，实现人类首次月球轨道无人交会对接。从这些成就中，可以看到中国很多航天技术指标已经达到世界先进水平。

中国航天之所以能取得丰硕成果，一方面与长期奋斗积累有关，另一方面在于中国航天合理的长期规划。国外航天事业起步早、基础好，但有时因为决策不确定性，计划来回反复，导致资金和时间浪费，而中国在这一过程中几乎没有出现大的失误和反复，这是我们能够快速发展的重要原因。

航天员刘洋在中国空间站举行的"天宫课堂"中展示太空水稻种子。

中新社记者 瞿宏伦 摄

中新社记者：航天技术应用已经进入到人们日常生活的方方面面，比如航天育种、气象预报、卫星导航。目前中国航天技术成果转化效果如何？它是如何改变我们的日常生活的？国外已经开始商业太空旅行，太空旅行对我们来说还遥远吗？

杨宇光：如果说载人航天、深空探测等航天成果对于一个国家的科技水平具有标志性意义，应用卫星则是直接服务于国计民生。中国应用卫星领域起步相对较早，从上个世纪 70 年代就已开始，经过多年发展，已经从过去的重点验证和掌握关键技术阶段，转为如今的既掌握关键技术，又注重应用效益的阶段。

中国发射的海洋卫星、气象卫星、资源卫星等，并不以商业营利为目的，老百姓看不见、摸不着，但它们却为国计民生提供重要的信息保障和支撑。比如发生地震时，对地观测卫星可对地震灾区进行成像，让救灾指挥部及时掌握灾区最新情况；再如中巴地球资源卫星能为当地渔

2022 年 7 月 24 日，搭载问天实验舱的长征五号 B 遥三运载火箭，在中国文昌航天发射场成功发射。
中新社记者 侯宇 摄

民捕鱼提供有用信息。

关于太空旅行，我们已经具备技术条件。然而根据国外情况，太空旅行价格高昂，只有极少数人承担得起。此外，它还涉及发射飞行过程中的安全问题，比如如何保证乘客的人身安全、不对发射场等第三方造成损失等，其中涉及很多政策、法律层面的工作。但是我相信对中国来说，这仍然是前景光明的市场。

中新社记者：在载人航天工程立项 30 周年之际，中国空间站将在年底前建成。相比国际空间站，中国空间站有何特色？中国空间站进入运营阶段以后，将对中国航天国际合作带来哪些影响？

杨宇光：人类的空间站目前已发展至第四代。中国空间站三舱组合体重 60 多吨，远低于国际空间站 400 余吨的重量，但它规模适度、效率高。在基本架构上，它采用了第三代空间站的积木式设计，但从性能和技术水平来看，它和国际空间站同属于第四代空间站，实验舱尾部短桁架上的巨大太阳能帆板的供电能力，以及科学实验载荷占整个空间站的重量比例都不输于国际空间站。

中国空间站建成后将是重要的航天国际合作平台。目前已有 17 个国家、23 个实体的 9 个项目成为中国空间站科学实验首批入选项目，最快有望在年底前送达空间站。

此前，还有外国宇航员在社交媒体上表示要前往中国空间站，欧洲宇航员萨曼莎和马蒂亚斯也在烟台参加过中国的海上搜救训练。未来外国宇航员乘坐神舟飞船造访中国空间站，是大概率事件。从技术层面讲，还存在国外航天器来访的可能性。这些不同层级的国际合作，都是中国从航天大国迈向航天强国的重要组成部分。

中新社记者：中国空间站未来将在轨运营至少十年，这意味着需要更多航天员进入太空。目前，中国航天员队伍建设情况如何？航天员可分为航天驾驶员、航天飞行工程师和载荷专家，哪一类外国宇航员最有可能进驻中国空间站？他们何时可以加入？

杨宇光：中国第一批和第二批航天员都遴选自空军飞行员。目前已经在接受训练的第三批航天员中，除了职业飞行员，还有工程师和科学家出身的航天员，他们可以在空间站开展更广泛、更深入的科学实验，相信空间站建成后，就能看到这些航天员的身影。

从国际合作来看，未来国外科学家和工程师造访中国空间站的可能性非常高。这样的例子在国外很普遍。国外同样分为三类宇航员，天地往返飞行器一般要求有两个人具备驾驶能力，以保证飞行安全，因此指令长通常从飞行员中遴选，其他乘组成员可从科研人员中选拔，以开展生物学、物理学等领域的研究。我相信未来中国空间站也会出现中外航天员一起开展科学实验的场景。

中新社记者：当下世界主要航天国家正在积极参与探月热潮。相比其他国家，中国的探月进展如何？具备哪些优势？中国提出建设国际月球科研站，未来中国将如何开展探月国际合作？

杨宇光：中国探月工程的长期战略为"探、登、驻"，分别指对月球进行探测，实现载人登月，建设月球基地并实现人的长期驻留。自上个世纪末以来，中国已经完成了月球"绕、落、回"，也就是环绕月球探测、月面软着陆、采样返回。

中国探月工程四期今年已经启动工程研制，它包括嫦娥六号、嫦娥七号和嫦娥八号任务。嫦娥六号任务将从月球背面采样返回，目前人类获得的月球样本均采自月球正面，如果嫦娥六号任务成功采回月球背面的样本，将成为又一个中国航天实现领跑的例子。

嫦娥七号和嫦娥八号任务主要为建设国际月球科研站基本型服务。月球基地建设可分为"勘、建、用"三步，实地勘察，选址建设，最后实现应用。嫦娥七号任务需进行落月考察，嫦娥八号任务在考察的同时，还要验证多项关键技术。

中国正在进行载人登月的技术准备，比如推力达 400 吨以上的大型液氧煤油火箭发动机，新一代载人飞船等。航天员王亚平也曾表达过未来踏足月球的愿望。

中新社记者：天问一号任务在火星上首次留下中国的印迹，首次通过一次任务完成火星绕、着、巡，标志着中国在行星探测领域跨入世界先进行列。未来，您预计中国在火星探测上还会有哪些精彩表现？

杨宇光：作为发展中国家，中国制定航天计划主要基于国计民生和科技发展需求、为人类认知突破作贡献等考量，无意与任何国家竞争，因此中国航天事业规模适度，注重效益。深空探测工程同样重视少投入高回报。

当前，中国共规划了两次火星探测任务，分别是天问一号任务和后续的火星采样返回任务，并且仅通过天问一号一次任务，就掌握了火星绕、着、巡等多项关键技术，可见其高效性。

事实上，着陆火星比着陆地球、月球难许多倍。航天器在真空环境下的月球着陆，只需依靠反推火箭，穿越地球大气层着陆则是借助防热盾和降落伞，但火星大气层稀薄，介于两者之间，其着陆方案更为复杂。而天问一号任务使中国成为世界上第二个成功着陆火星的国家。

未来中国还将探测木星系，乃至更远的行星，我们在这十年间取得的探月、登火成果，为更远的深空探测奠定了扎实基础。

中新社记者：目前已有其他航天国家实现小行星取样返回，并陆续公布相关研究成果。中国有何小行星探测计划？相比探月、探火，小行星探测有何不同？

杨宇光：小行星素有"太阳系的活化石"之称。大多数小行星与地球一样，形成于 40 多亿年前，但它们不同于火星、地球等大天体，鲜有剧烈的地质构造运动，因而其表面仍保留着太阳系早期的特征与痕迹，这对于人类追溯太阳系早期的蛛丝马迹具有重要的科学意义，科学家们常将小行星探测比作"太阳系的考古"。此外，小行星上还有许多资源等待人类去开发利用。

中国的小行星探测计划将通过一次任务实现两个目标，探测器在对一颗近地小行星完成采样后，利用返回舱将样品带回地球，轨道器则实行变轨，前往比火星更远的小行星带进行探测。

中新社记者：我们注意到官方提出要论证建设近地小天体防御系统，提升监测、编目、预警和应对处置能力。您如何看待近地小天体给地球造成的威胁，人类应围绕哪些方面开展全球多边合作？

杨宇光：地球历史上多次生物大灭绝都与小天体撞击地球有关，比如大家公认的恐龙灭绝的重要原因，是一颗直径约 10 公里的小天体撞击了地球，使得地球环境发生改变。

目前，人类探测到的 1 公里以上的小天体，在本世纪内不会撞击地球。但是，直径 100 米以下的小天体撞击地球的概率仍然很高，甚至我们每天都在经历这些小天体的撞击，许多在进入大气层时已被烧化，尤其是 1 米以下的小天体个头小、难探测、数量多。

针对近地小天体防御，对于已经发现的小天体，要继续进行严密监视，而尚未发现的大个头天体，则需要集中全人类的智慧和力量。除了主动发现具有威胁性的小天体外，还要积极防御。国外正在尝试撞击小天体，也有人提出对小天体进行拖拽或摧毁。这些技术验证周期长、投入大，更需要开展国际合作，以保护人类安全。

中新社记者：目前，国内涌现出一批具有较强竞争力的商业航天企业，中国首个商业航天发射场也已经开工建设。国内商业航天发展与国际相比有哪些异同？您认为中国商业航天发展有何优势和潜力？

杨宇光：国内外对商业航天的定义存在差异，如美国将其定义为私营企业从事的航天活动。我认为，凡是以商业目的或以商业运作方式开展的航天活动，都可称为商业航天。

中国的商业航天发展非常迅猛，其中大部分企业从事卫星制造及其上下游产业，包括元器件生产、卫星数据处理和应用，已形成一个庞大的产业链。另外，也有民营企业从事火箭发射。火箭的研制发射门槛很高，既要求强大的技术实力和财力，还涉及发射许可的获取、安全性等。目前，国内已有两家民营企业能够提供发射服务，国有企业也研制了许多专门面向商业发射市场的火箭。

未来国家如何在法律法规层面，规范保护和鼓励促进商业航天发展，将是一个重要课题，国外也有许多经验值得学习借鉴。

中新社记者：这十年来，中国在航天国际合作方面有何特点？取得了哪些重要国际合作成果？您认为未来中国航天国际合作重点会是什么？

杨宇光：国际合作始终贯穿于中国的主要航天活动中，如航天员曾赴国外接受训练，中国在阿根廷建设的海外深空测控站，对于中国的深空探测任务具有不可替代的作用。

未来，除了载人航天工程领域的国际合作外，在深空探测和空间科学方面，中国研制的探测器搭载国外载荷、中外卫星协同运行等都将是重要的合作形式。中国提出在月球南极建设国际月球科研站，我们也期待更多国家的加入，共享科研成果。

相信中国会继续秉持开放的态度，与传统的航天强国、航天大国以及第三世界的新兴航天国家开展更广泛、更深入的交流合作，挖掘发展的共同点，创造合作的闪光点。

中新社记者： 未来中国如何参与外空全球治理与交流合作，促进人类外空活动长期可持续发展？

杨宇光： 外空全球治理与交流合作包含很多议题，其中空间碎片减缓就是目前摆在人类面前的一个现实问题。在航天事业发展早期，由于技术不够成熟，许多寿命结束或出现故障的卫星滞留在轨道上，产生许多空间碎片，影响了在轨工作的航天器。越来越多人意识到空间碎片问题的严重性，国际上正在逐步建立政府间、非政府间的空间碎片减缓机制。作为负责任的大国，中国每逢重大航天发射，都会公布火箭末级残骸参数。

外空治理还涉及规则制定。卫星发射的频率资源和轨道资源是有限的，应该建立起更完善的国际协调机制，避免航天器碰撞的危险，这也是每个负责任的航天国家都应采取的做法。

未来如何更好地和平利用空间，避免空间军事化等，仍然有许多工作需要开展。中国将夯实自身的技术基础，在外空的全球治理与交流合作中更好地发挥作用。

中国人的"文化获得感"从何而来

本期策划 ｜ 吴庆才

记者 ｜ 王诗尧　董泽宇　蒋启明

撰稿 ｜ 王诗尧

播发时间 ｜ 2022 年 10 月 15 日

采访嘉宾　张颐武
北京大学中文系教授、文化资源研究
中心主任

- 十年间，中国文化发展成就进一步下沉到农村。未来包括文化馆、群众艺术馆以及博物馆的建设，都会进一步下沉到农村
- 新国潮发展令民族文化不断在老干上开新枝，国潮的发展正方兴未艾
- 中国文化出海在大众文化传播层面有很多成功范例，中国网络小

说在全球吸引了很多爱好者，中国影视作品在非洲和东南亚等地，有非常固定的受众群体

扫 码
看访谈视频

> 北京冬奥会上，倾注中国传统文化底蕴的"二十四节气"倒计时创意惊艳世界；节假日里，身穿汉服的年轻人们洋溢着笑脸，为街头增添一抹亮色；网络直播间中，"乡土艺术家"透过一部手机将家乡的非遗绝活，向千里之外的网友展示着……

习近平总书记曾指出："传承中华文化，绝不是简单复古，也不是盲目排外，而是古为今用、洋为中用，辩证取舍、推陈出新。"十年间人们以古为新，将中国传统文化精粹不断融入新时代的发展潮流，实现了中华文化的创造性转化和创新性发展，带给国人源源不断的文化获得感。

北京大学中文系教授、文化资源研究中心主任张颐武日前接受中新社"中国焦点面对面"专访时说，近年来的"考古热""博物馆热""非遗热""诗词热"，都是传统文化复兴的重要标识，让年轻人对中华文化产生更深入了解的冲动，满足自己与民族历史亲密接触的强烈愿望。

十年间，国家对文化事业始终高度重视，并提供大量支持，向中国民众分享文化发展成果，为人们能够不断提升自己的精神素质提供良好条件。

十年来，中国新增 15 项世界遗产，6 个项目列入非物质文化遗产相关名录、名册，6 项文献遗产列入《世界记忆名录》，15 处地质公园加入联合国教科文组织世界地质公园网络。

古装爱好者在故宫博物院内拍照留念。　　　　　　中新社记者 杜洋 摄

　　张颐武指出，近十年来，中国人的文化自信提升非常显著，包括传统文化精神深入人心，更具凝聚力和向心力，民众对国家的认同感增强等。

　　过去十年间，随着新国潮的兴起发展，年轻人与传统文化的联系愈加紧密。故宫变身为新晋网红打卡地，文具、食品、服饰等文创产品越来越受到年轻人的追捧，传统戏曲通过互联网的传播焕发了新机……

　　在张颐武看来，"新国潮"为文化提供新的可能性，最终也会成为优质的文化资源。他强调："国潮的发展正在方兴未艾阶段。国潮就是把中国传统文化积淀下来的宝贵遗产创造性转化、创新性发展，变成新时代的新东西，也就是以古为新。这样，我们民族的深厚根基才能够不断在老干上开新枝。"

　　十年来中华文化的国际影响力不断增强，更大大提升了国人的文化自信。"中文热"席卷全球，努力学说中文的海外学子遍布世界各地。为了更好地了解中国文化、阅读中文小说、观看中国影视剧等，他们学习热情高涨，令中华文化在海外传播的受众群体持续扩大。

值得注意的是，文化发展的成就不仅仅局限于城市之中，而是在十年间遍及城乡。习近平总书记曾在多个场合谈及乡村文明之于中华文明的特殊意义。他指出，"乡村文明是中华民族文明史的主体，村庄是这种文明的载体，耕读文明是我们的软实力。"

2020年中央一号文件指出，要推动基本公共文化服务向乡村延伸，扩大乡村文化惠民工程覆盖面。不论是波澜壮阔的脱贫攻坚，还是全面推进乡村振兴，文化都具有引领作用。文化之于广大乡村，既有产业以及物质层面的帮扶和支持，亦有精神上的赋能。

"乡村振兴与文化发展是互相扶持、互相支撑的关系。乡村振兴让中国农村焕发活力，让我们的乡愁有归宿；而弘扬中华文化精神的同时，乡村经济也得到了发展。"张颐武如是说。

访谈实录

中新社记者：中华文化奠定了中国人文化自信的基石。您认为国人的文化自信具体体现在哪些方面，十年来又有哪些提升？

张颐武：中华文化既开放又能保持主体性，是中华民族的内在精神家园，也是文化传承积淀、提供民族主心骨的力量。

近十年来，中国人的文化自信提升有非常重大的进展，包括传统文化精神深入人心，更具凝聚力和向心力，民众对国家的认同感增强等。

这些年来，我们经历了建党百年、新中国成立70周年、抗战胜利70周年等一系列重大事件。这些都提振了中国人的自信心、凝聚力，加深了对中华文化的尊重、关爱。每个中国人都感受到了中国发展的力量，中国的国际影响力不断增强，也让中国人的文化自信得到了提升。

2023年1月，"二十世纪初中国古文献四大发现展"在国家典籍博物馆内展出。

中新社记者 侯宇 摄

中新社记者：从"中华文明探源工程"到"让文物活起来"；从一系列公共文化服务领域法律法规的完善，到覆盖城乡的公共文化服务设施网的健全。十年间，中国普通百姓从文化事业的发展中，有什么切实的"获得感"？

张颐武：国家对文化事业高度重视，并提供大量支持，向中国百姓分享文化发展成果，为百姓能够不断提升自己的精神素质提供了良好条件。

像"中华文明探源工程"与"让文物活起来"都是国家支持的重大项目，目的就是要把"中华民族从哪来"的问题搞清楚，让中国民众对中华文化有更深入的认识。特别是"中华文明探源工程"，通过大量考古发掘，让地下的文物和地上的文献互证，使得中华民族5000年文化的基本脉络已经比较清晰。

"让文物活起来"则是社会给普通公众提供分享文明成果、了解历史传承的机会。现在全国有 6000 多家博物馆，还有许多文化馆、图书馆等，公众分享文化成果的机会更多了。优质文化资源的传播，让大家更方便地体会到了文化对自己的作用。

另一方面，在互联网建设中开展了一系列普惠的重大工程。特别是新冠疫情发生后，大家会发现通过网络贴近中华文化、与文化对话的机会更多了。网上有丰富的文化资源，5G 建设扩展到农村，农民们也能更快享受到文化发展成果。

同时，一系列国家文化公园的建设，如长城国家文化公园、大运河国家文化公园，以及长征国家文化公园等，都提供了很好的文化供给。

中新社记者：近年来，"考古热""博物馆热""非遗热""诗词热"等蔚然成风，国潮、国风成为新时尚。这十年间的文化发展具有哪些特点和积极意义？背后原因是什么？未来还有哪些文化产业领域有成为新国潮的潜力？

张颐武：这些年来的"考古热""博物馆热""非遗热""诗词热"，其实都是传统文化复兴的重要标识，让年轻人对中华文化产生更深入了解的冲动，满足自己与民族历史亲密接触的强烈愿望。

新文明的创造要和传统文化紧密连接。为了让年轻人传承传统文化更没有障碍、更容易接近，文创产品是非常好的创新亮点，许多博物馆推出的文创产品都受到年轻人的喜爱。另一方面，《中国诗词大会》等一系列节目的播出，也让"诗词热""考古热"在日常生活里发挥了作用。

互联网的发展为文化交流传播提供了很好的条件。比如热爱汉服、热爱各种传统文化的年轻人，他们通过很多网络社群来关注传统文化，这些都起到了重要的积极作用。

从未来发展来看，传统文化的传播会有很多新的局面，包括未来在元宇宙里传播传统文化等。再如时尚产品领域，像球鞋的设计，这些年来都出现大量传统文化元素。

许多人已经自觉把传统文化的精神融入到产品和日常生活中，这些都会为未来传统文化的传承提供坚实基础。"新国潮"为文化提供新的可能性，最终也会成为优质的文化资源。

国潮的发展正在方兴未艾阶段。国潮就是把中国传统文化积淀下来的宝贵遗产创造性转化、创新性发展，变成新时代的新东西，也就是以古为新。这样，我们民族的深厚根基才能够不断在老干上开新枝。

中新社记者： 近十年来，中国文博行业发展取得了哪些成果？未来将如何创新、发展，不断推陈出新？

张颐武： 中国文博行业发展势头良好。一方面，一些重要的博物馆不断创新，比如故宫成为网红打卡地，故宫文创产品也非常流行；另一方面，十年来新建了很多博物馆，比如中国工艺美术馆这样的新馆非常吸引人，还有一些民间博物馆也有很好的发展。

现在几乎每个去旅游的人，到达一地后就一定要去参观博物馆。这样的情况吸引了很多年轻人、各行各业的人参与到博物馆行业，例如义务讲解员等工作。博物馆收藏大量珍贵的历史文物、文献，起到保护作用；博物馆又将这些文化瑰宝传播出去，起到传承作用。

中新社记者： 十年来，中国在非遗保护与传承领域做出了哪些努力？未来将如何推动非遗更好地融入现代生活？

张颐武： 非物质文化遗产通过"人"来传承，它和周边的社会环境、社区文化等紧密关联。十年来中国在非遗保护方面做出重大努力，可以说为全人类的非遗保护做出巨大贡献。

一方面政府和社会高度重视，这是文化传承非常关键的部分。比如现在中国有300多种传统戏曲，戏曲不是文献记载，要靠人来传承。目前300多种戏曲都有人来传承，通过人传承下来，才不会让传统文化流失。

另一方面，年轻人对非遗文化的兴趣增强了。有关爱者、传承者，文化才能够生生不息、活到未来。未来在中华民族复兴的进程中，非遗文化仍会起到非常重要的历史作用。

中新社记者：新冠疫情和防控常态化塑造了哪些国民文化生活中的新形态？又带来了哪些行业发展的新挑战和新机遇？

张颐武：新冠疫情是这几年来非常重大的事件。但在这段时间，我们的文化发展也有一些非常重要的新亮点、新趋势。其中一个方面是互联网文化传播变得更加方便、快捷，更能服务于每个个体，这是疫情带来的非常重要的变化。

比如一些戏曲演员或是一些县级剧团演员，他们都是非常好的非遗传承人，但因为疫情没办法线下演出。通过线上传播，也能得到很多跨地域观众、文化爱好者的高度认可。互联网发展为文化发展提供了非常重要的支撑、助力。

因为疫情受到冲击的行业里，跟文化联系密切的旅游业是其中之一。旅游业也创造了很多新的方法来解决问题，让文化传播能走得更远。比如为周边游提供很多优惠措施，对推动文旅发展做出贡献。

现在来看，疫情虽然对文化发展有一定影响，但另一方面也是新机遇。当人们突破这些限制，便在新的领域里得到了很多新的可能性，以及新的发展路径。

中新社记者：文化助力脱贫攻坚在哪些方面获得了成效？未来，文化领域可以为乡村振兴做哪些努力？

张颐武：中国的脱贫攻坚是人类历史上提升和改善贫困人口生活质量的重大历史事件，其中文化助力是非常重要的一部分。

舞狮舞龙队伍在昆明为民众带来精彩演出。　　中新社记者 刘冉阳 摄

　　一方面，优质的电视节目现在可以通过"村村通"工程无障碍收看，5G 的普及也为乡村振兴提供了助力。另一方面，乡镇的文化中心建设，对于农村的文化水平提升有重大影响。农村人口在物质上告别贫困的同时，在精神上也得到了更多的享受、升华。所以，未来包括文化馆、群众艺术馆以及博物馆的建设，都会进一步下沉到农村。

　　对传统村落的保护和利用，国家投入了大量的建设资源，令许多乡村获得一条新的发展道路。以文化特色推动乡村旅游，成为助力乡村振兴的重要部分。

　　其实乡村振兴与文化发展是互相扶持、互相支撑的关系。乡村振兴让中国农村焕发活力，让我们的乡愁有归宿；而弘扬中华文化精神的同时，乡村经济也得到了发展。

中新社记者： 在推动中国文化出海时，更应注重哪些方面？

张颐武： 十年来，中国文化在海外的传播对于增强中国的国际影响

力，向全球传达中华民族声音都起到了非常重要的作用。过去中国文化出海往往是在精英领域或是比较小的领域传播，现在则在大众文化传播层面也有很多成功范例。

比如中国网络小说，在全球吸引了很多爱好者；中国影视作品在非洲和东南亚等地，有非常固定的受众群体。这些文化作品对讲好中国故事发挥了正面作用。

未来在推动中国文化出海时，传统渠道仍将发挥作用，比如在海外华人间具有广泛影响的"文化中国·四海同春"，将继续发挥其影响力与凝聚力。同时可以借助新媒体力量扩大海外传播影响力，比如大家津津乐道的"李子柒现象"，就是中国传统文化在海外传播取得的坚实成果。

另外，在传播中国声音、讲好中国故事方面，如何适应当地受众需求，令其更容易体会到中华文化魅力，我们还需要做更多努力。

14

建设健康中国缘何成为"生活方式的革命"

本期策划 ｜ 夏宇华　郭金超　张蔚然
记者 ｜ 李纯　董泽宇　蒋启明
撰稿 ｜ 李纯
播发时间 ｜ 2022 年 10 月 13 日

采访嘉宾　毛群安
健康中国行动推进委员会办公室副主任、
国家卫生健康委员会规划发展与信息化司
司长

■ 十年来，中国人均预期寿命从 74.8 岁增长至 78.2 岁，居民健康
素养水平从 8.8% 提高到 25.4%，经常参加体育锻炼人数占比达到
37.2%。数据显示，中国的主要健康指标居于中高收入国家前列

■ 针对重大疾病防控，中国正在研究建立多点触发的疾控预警机制，
及时获取各方面信息，判断风险点

> "
> 晚餐要吃得清淡、摄入优质蛋白、聚会相约"吃草",合理膳食成为当代人制定食谱的重要标准;早睡早起不熬夜,年轻人更注重养生,努力摆脱"亚健康"状态;一波波运动"时尚"兴起,保持体育锻炼成为健康生活的"必修课"……

当下中国,"健康"成为社会发展、大众生活的流行语。从"每天锻炼一小时,健康工作 50 年"的奋斗追求到从吃得饱、吃得好向吃得营养、吃得健康的历史转变,折射的不仅仅是健康理念和生活方式的转变。

全民健康已然是一个国家综合实力的体现,是民族昌盛和国家富强的重要标志。习近平总书记"没有全民健康,就没有全面小康"的重要论述,赢得了全社会的共鸣。

于国于民,健康所处的地位正变得愈加重要。过去十年,健康中国已上升到国家战略,成为崭新的治国理念。

健康中国行动推进委员会办公室副主任、国家卫生健康委员会规划发展与信息化司司长毛群安接受中新社"中国焦点面对面"专访时指出,实施健康中国战略,启动健康中国行动不亚于"一次健康革命"。

中共十八大以来,中国坚持把健康摆在优先发展的战略地位,作出了实施健康中国战略的重大决策部署,明确提出 2035 年"建成健康中国"。2019 年发布的《健康中国行动(2019—2030 年)》,把健康融入所有政策,促进以治病为中心向以健康为中心转变。

在健康中国战略的指引下,毛群安指出,过去十年来中国卫生健康事业快速发展，国人的健康水平得到了快速提升。

这一"快速提升"直接体现在一连串数字上：十年来，中国人均预期寿命从 74.8 岁增长至 78.2 岁，居民健康素养水平从 8.8% 提高到 25.4%，经常参加体育锻炼人数占比达到 37.2%……数据显示，中国的主要健康指标居于中高收入国家前列。

"健康中国行动确定的 2022 年目标主要指标都已经提前实现，这要归功于健康促进的政策体系和制度体系。"毛群安指出，回顾十年来中国卫生健康事业的进步，健康促进制度体系的效用越来越明显。

在此基础上，今年春季，《"十四五"国民健康规划》出台，该规划首次将健康预期寿命作为指标，不仅关注人均预期寿命本身，更体现对改善人群健康状况的重视。

更为深层次的健康促进在于改变人们的生活方式，提倡"文明健康、绿色环保的生活方式"，如今已被视为打开健康之门的"金钥匙"。

"实施健康中国行动是一次健康革命，是生活方式的革命。"毛群安指出，针对自身的健康状况，每个人都能够及时获取有关健康的信息与服务，并借此改善自身健康状况，这便是实施健康中国行动的目的之一。

访谈实录

FANGTAN SHILU

中新社记者： 党的十八大以来，中国的健康促进工作取得了哪些显著的成就？过去十年间，中国人在哪些方面变得更健康了？

毛群安： 回顾我国卫生健康事业的发展，特别是近十年来的快速发展，健康促进工作的制度体系不断完善。

国家实施健康中国战略，2019 年启动健康中国行动，构建全面推进健康中国建设的组织体系，即以国务院分管领导牵头、相关部门参与的健康中国行动推进委员会，并组建专家咨询委员会，成立了 15 个专项行动工作组。

党和政府领导、各部门共同参与、全社会广泛动员、每个人践行自己健康第一责任人的理念，在全社会的氛围日益浓厚。

根据我们对健康中国行动的评估，广大公众的健康水平得到快速提升。用国际组织评价一个国家和地区人群健康状况的主要指标来评估，目前中国居民的健康状况已经处在中高收入国家的前列，健康绩效是明显的。

健康中国行动确定的 2022 年目标主要指标都已经提前实现，这要归功于健康促进的政策体系和制度体系。回顾这十年来的进步，国人的健康水平得到了快速提升，健康促进制度体系的效用越来越明显。

中新社记者：《"十四五"国民健康规划》已经出台，立足于全人群和全生命周期两个着力点，背后的依据是什么？如何真正做到惠及全人群、覆盖全生命周期？实现健康中国，还有哪些不平衡、不充分的问题亟待解决？

毛群安：今年 4 月国务院办公厅印发《"十四五"国民健康规划》，细化明确了"十四五"期间落实《"健康中国 2030"规划纲要》的目标和任务。

首先要构建一个强大的公共卫生体系，筑牢维护公众健康的保护网。同时要在公共卫生网络建设的过程中，突出明确各方面的责任与义务。

二是倡导"文明健康、绿色环保"的生活方式。解决重大慢性疾病对人群健康带来的影响，需要从生活方式入手，更加完善健康促进体系。

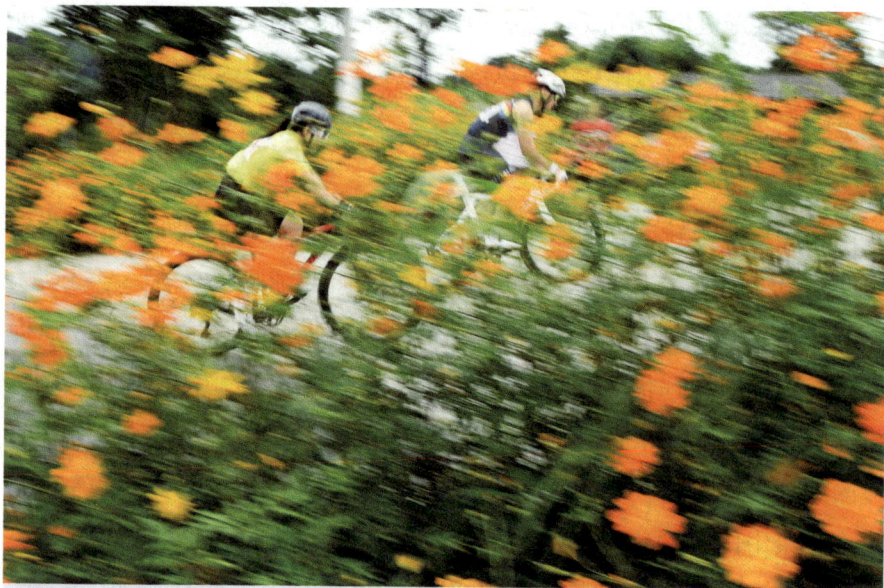

自行车参赛选手比赛沿途感受重庆美丽乡村自然生态。

中新社记者 何蓬磊 摄

三是进一步深化医药卫生体制改革，完善医疗保障制度、优化医疗服务，让老百姓得病后能够及时接受救治，看病更加便捷舒心。

《"十四五"国民健康规划》首次把健康预期寿命作为一个指标，说明我们不仅要观察预期寿命的长度，还希望人群的健康状况得到改善，这也是"十四五"时期要着力实现的目标。

中新社记者：提到健康，我们总会关注"一老一小"。随着人口老龄化程度不断加深，未来一段时间我国对健康服务的需求还会持续保持在较高水平。从健康的角度出发，应如何加速配套措施的建设，让经济社会发展尽快适应这一趋势？

毛群安：健康中国战略的根本目标是全民健康，即每个人在不同生命阶段都能保持理想的健康状态。照此标准，我国目前为民众提供的医疗卫生和健康服务还有一些不充分不平衡，其中对于老年人群的健康服务较为明显。

在积极应对人口老龄化过程中，我国面临的一个挑战是建立一套适合老年人需要的医疗卫生健康服务。这个体系的建设是"十四五"期间一项重要的战略性任务，要从预防、治疗、康复、长期护理等不同方面发力，让老年人不仅能够延长寿命，而且能够保持健康、提高生活质量。

为此，医疗卫生和健康行业做出了具体规划。比如，要求二级及以上综合性医院开设老年医学科，针对老年人的特殊需求提供医疗卫生和健康服务。还有积极推动长期护理保险等制度性建设，加大老年护理人才培训工作，等等。

中新社记者：说完"老"，我们再说"小"。妇幼健康促进行动提出，到 2022 年和 2030 年，我国婴儿死亡率要分别降至 7.5‰以下和 5‰以下。随着中国实施三孩生育政策及配套支持措施，在此背景下，妇幼保健工作应该朝着什么方向发展？

毛群安：婴幼儿死亡率，之所以把它用作评价一个国家和地区人群健康的重要指标，是因为这个指标的变化不仅代表婴幼儿的健康状况，也是整个国家和地区医疗卫生和健康服务水平的重要标准。

目前，我国孕产妇和婴幼儿死亡率已经实现了规划的目标，但是要在接下来的十年中继续把指标往下降，难度是非常大的。因此要把重点放在目前孕产妇和婴幼儿可能发生的高危环节上。

针对近些年特别是国家出台"二孩""三孩"政策之后的高龄产妇增加，实施母婴安全五项制度，为保障母婴安全打出了一套组合拳。对每一位孕产妇进行妊娠风险评估，按照风险程度实行绿、黄、橙、红、紫 5 色管理。对妊娠风险分级为橙、红、紫色的高危孕产妇严格实行专案管理，保证专人专案、全程管理、动态监管、集中救治，确保做到"发现一例、登记一例、报告一例、管理一例、救治一例"。特别是

"三孩"政策实施后，我们制定了母婴安全行动提升计划、健康儿童行动提升计划和母乳喂养促进行动计划，形成"两提升、一促进"的政策措施。

接下来还会针对各地在孕产妇、婴幼儿保健方面的短板弱项，通过对口支援方式、针对性措施，提升妇幼保健专业团队的力量和水平。

中新社记者：疾病预防控制体系是保护人民群众健康、保障公共卫生安全、维护社会经济稳定的重要保障。新冠肺炎疫情凸显传染病防控体系的重要。党的十八大以来，我国的传染病防控体系经历了怎样的建设和发展？今后疾控体系还需要如何发展？

毛群安：通过新冠肺炎疫情防控，我们可以看到国家公共卫生体系的能力和过去的能力建设发挥了非常重要的作用。公共卫生体系得到了锤炼，公共卫生队伍经得起考验。

在疫情防控过程中，我们发现还有一些短板弱项，例如基层的防控能力、应急统筹指挥体系上还有漏洞等。针对这一情况，中国做出了改革疾控体系的重大决策，组建了国家疾病预防控制局。

重大疾病的防控，要在过去工作的基础上，针对短板弱项采取强有力措施，例如早期预警机制的建立。中国正在研究建立多点触发的预警机制，及时获取各方面信息，判断风险点。

再如，中国正在全国遴选一些重大传染病救治基地、卫生应急基地，按照不同区域布局。一旦发生紧急情况，首先在一个地域就能够形成有效的指挥体系。相应的设备条件、物资准备、人员能力准备，也都是疾控体系建设的重要方面。

中新社记者：随着人们对体育锻炼的重视不断加深，五花八门的体育运动方式层出不穷，比如说年轻人喜欢玩的飞盘、跟着网红跳操、野外露营活动等，引领了一波体育运动的"时尚"。对于这种运动"时尚",您怎么看？应如何正确引导民众参加体育锻炼？

　　毛群安：健身运动和健康的关系非常密切。通过一系列的政策促进、对公众宣传，大家的健身意识更强了，越来越多的人参加体育锻炼活动。

　　从评估情况看，要动员更多的人参与运动健身，还有很大的潜力。目前，青少年和职业人群的运动量还不够，我们在会同体育部门为大家创造条件，希望更多的人真正动起来。

2022年广西南宁飞盘公开赛上，一名选手冲刺接飞盘。

中新社记者 俞靖 摄

参加体育锻炼的人越来越多，也出现了一个问题，就是不当运动造成的伤害增加。这提示我们要科学运动，对运动进行指导。我们提出"体医融合"，希望通过体育健身和医疗卫生两个专业的融合，让民众既能健身，又能防止运动不当造成的伤害。

当然，有一些新颖的活动方式，增加了运动的乐趣。我们鼓励创造一些新颖的运动方式，前提是注意运动安全。

中新社记者：我国正在倡导"文明健康、绿色环保生活方式"，您之前也说过，生活方式的改变可以看作一场"健康革命"，为什么要上升到这个高度？在今天中国不断向前发展迈进的过程中，健康处于怎样的地位？

毛群安：卫生健康事业始终处于基础性地位，同国家整体战略紧密衔接，发挥着重要支撑作用。抗疫实践证明，只有努力全方位全周期保障人民健康，保障公共卫生安全，加快形成有利于健康的生活方式、生产方式、经济社会发展模式和治理模式，才能实现健康和经济社会良性协调发展。

当前，面对多重疾病威胁和多种健康影响因素交织的复杂局面，我们启动倡导文明健康、绿色环保生活方式活动，从短期看，有助于从源头降低疾病传播风险，助力常态化疫情防控。从长远看，有利于群众形成主动健康观念，推动从以治病为中心向以健康为中心转变，所以说这是一场新时代的健康革命。

中新社记者：现在很多人面临"亚健康"问题，像腰椎颈椎疼痛、失眠、肥胖，等等。对于当下的年轻人来说，想摆脱这种"亚健康"的状态，您有什么好的建议？

毛群安：有的人出现了一些"亚健康"的症状，这是身体发出的预警信号。

运动不足、过度摄入高热量食物、不注意休息，这些因素会导致健康状况恶化。监测发现，像高血压、糖尿病等一些严重并发症的发生年龄在提前。这是因为没有从生活方式这个环节将慢病的进程延缓，反而加剧了。

实施健康中国行动是一次"健康革命"，是生活方式的革命。希望现在的职业人群反思生活方式有没有问题，有哪些突出的问题，要下决心改变。希望每个人针对自身的健康状况，能够及时获取相关信息和服务，运用这些知识、服务来改善自身的健康状况，这就是"健康素养水平"。这个素养不是"知不知道"，而是"做没做到"。

中新社记者：为加快推动从以治病为中心转变为以人民健康为中心，动员全社会落实预防为主方针，中国提出实施健康中国行动，提高全民健康水平。目前，健康中国行动进展如何？能否实现总体目标中有关 2022 年的各项目标？还有哪些问题亟待解决？

毛群安：2019 年国务院实施健康中国行动以来，国家卫生健康委联合健康中国行动推进委各成员单位持续完善健康中国行动政策机制，加大健康影响因素干预，宣传健康生活理念。

经过三年的努力，各部门协同联动格局初步形成，健康中国行动品牌效应逐步凸显，全民健康素养水平稳步提高。当前，我国居民健康素养水平达 25.4%，人均预期寿命提高到 78.2 岁，健康中国行动 2022 年主要目标提前实现，健康中国建设开局起步良好、进展顺利。

下一步，我们将在健全推进协调机制、强化宣传发动、加强监测考核等方面继续下功夫，早日全面实现健康中国行动 2030 年既定目标。

十年，全民健身这样刻入国人"DNA"

🎙 本期策划 ｜ 夏宇华

👤 记者 ｜ 卢岩　邢翀　董泽宇　田雨昊

👤 撰稿 ｜ 王禹

🕐 播发时间 ｜ 2022 年 9 月 16 日

采访嘉宾　丁东
国家体育总局群众体育司
司长

- 在疫情常态化防控形势下，"互联网+"成助力，中国全民健身线上运动会掀起海内外运动爱好者的参与热潮
- 群众健康理念不断提升，"治未病"的观念越来越深入人心，人们更希望通过运动来促进健康的提升，干预一些慢性病

扫　码
看访谈视频

"

　　过去十年间，中国的体育事业发展紧扣以人民为中心的理念，全民健身迎来飞速发展的新时期。

　　经过多年发展，中国全民健身赛事活动日益丰富，公共服务体系日趋完善，科学健身指导惠及更多民众，社会力量参与全民健身的积极性被充分调动，全民健身信息化、智能化水平也在稳步提升。

　　2020 年相关统计数据显示，中国经常参与体育锻炼的人数比例为 37.2%，城乡居民达到《国民体质测定标准》合格以上的人数比例达到 90% 以上。全国共有体育场地 397.1 万个，体育场地面积 34.1 亿平方米，人均体育场地面积 2.41 平方米。十年间，全民健身的理念日益刻入国人"DNA"。

　　从户外到室内，"新兴运动"与"刘畊宏"们持续走红，"年轻人的'广场舞'"与"随时随地想练就练"的背后，是当下锻炼条件持续改善，健身需求日趋多元的真实写照。全民健身运动的普及，则是一个国家现代化程度的重要标志。

　　中共中央总书记、国家主席习近平深刻指出，体育承载着国家强盛、民族振兴的梦想。体育强则中国强，国运兴则体育兴。加快建设体育强国，就要坚持以人民为中心的思想，把人民作为发展体育事业的主体，把满足人民健身需求、促进人的全面发展作为体育工作的出发点和落脚点，落实全民健身国家战略，不断提高人民健康水平。

　　过去十年来，体育之流变，也早已跃出竞技场的藩篱，飞入街巷阡陌。全民健身已上升为国家战略，体育强国建设步伐加快，成为建设"健康中国"的重要一环。多方合力指向共同的目标：让人们更加健康，也让这个国家更加健康。

如今，国家实施全民健身战略甚至已被写入法律。2022年6月，《中华人民共和国体育法》完成修订。丁东介绍，这次新修订的体育法有一个很大的亮点，就是将原第二章"社会体育"章名修改为"全民健身"，明确国家实施全民健身战略，构建全民健身公共服务体系，鼓励和支持公民参加健身活动，促进全民健身与全民健康深度融合。

2021年北京国际长跑节——北京半程马拉松在天安门广场鸣枪起跑。

中新社记者 富田 摄

健身之于个人，是一种自然而然的习惯；之于国家与民族，则是全民健康的基础柱石之一。来自法律制度层面的规范和保障，让这份属于全中国百姓的"运动 DNA"，更平添了一份踏实感和获得感。

如何适应人民群众健身需求变化趋势，从提供"更多"全民健身公共服务，到做到"更好"，不仅是一个体育强国的发展之路的必须要素，更是健康中国建设的应有之义。在丁东看来，面对全民健身发展衍生新方向、走向新场景，来自体育主管部门的"引导、规范与推动"更应主动作为。

"政府要在提供更多场地的同时引导项目发展，让更多人都能参与到体育锻炼当中，感受到快乐。"丁东说。

访谈实录

FANGTAN SHILU

中新社记者：十年来全民健身理念深入人心，体育锻炼人数占比等数据亮眼。为什么会出现这样的趋势？

丁东：一方面，《"健康中国 2030"规划纲要》《体育强国建设纲要》等相继出台，全民健身政策法规体系日益完善，对全民健身事业的可持续发展具有引领和指导作用。政府主导、部门协同、全社会共同参与的全民健身事业发展格局更加明晰。

另一方面，群众健身意识和体质水平普遍增强，"举步可就"的全民健身设施不断增加。调查显示，2020 年经常参加体育锻炼的人数比例为 37.2%，比 2014 年的 33.9% 又提高了 3.3 个百分点；同时，截至 2021 年底，全国体育场地 397.1 万个，体育场地面积 34.1 亿平方米，人均体育场地面积 2.41 平方米，分别较 2013 年增长 134.3%、71.2%、

65.1%。

经过多年发展，全民健身赛事活动丰富多彩，公共服务体系日趋完善，经费投入不断加大；科学健身指导惠及更多群众，体育社会组织更加下沉基层，社会力量参与全民健身的积极性充分调动；全民健身信息化、智能化水平稳步提升，全民健身多元功能充分发挥。在此大背景下，出现这样的趋势是水到渠成。

中新社记者：疫情防控背景下，从官方到民间以互联网为载体，不断创新健身方式和场景。体育如何发挥在疫情防控中的特殊作用？

丁东：疫情改变了我们的生活方式和思维方式，包括参与体育运动的方式。在疫情防控常态化的形势下，体育总局统筹疫情防控和体育工作，运用"互联网＋体育"思维，以体育在线服务的方式满足人民群众多样化的健身需求。

疫情暴发初期，我们响应政府号召呼吁广大健身爱好者在居家过程积极参与健身，推出科学健身方法帮助他们增强身体素质，提高自身免疫力，同时缓解紧张焦虑情绪。

今年4月28日上线了全民健身线上运动会，掀起海内外运动爱好者的参与热潮。目前已开展包括毽球、跳绳、冰壶、棋牌等在内的100余个项目、数百场赛事活动，各项赛事累计参赛人数突破1123万人，累计颁发参赛证书269多万份。这些充分发挥了体育在疫情防控中的特殊作用。

中新社记者：此前一段时间，刘畊宏"直播间健身"成为现象级热点，爆火的同时也引起一些争议，您如何看待此类新颖的健身方式？

丁东：从政府部门角度来讲，我们特别围绕三个焦点开展工作，一是健身去哪儿，二是健身的人群在哪，第三是如何健好身。这个问题属于"如何健好身"的范畴。

市民在国家速滑馆内滑冰。　　　　　　　　　　　中新社记者　富田　摄

　　体育锻炼应该人人参与，但不同年龄段、不同项目、不同时间段要求不一样。科学健身是运动健身过程中非常重要的问题。要根据年龄、项目、地域、时间，选择最适合自己的运动项目。

　　如今，运动促进健康的理念在百姓中广泛传播。从科学健身指导角度，我们还要探索社区运动健康中心，把科学健身的方法送到百姓身边。

　　中新社记者：广场舞作为国民草根运动，经历了发展、爆发、矛盾、规范、繁荣的历程，给我们带来怎样的启示？

　　丁东：广场舞是广大群众喜爱参与的运动方式之一。从群众自发的草根运动到现在形成一定规模，参与人群众多、地域覆盖广且备受关注，但在发展过程中也出现了扰民、抢地盘等问题。

　　所以，在全民健身事业发展过程当中，"引导、规范、推动"十分

重要。政府需要思考如何引导项目发展和群众健身。另外，在人群参与、培训服务的方式上进行规范，并推动更多人科学健身。

体育部门要积极担当和作为，把参与人群、项目发展引导好、规范好，更好地发扬、传播体育活动的正能量。

中新社记者： 未来，体育服务供给与人民群众日益增长的个性化、多样化需求之间的矛盾，诸如"飞盘足球之争"等，如何有效破解？

丁东： 体育发展过程中，不平衡不充分的问题始终存在，这跟当前社会发展的主要矛盾是一致的。政府可以从场地设施、科学健身指导、基层组织建设，包括大家最关心且愿意参加的群众赛事活动这些方面发力。

场地设施问题反映最集中的地方往往出现在老旧城区和人口密集区，包括特大城市。各级政府要切实履行保障全民健身公共服务体系建设和运行的职责，推进实施全民健身设施补短板工程；推动更多地方建设体育公园、全民健身中心。此外，在推动体育部门主管的公共体育场馆开放的同时，学校、机关企事业单位、社会力量所属的体育场馆，如何低收费或免费向公众开放的问题，还需要破解。

例如，近来出现的飞盘与足球之争，并不能简单理解为项目与项目之争。首先要考虑场地设施是不是足够；第二，在特大城市或人口密集区，无论是足球还是飞盘，都深受人们喜爱，是在特定的地点、特定时间段，出现的场地"不好约"矛盾。

在这方面，政府要有所作为，在提供更多场地的同时引导项目发展，让更多人都能参与到体育锻炼当中，感受到快乐。

中新社记者： 新修订的体育法对未来全民健身行动开展，有哪些积极意义？

丁东： 这次新修订的体育法有一个很大的亮点，就是将原第二章"社会体育"章名修改为"全民健身"，明确国家实施全民健身战略，构建全民健身公共服务体系，鼓励和支持公民参加健身活动，促进全民健身与全民健康深度融合。

第八章"保障条件"中，从规划设计、建设配置、开放管理等方面，细化了全民健身保障条件，从制度上解决老百姓"健身去哪儿"的难题。

值得一提的是，新修订的体育法明确规定了各级政府、各类组织、机关企事业单位在全民健身中的职责，对各级人民政府，尤其是县级以上人民政府提出许多具体要求。体育部门不再是"孤军作战"，全民健身工作从立法层面不再是体育部门一家的独角戏，而是政府各职能部门协同联动、共同谋划的系统工作。

中新社记者：展望未来，全民健身事业发展还将有哪些新特点、新方向、新生态？

丁东：随着全面建成小康社会，群众在体育健身领域的需求也呈现爆发态势。例如，露营、徒步、自行车等户外运动蓬勃发展，群众对于健身场地设施的需求已经不再局限于简单的健身器材和体育场，而是要多场景多功能。这对解决"健身去哪儿"难题提出更高要求。

全民健身线上运动会参与人数破千万、飞盘联赛登上热搜，在疫情防控常态化形势下，群众体育赛事活动的形式也发生了很大转变，传统的赛事活动形式和项目可能远远无法满足群众需求。

各类全民健身草根组织发展迅猛，跑团、骑行团、各种健身"团"越来越多，在连接群众参与全民健身方面发挥了越来越重要的作用；许多线上健身主播人气飙升，也反映出群众对多种形式科学健身指导的迫切需要。

另外，随着健康中国行动的推进，群众健康理念不断提升，"治未病"的观念越来越深入人心，人们更希望通过运动来促进健康的提升，干预一些慢性病防治工作。

中国如何筑牢防灾减灾的"第一道防线"

🎤 本期策划 ｜ 吴庆才

👤 记者 ｜ 阚枫　董泽宇　盛佳鹏

👤 撰稿 ｜ 阚枫

🕐 播发时间 ｜ 2022 年 10 月 9 日

采访嘉宾　许小峰
中国气象服务协会会长、中国
气象局原副局长

- 全球变暖加剧的背景下，极端天气致灾频率和强度在增加，正成为影响各国经济社会发展的重要变量

- 气象是防灾减灾中的"发令枪"。如今，中国气象部门的暴雨预警准确率达到 89%，强对流天气预警时间提前至 38 分钟，台风路径预报 24 小时误差缩小至 65 公里

扫　码
看访谈视频

> "
> 　　河南郑州 1 天下了接近平常年景 1 年的降雨量；中央气象台连续 41 天发布高温预警；8 月初就进入枯水期的鄱阳湖，创造了 71 年来的最早纪录……这两年，反常天气经常成为热门话题。

　　环顾全球，从 500 年来最严重旱灾席卷欧洲，到造成上千人死亡的巴基斯坦洪灾。全球变暖加剧的背景下，频发的极端天气正成为影响各国经济社会发展的重要变量。

　　有数据显示，1990 年至 2019 年，这 30 年间，全球 91.6% 的重大自然灾害、67.6% 的人员因灾死亡、83.7% 的经济损失和 92.4% 的保险损失，由气象及其衍生灾害引起。

　　"减灾就是增效"。过去十年，在中国推进高质量发展的进程中，这句话既是发展经验，也成了社会共识。

　　2021 年的《中国气候公报》显示，2021 年，中国极端天气气候事件多发强发，气候年景整体偏差，但与近十年平均相比，气象灾害造成的直接经济损失偏少。

　　从更长的时间轴观察，在中国，气象灾害造成的经济损失占 GDP 比例，已经由 2012 年的 0.65% 下降至 2021 年的 0.29%。

　　中国气象服务协会会长、中国气象局原副局长许小峰日前在接受中新社"中国焦点面对面"专访时介绍，这与中国近年来不断提升预报预警和防灾减灾能力有关。一方面，气象的预报预警能力不断强化，气象作为防灾减灾"第一道防线"的能力显著提升；另一方面，国家防灾减灾的应急体系不断得到强化，多部门联动的防灾、减灾、救灾机制不断完善。

许小峰说，在国家防灾减灾体系中，气象既是"瞭望塔"，也是"烽火台"和"发令枪"，气象部门的信息发得早不早、报得准不准、用得好不好，对整个防灾减灾体系运转至关重要。

在打好提前量方面，如今，中国气象部门的暴雨预警准确率达到89%，强对流天气预警时间提前至38分钟，台风路径预报24小时误差缩小至65公里。

在"最后一公里"方面，国家突发事件预警信息发布系统成立了国家、省、市、县四级预警信息发布中心，预警公众覆盖率超过80%，预警发布时效达到3至8分钟。

不过，一个严峻的趋势不得不引起警惕。"极端天气的致灾频率和强度都在增加，而且呈现出反常的特征。"许小峰称，这对新时期气象服务能力和防灾减灾救灾体系的统筹协调都提出了新挑战。

"风云三号"气象卫星成功发射升空。　　　　　　中新社记者 孙自法 摄构建领域更细分、送达更精准的气象灾害监测预警服务体系，完善跨区域、跨部门的应急联动机制，提高城市管理者的科学决策水平，提高公众的气象科学素养……在许小峰看来，这些都是防灾减灾体系必须强化的环节。

今年7月，中国发布《"十四五"国家综合防灾减灾规划》，力争到2035年基本实现自然灾害防治体系和防治能力现代化，灾害发生10小时之内受灾民众基本生活得到有效救助，全国城乡每个村（社区）至少有1名灾害信息员……这份中国国家层面发布的第4个防灾减灾综合性规划，有宏观目标的设定，更明确了诸多具体工作的时间表和任务书。

宁可十防九空，不可失防万一。许小峰说，防灾减灾，既要求技术提升、机制完善，更要求思想意识的警觉和发展理念的革新。

访谈实录

FANGTAN SHILU

中新社记者：今年夏天，我们经历了超长的高温天气，大众感受的"热"跟全球变暖的"暖"之间有什么关系？

许小峰：我们常说的气候变化的确是以变暖为特征，但是这种"暖"跟我们今年感受到的"热"还真不一样。以100年为单位，全球平均气温增高了1.2℃，这种变暖是一个缓慢上升过程，不是每天都能直观感受到，但是会反映在冰川积雪融化、海平面上升等很多方面。

我们感受到的破极值的罕见高温，其实是源于气候变暖背景下的极端天气频次增加的结果。这种极端天气可能表现为极端强降雨，比如去年的郑州暴雨，也可能表现为极端高温少雨，比如说今年我国南方发生的大范围严重干旱。

受降水偏少及持续高温影响，中国长江流域出现罕见旱情，鄱阳湖提前进入低枯水期。

中新社记者 刘占昆 摄

中新社记者： 那么，近年来，天气的致灾频率和强度是不是在增强？这会是未来的常态或者趋势吗？

许小峰： 答案是肯定的，极端天气的致灾频率和强度都在增加，而且呈现出异常特征。比如，去年河南暴雨发生之前，1949 年以来河南曾出现过 5 次全省性的强降雨过程，但去年的暴雨过程，河南累计雨量最大值、小时最大降水量及日雨量都大于上述 5 次过程，均突破极值。

联合国政府间气候变化专门委员会（IPCC）发布的报告中，已经给出一个明确结论，就是在气候变暖背景下，极端天气气候事件的发生频率在增加。我们发布的《中国气候公报》也证实，中国的极端天气频率在增加。比如，世界气象组织今年作出一个预判，高温天气或将成为欧洲夏季的"标配"，气候变化引发的高温频发趋势将至少持续至 2060 年。

这种现象的发生具有很强的不确定性，不是说一年两年就过去了，今年是高温，明年会遇到哪种类型的极端天气尚难确定。所以，极端天气的频发，可能是一个未来较长时间我们要面临的问题，大家要对此投入更大的关注。

中新社记者：去年郑州暴雨，今年南方一些地区发生严重干旱，对这样的极端天气，预报预警的难点在哪里？

许小峰：大家要消除一个误区，天气气候预测不可能做到百分之百的准确。这里的"准"是一个相对的概念，比如，我报明天那个地方要下暴雨，但是暴雨的落区具体到哪里，很难精确预报。

今年年初，我们在会商全年气候特征的时候，长江流域的高温已经被圈出来。但是，今夏高温范围波及整个长江流域，甚至青藏高原的气温也偏高，出现这么大范围的极端高温，就超出了我们的预测能力。

从具体的天气预报来说，我们不要期待提前 24 小时或者 48 小时就能得到一个非常精准的预报，这是做不到的。但是，公众看天气预报一定要注意跟踪，预报是随时在订正的。随着气象技术的提升，我们现在可以通过网络不断向公众更新订正最新的天气预报。最初可能报得不够准确，通过不断跟踪变化、调整订正，会越来越准，越来越接近实际情况。

中新社记者：2021 年《中国气候公报》显示，中国极端天气气候事件多发强发广发并发，但气象灾害损失反而较常年相比有所下降。如何看待气象在防灾减灾领域的作用？

许小峰：是的，2021 年，我们国家的整体气候年景偏差，但与近十年平均相比，气象灾害造成的直接经济损失偏少，这与中国近年来不断提升预报预警和防灾减灾能力有关。

可以从两方面理解。一方面，我国气象基础设施的能力水平显著提升，为气象预报提供了有力的技术支撑，气象作为防灾减灾"第一道防线"的能力获得显著提升。

另一方面，在国家的防灾减灾体系中，气象是"发令枪"，气象预警预报发出之后，应急、水利、自然资源、农业、通信等多部门协调联动，应对气象及其衍生、次生灾害影响，这就是我们国家应急减灾体系的建设，这个体系的发展完善对于防灾减灾起到了关键作用。

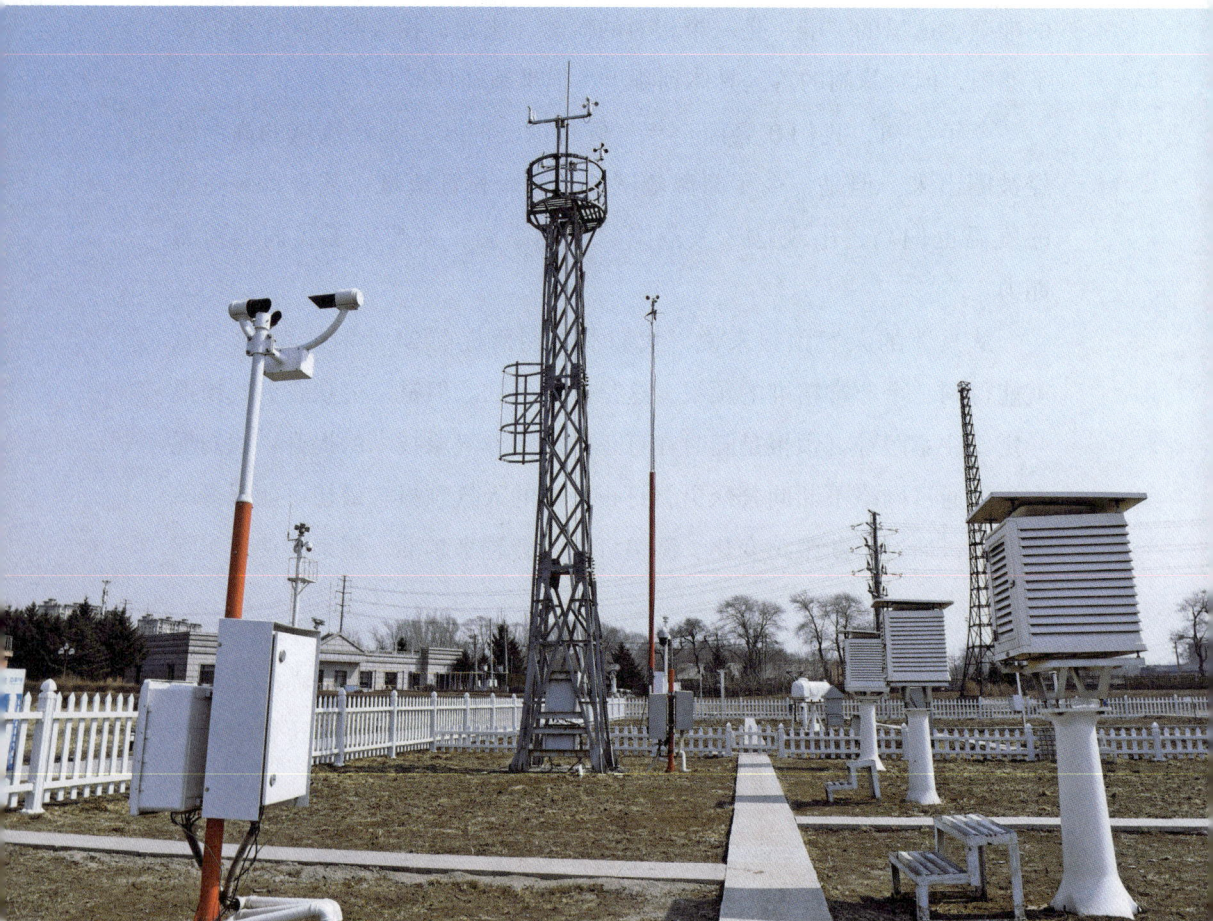

吉林省地面气象观测实现全面自动化。　　　　　中新社记者　张瑶　摄

中新社记者：您提到气象是防灾减灾的"第一道防线"，近 10 年来，这"第一道防线"建设有哪些进步，在世界上处于什么水平？

许小峰：2006 年，国务院曾发布《国务院关于加快气象事业发展的若干意见》。其中提到，到 2020 年，建成结构完善、功能先进的气象现代化体系，使气象整体实力接近同期世界先进水平，若干领域达到世界领先水平。

近 10 年来，我们能看到，在气象中的很多领域，我们不仅达到了世界先进水平，有些地方还领跑全世界。例如，2021 年 7 月，"黎明星"风云三号 E 星成功发射，使我国成为国际上唯一同时拥有上午、下午、晨昏三条轨道气象卫星组网观测能力的国家。

再列举一组数字，截至目前，我国已建成由 7 个大气本底站、25 个气候观象台、超 7 万个地面自动气象观测站、120 个高空气象观测站、236 部新一代天气雷达、7 颗在轨运行风云气象卫星等组成的综合气象观测系统，雷达监测网规模为世界第一，也是世界上少数同时拥有极轨和静止气象卫星的国家之一。如今，我国乡镇地面气象观测站覆盖率达 100%；建成 10930 个国家级地面气象观测站，这个数量是 2012 年的 4.5 倍。

中新社记者：除了显而易见的极端天气，"全球变暖"还会给我们经济社会发展带来哪些风险挑战？

许小峰：很多人认为，气候变化就是一个天气气候的问题，实际上，我们现在更关注气候变化对于人类活动的影响，而不是一种自然变化。

例如，对水源来说，冰雪融化直接导致了一些江河的固态水库在慢慢消失；对于农业来说，气温升高导致一些农作物的病虫害在冬天不会被冻死；对海洋来说，海洋吸收二氧化碳后会有一个酸化的过程，这个酸化对于海洋生态会造成破坏，另外，海平面上升会直接威胁到一些岛国土地面积等等。

气候变化导致的极端天气频发还会有衍生问题。例如，今年夏天的川渝地区的干旱，这里本来是水力发电非常丰富的地区，今夏的罕见高温少雨，猝不及防地导致了华西地区的水力发电紧张，对民众生产生活带来了影响。

所以，千万不要认为气候变化只是一个温度问题，它会对人类生存带来系统性挑战。

中新社记者：气象在应对气候变化，特别是防灾减灾方面，是否也需要增强国际合作？具体有哪些方面需要国际间的协作？

许小峰：从强化气象服务来说，各国间天气气候预报服务一直有良好的国际协作。例如，通过合作建设风云气象卫星海外直收站、加强风云气象卫星数据产品共享等，我国为"一带一路"沿线国家和地区提供风云气象卫星数据服务，目前已覆盖 124 个国家和地区，有 30 个国家注册成为风云气象卫星防灾减灾应急保障机制国际用户，向 42 个国家开通绿色服务通道。

从应对气候变化来说，监测和研究全球气候变化，光靠一个国家的科学家肯定不行，需要国际间共享一些科技成果和信息资料，在共同研究的基础上、在科学上形成共识，为全球决策提供依据。

经纬纵横

GDP 突破百万亿元后，中国经济如何应对"成长的烦恼"

记者｜ 王恩博　刘轩廷　蒋启明

撰稿｜ 王恩博

播发时间｜ 2021 年 2 月 5 日

采访嘉宾　盛来运
国家统计局
副局长

- GDP 调整修订是一种正常的制度化安排，也是一个国际惯例，调整修订 2019 年中国 GDP 数据不是为了做大 2020 年 GDP 增速
- 中国的发展实际上对世界经济是福音。我们的发展会给世界经济带来新的动力，而不是威胁和挑战

■ 对 2021 年中国经济形势要保持一份清醒

> 日前，国家统计局公布了 2020 年中国经济数据。疫情之下，去年全年中国国内生产总值（GDP）增长 2.3%，经济总量跨过 100 万亿元（人民币，下同）大关。这份亮眼成绩单背后还有哪些信息值得关注？2021 年中国经济能否持续稳定复苏？

访谈实录

FANGTAN SHILU

中新社记者：2020 年全年中国经济数据已经出炉，您如何评价这份成绩单？

盛来运：正像你所说，这是一份非常亮丽的成绩单。我的评价是：好于预期、来之不易、世界瞩目。

首先，从反映宏观经济运行的增长、就业、通胀、国际收支等主要指标来看，都是好于预期的。

一季度时，因为新冠疫情冲击，中国 GDP 增长是 –6.8%。数据出来后，各方都很震惊，觉得新冠疫情的冲击非常大。当时一些机构、学者觉得全年能够实现经济增长就很不错了。但实际结果，GDP 全年增长 2.3%，总量 101.6 万亿元，突破百万亿大关。

就业情况好于预期。去年新增就业 1186 万人，（全国城镇）调查失业率全年 12 个月平均为 5.6%，在"6%（左右）"的预期目标之下。

从通胀指标看，走势前高后低，也好于预期。去年初，受生猪等食品价格影响，居民消费价格指数（CPI）最高达到 5.4%，那时大家担忧会不会出现通胀，甚至"滞涨"。但从实际运行结果看，随着生猪价格增速回落，全年居民消费价格指数逐步回落。全年平均是 2.5%，在"3.5%（左右）"的全年预期目标之下。

国际收支指标更是好于预期。多种情况支撑着 2020 年中国出口表现明显好于预期，全年进出口增长 1.9%，由负转正；出口增长 4%。另外还有一个指标我比较看好——FDI（实际使用外资），去年中国 FDI 增长 6.2%，近 1 万亿元。这个数据可以高度关注，因为它说明尽管国际形势变化很大，但国外资本还是非常看好中国经济和中国市场。

第二个关键词是"来之不易"。首先，去年初突如其来的新冠疫情冲击，曾经使中国经济出现 20 天的停摆。这么大的国家停摆 20 天，可以想象对经济冲击有多么大。

第二个大冲击是世界经济深度衰退。尤其上一轮国际金融危机以来，世界经济一直在衰退边缘徘徊，疫情冲击加大了下行压力。在此背景下，世界各国需求锐减，单边主义、保护主义盛行，中国面临的外部挑战加大。

第三个冲击是有的超级大国逆全球化而行，对中国经济各个方面实行全方位打压，包括经济贸易限制，甚至不惜用国家力量来打压中国科技企业发展。

这三重巨大冲击都可以说是前所未有，而且三重冲击相互叠加，相互影响。面对这么巨大的冲击，党中央保持定力、果断决策，科学统筹疫情防控和经济社会发展，加快推进复工复产。尤其一季度后及时出台"六保"政策，而且加大宏观经济政策对冲力度，推动了国民经济持续稳定恢复。回顾过去一年走过的历程，是非常不容易的。来之不易，成之惟艰。

第三个关键词是"世界瞩目"。在全球经济总量 1 万亿美元以上的主要经济体中，初步判断，中国可能是唯一实现正增长的国家。所以说这份成绩单"世界瞩目"，是毫不夸张的。

中新社记者：您提到去年中国经济面临了三重严重冲击，中国之所以能够抵抗住这些冲击，成功实现"重启"，这种韧性来自哪里？

盛来运：回顾过去一年的国民经济表现，它确实展示了中国经济强大的抗冲击能力，强大的自我修复能力和强大的韧性、弹性。

首先，经济稳定恢复的韧性来自于改革开放 40 多年所积累的坚实物质基础和生产能力。从工业生产看，中国是全世界唯一拥有联合国产业分类中全部工业门类的国家，产业体系完整，配套能力较强，所以在疫情冲击下口罩等防疫物资生产很快能够有效组织起来，形成生产能力，满足国内外抗疫需要。

第二方面，韧性来自于国内超大规模的市场以及方兴未艾的消费升级趋势。一方面是强大的市场规模优势，另一方面有消费升级的趋势，（中国民众）边际消费倾向是递增的，消费能力在一定积累以后处在一种释放期。所以我们面对冲击，有市场需求，生产也在恢复，就能够从需求端来支撑经济稳定复苏。

第三方面，韧性来自于结构性改革和转型升级所塑造的新竞争优势。中国经济之所以能够顶住三大冲击，与党的十八大以来各地区各部门坚决贯彻落实新发展理念，推动结构性改革和转型升级，增强经济抗冲击能力，塑造竞争新优势是分不开的。

第四方面，韧性也来自中国特色社会主义的制度优势和党中央的精准调控。在抗疫斗争和复工复产中，我们充分感受到社会主义集中力量办大事，对资源的动员能力以及配置能力。我们在管理经济的同时不断完善宏观调控。中国最近几年在宏观调控方面积累了丰富经验。我们不仅强调逆周期调节，还强调精准调控，充分发挥市场无形的手和政府有形的手这两只手来配置资源，提高经济运行效率。

北京市民逛街购物。　　　　　　　　　　　　　　　　中新社记者 盛佳鹏 摄

中新社记者： 中国经济成功复苏给全世界带来了什么？

盛来运： 首先，中国经济率先复工复产，而且实现稳定复苏，增强了全世界各国人民抗疫斗争的信心、推动本国经济复苏的信心。中国在这两方面都积累了一些经验，给世界人民在疫情防控常态化下复工复产、推动经济复苏，提供了中国经验。

第二，中国经济率先复苏、稳定复苏，对世界经济发展、抗疫斗争作出了巨大贡献。中国从去年二季度开始就大量地向各个国家出口抗疫物资，满足国内需求的同时满足世界各国人民需要。据中国海关数据，去年中国口罩出口2242亿只。如果把中国人口排除在外，大致相当于全世界其他国家人民每人40只。

另外，中国对延缓、降低世界经济衰退以及一些其他国家经济下

降，起到了重要带动作用。尤其是中国的进口对有些国家经济起到了很重要的稳定作用。2020年，中国对东盟进口首次超过3000亿美元，达到3009亿美元，比2019年增加180亿美元。这在一定程度上说明，中国的需求拉动了其出口，有助于其经济稳定恢复。

所以从这两个层面上讲，中国的发展实际上对世界经济是福音。我们的发展会给世界经济带来新的动力，而不是威胁和挑战。

中新社记者：对于2021年中国经济形势目前各方都比较乐观，一些市场机构预计今年中国经济增速可能接近两位数。您如何看待这一判断？我们常说中国经济增长要保持在"合理区间"，对今年的中国经济来说，什么样的增长才算"合理"？

盛来运：最近，联合国、世界银行、国际货币基金组织等国际组织纷纷发表预测报告，对2021年中国经济发展给予了积极评价，而且给予了非常乐观的预测值。这充分展示了这些机构对中国经济稳定发展的信心。他们之所以给予（中国经济）积极评价，原因主要体现在四个方面。

一是因为中国经济复苏态势向好。比如去年四季度中国GDP（同比）增长6.5%，规模以上工业增加值（同比）增长7.1%，这都比2019年四季度同期水平高。现在有一种观点觉得中国经济从四季度情况来看基本恢复了常态，所以他们对这种趋势是看好的，觉得2021年会延续这种发展态势。

第二个理由是中国疫情防控有力有效，一定程度上支持了消费和服务业发展。尽管目前疫情没有完全消除，存在散点多发状态，但各方普遍认为今年疫情影响肯定要明显低于上年。这种情况下，中国又有抗击疫情的经验，所以对相关行业，尤其是一些接触性服务业会是一个利好。

第三方面原因是现在国际形势也在好转。几大国际机构给出的世界经济发展预测普遍认为2021年会反弹4%以上，联合国预计会反弹5%以上。他们对全球经济在低基数基础上的复苏都给出了积极判断。世界经济在复苏，尤其一些国家的刺激政策不会很快退出，一定程度上对中国外部需求也构成积极支撑。

还有一个重要原因是，大家之所以预计数据比较高是因为基数效应。去年一季度中国经济增速是 –6.8%，有一个"大坑"。基数较低会明显抬高同比增速。

但我要强调一点，我们不能过分乐观，还要保持一份清醒。这些原因影响的程度还需要认真分析，一些因素的影响机制机理还需要给予准确判断。比如疫情，现在处于散点多发状态，我们有控制疫情的经验，但它的影响还是存在的。

国际环境也要仔细分析。2021 年世界经济可能会明显好于 2020 年，但疫情毕竟还在全球范围内蔓延。大家对疫苗抱有很大期待，但疫苗的供给能力、质量如何，能否满足全世界人民需要，能否均匀分配，都是值得观察的问题。

基数问题也不能高估。有些机构预计 2021 年一季度中国经济增速将超过 18% 甚至达到 20%，因为他们认为（去年和今年）两年平均增速应该跟潜在生产率差不多。实际上这种简单的测算不是很科学，因为有些经济总量损失是补不回来的。所以（预测）还是要建立在准确、客观的统计基础之上。

中新社记者：中央经济工作会议提出，疫情变化和外部环境存在诸多不确定性，中国经济恢复基础尚不牢固。您觉得今年中国经济运行中最需要关注的风险点是什么？应该如何应对由此带来的不确定性？

盛来运：除了疫情和国际环境变化的不确定性外，还有两个问题或风险点值得关注。

一是实体经济的困难还没有根本改观。虽然中国实体经济顶住了冲击，但毕竟受到一些影响，尤其一些中小微企业生产经营还比较困难。从去年全年数据以及近期一些指标看，实体经济无论在生产经营、债务问题，还是利润情况方面，仍然存在一些需要关注的问题。

比如，实体经济企业应收账款增加问题需要关注。去年 12 月末，规模以上工业企业应收账款（同比）增长 15.1%，连续 8 个月保持两位数增长，说明资金压力较大。而且实体经济反映的融资难、融资贵问题仍然突出，没有根本解决。另外原材料价格上涨增加了企业生产成本，挤压企业利润，尤其是一些小微企业。

还有一点，有效需求不足的问题依然存在，虽然经济复苏同时有所缓解，但没有根本缓解。从 2020 年情况看，无论从投资层面还是消费层面都存在一些短板弱项。投资方面，制造业投资仍然呈负增长。去年全年整体投资增长 2.9%，但制造业投资增长是 −2.2%。民间投资增速还比较低，全年民间投资增速只有 1.0%，比平均投资增速低 1.9 个百分点。从消费领域来讲，全年社会消费品零售总额增速为 −3.9%，是主要宏观指标中唯一一个没有转正的。

综合这几方面，虽然中国经济在稳定复苏，但复苏基础还不牢固。2021 年还需要继续夯实经济复苏基础，尤其要认真贯彻落实中央经济工作会议精神和八大重点任务部署。

一方面，要坚持稳中求进工作总基调，保持政策连续性、稳定性。政策不要"急拐弯"，要加大企业纾困力度，夯实稳定发展基础。另一方面，要在"稳"的基础上"进"，推动拓展经济动力，主动对接"十四五"规划要求，按照推动经济高质量发展，构建新发展格局的要求，壮大经济创新动力，深化供给侧结构性改革，加强需求侧管理，扩大改革开放。在夯实稳定发展的基础之上，增强经济稳定复苏动力，为构建新发展格局开好局、起好步。

中新社记者： 2020 年中国经济的一大亮点是 GDP 总量首次突破 100 万亿元大关，此前中国人均 GDP 也达到了 1 万美元。有评价说这意味着中国经济已经"长大了"，那么"长大"以后的中国应该怎么发展？

在此过程中是否也有一些"成长的烦恼"？

盛来运：中国经济现在正在长大，而且在加快成长。2000年中国GDP总量是10万亿元，2010年达到40万亿元，2012年突破50万亿元，去年突破百万亿元大关，上了一个新的大台阶。除了经济总量，中国很多产品和基础设施总量在全世界都名列前茅。这跟中国人口基数大有一定关系，但总量体现了一个国家的综合实力。

成长是值得高兴的事，但确实也伴随着"成长的烦恼"。从国外情况看，主要是国际环境在变化，国外看待中国经济成长的心态在变化。中国经济总量在扩大，占世界经济的比重也在提升。2000年中国经济总量占世界的比重是3.6%，2019年已经超过16%，2020年初步估算在17%左右，进一步提高。伴随中国经济在世界的地位提升，其影响力也在扩大。在世界变局的情况下，怎样看待中国经济崛起，各国有不同价值观和角度，但明显能感觉到，一些超级大国的焦虑感、危机感在上升，心态很复杂。

与此同时，世界经济也受多方面因素影响。2020年大幅衰退之前，世界经济就持续处在缓慢增长状态，全球化遭遇挑战，逆全球化思潮抬头，单边主义盛行。这种格局下，中国经济面对的环境越来越复杂，外部环境、风险挑战增加。

从内部来讲，中国经济正处在结构调整攻坚期、转型升级关键期、社会矛盾凸显期。中国GDP总量突破100万亿元，人均GDP超过1万美元，现在已进入结构调整和转型升级阶段。根据国际经验，这个阶段一般会伴随着社会矛盾突发、收入分配差距扩大，面临中等收入陷阱挑战。由于中国经济长期以来的结构性问题没有根本解决，不平衡、不充分发展的矛盾还比较突出，周期性、结构性矛盾相互交织，给转型升级和高质量发展带来很大挑战。

中国面临的内外挑战还很大，但这些问题都是"成长的烦恼"，有些是到了这个发展阶段后面临的新问题、新挑战。中国经济"长大"了，大家对你的期许就增加了，应该承担更大责任。"长大"以后，希望（中国经济）不光实现规模性扩张，还要内外兼修，发展品质、可持续性都要提升，所以这种烦恼也是一种"快乐的烦恼"。

对于怎样应对发展过程中的烦恼，中共十九届五中全会给予了充分布局，提出要立足新发展阶段，贯彻新发展理念，构建新发展格局。这是一个总体的、系统的战略谋划，是指引中国经济未来高质量发展的必由之路，也是应对和解决"成长烦恼"的根本举措。

中新社记者： 日前，国家统计局公布了经最终核实的 2019 年 GDP 数据，GDP 总量比初步核算数有所减少。有网友提出疑问：降低 2019 年数据是不是为了 2020 年增长数字更好看。您能否解答这个问题？同时请您简单介绍一下，中国的 GDP 数据是怎么计算的？

盛来运： 前不久我们发布了 2019 年中国 GDP 最终核实数，比 2020 年初发布的快报数少了 4350 亿元，增速下降 0.1 个百分点。但调整修订是一种正常的制度化安排，不像有些网友调侃的那样，是为了做大 2020 年 GDP 增速。此次修订只将 2019 年 GDP 总量下修了 4350 亿元，这对以百万亿计的 GDP 总量增速几乎没有影响。

之所以说它是一种制度性安排，是因为国家统计局的核算制度已在网上公开，其中规定中国 GDP 核算要经过两个阶段。第一阶段在年初，如 2020 年初发布的是 2019 年的快报数，当年底我们会发布上年 GDP 最终核实数。GDP 修订也是一个国际惯例，如美国修订更加频繁，一年要修订 4 次；日本是 3 次。

第二阶段 GDP 核实数据之所以有必要，是因为掌握了更多核算所需要的基础数据。所以最终的核实数据更准确、更客观，因为其占有的资料更全面。对 GDP 数据进行一次最终核实，秉承的是实事求是的精神。

18

应对疫情，中国经济如何顶住压力

本期策划 ｜ 魏晞

记者 ｜ 王恩博　迟瀚宇

撰稿 ｜ 王恩博

播发时间 ｜ 2022 年 5 月 12 日

采访嘉宾　盛来运
国家统计局
副局长

- 中国经济尽管增速有所放缓，但高质量发展方向未变，可以说是"形有波动、势仍向好"
- 从政策支撑看，中国政府赤字率低、债务总体可控，政策工具箱里的工具多，当前宏观政策力度不断加大，增量政策工具正在抓紧谋划，稳增长政策有望进一步显效发力

■ 疫情冲击中国部分地区经济有望逐步减弱，前期因疫情压抑的经济活动也将不断释放，经济有望迎来复苏拐点

"

面对国际环境更趋复杂严峻和国内疫情频发带来的多重考验，一季度中国经济增长4.8%，开局总体平稳。但随着一些突发因素超出预期，新的下行压力加大。近期疫情反复对中国经济影响几何？预期转弱局面能否扭转？宏观政策将如何发力？

扫　码
看访谈视频

访谈实录

FANGTAN SHILU

中新社记者：今年以来，中国内外环境复杂多变、挑战增多，经济运行一波三折。您如何评价今年一季度平稳开局？如何看待近两个月经济表现出的下行压力？

盛来运：今年以来，中国经济发展环境确实发生很多超预期变化，其复杂性、严峻性、不确定性上升，稳增长、稳就业、稳物价面临新的挑战。面对百年变局和世纪疫情相互叠加的复杂局面以及众多困难挑战，在以习近平同志为核心的党中央坚强领导下，各地区各部门有力统筹疫情防控和经济社会发展，中国经济顶住了压力，实现平稳开局。

从四大宏观指标来看，一季度，中国国内生产总值（GDP）同比增长4.8%，城镇调查失业率均值为5.5%，居民消费价格同比上涨1.1%，

进出口平衡有余，外汇储备余额保持在 3.2 万亿美元左右，经济运行总体处于合理区间。放眼全球，中国一季度成绩单也是相当好的。4.8% 的经济增长率位居主要经济体前列，而物价涨幅处在较低水平。在经济下行压力加大、疫情冲击超预期影响情况下，中国经济迎难而上实现平稳开局，非常不容易。

3 月份受疫情冲击超预期影响，主要经济指标明显下滑，4 月份采购经理指数（PMI）等先行指数持续转弱，显示经济下行压力进一步加大。对此要全面地看、辩证地看，既要看到短期波动的"形"，更要看到长期发展的"势"。从短期看，部分指标回落较多，主要是疫情外部冲击结果。但从大局看，中国经济稳定发展、长期向好的基本面没有改变，尤其是结构调整转型升级和高质量发展的大势未变。3 月份，规模以上高技术制造业增加值同比增长 13.8%，信息传输、软件和信息技术服务业生产指数增长 12.8%，一季度单位 GDP 能耗下降 2.3%，经济新动能仍在较快成长。这说明尽管经济增速有所放缓，但高质量发展方向未变，可以说是"形有波动、势仍向好"。

中新社记者： 近期国内疫情反复，特别是集中在经济比较发达的长三角等区域。如何评估本轮疫情对经济的影响？

盛来运： 从 3 月份全国和部分地区一些指标数据看，本轮疫情确实对中国经济带来了巨大冲击。从全国看，3 月份，社会消费品零售总额、服务业生产指数由增转降，同比分别下降 3.5%、0.9%；生产物流受阻，全社会货运量下降 2.2%，快递业务量下降 3.1%；就业压力加大，全国城镇调查失业率升至 5.8%。部分地区经济受疫情冲击明显。3 月份，受疫情影响较重的上海、吉林规模以上工业增加值同比分别下降 10.9%、36.7%，限额以上单位消费品零售额分别下降 18.2%、69.9%。

尽管疫情对部分地区生产生活带来较大影响，但总体上看，这些影响是阶段性的、短期的、外在的。随着高效统筹疫情防控和经济社会发展政策效应逐步显现，疫情冲击有望逐步减弱，前期因疫情压抑的经济活动也将不断释放，经济有望迎来复苏拐点。从 5 月份情况看，吉林、上海等地疫情已经得到有效控制，复工复产有序推进，发用电量等一些先行指标已出现积极变化。

从全年看，尽管可能还会面临不少困难和挑战，但中国经济稳中向好、长期向好的基本面没有改变，韧性强、潜力大、回旋空间广的基本特点没有改变，稳定宏观经济大盘、实现发展预期目标的有利条件较多。

安徽省农机手操作机械设备收割小麦。　　　　中新社记者 韩苏原 摄

从供给支撑看，中国社会生产力水平不断提升，粮食总产量连续 7 年稳定在 1.3 万亿斤以上，制造业增加值连续 12 年居世界第一位，拥有世界上规模最大、门类最全、配套最完备的产业体系，产业链供应链韧性较强。从需求支撑看，中国有 14.1 亿人口，有全球最具成长性的国内市场，解决温饱实现小康后，消费升级呈加快趋势，超大规模市场优势明显。2021 年，内需对中国经济增长贡献率为 79.1%。无论国际风云如何变幻，广阔的国内市场都是我们应对各种风险挑战的有力保障。从政策支撑看，中国政府赤字率低、债务总体可控，政策工具箱里的工具多，当前宏观政策力度不断加大，增量政策工具正在抓紧谋划，稳增长政策有望进一步显效发力。

中新社记者：不久前发布的 4 月中国制造业 PMI、非制造业商务活动指数双双创下 2020 年 3 月以来新低，市场主体预期进一步转弱。怎样扭转这一局面？

盛来运：市场预期走弱是内外因素交织叠加、长短期因素共同影响的结果，归根结底源于经济运行中不稳定不确定因素较多，企业对投资前景看不准。

从外部因素看，世界经济转向高通胀、高利率、高债务、高成本、低增长为特征的类"滞胀"高风险模式，不稳定不确定因素增多；非传统安全问题较为突出，"黑天鹅""灰犀牛"事件发生概率大大增加。同时，乌克兰危机等地缘政治事件多发，公共卫生事件频发，主要经济体政策转向步伐加快，对全球经济运行和资本流动造成较大外溢影响。这些长期问题和短期冲击相叠加，增加了全社会的不安全感，也对市场信心造成了明显冲击。

从内部因素看，中国经济转型阵痛仍在延续，新旧动能处于转换接续之中，产业自主创新能力不足，传统行业传统模式企业经营面临挑战；加之受疫情冲击，市场需求不足，生产物流不畅，产业链供应链堵点卡点增多，企业生产成本明显上升，生产连续性、稳定性难以得到充分保障，中下游行业和小微企业生产经营困难进一步增加。

我们常说"信心比黄金更重要"，可见预期管理的重要性。稳预期要多管齐下、长短结合、对症下药、久久为功，特别是要"固根本、稳政策、纾困难、激活力"。

"固根本"就是要着力稳定宏观经济大盘，如果经济持续存在较大下行压力，市场预期就很难好转，因此首先要加大宏观调控力度，抓紧谋划增量政策工具，扎实稳住经济，努力实现全年经济社会发展主要预期目标。

"稳政策"就是要保持政策连续性、稳定性，越是在困难时期越要保持定力，凡是看得准的、有益于长期发展的方针政策都要牢牢坚持，向市场传递清晰稳定的政策信号，这有助于市场主体早谋划、早决策、早行动。

"纾困难"就是要加大针对困难市场主体、困难群体的帮扶力度，早出台、早实施一揽子纾困举措，帮助他们渡过难关。

"激活力"就是要坚定不移坚持"两个毫不动摇"，坚定不移推进改革创新，用确定性的改革举措应对不确定性的风险挑战，纵深推进"放管服"改革，为企业营造更好发展环境，让企业享受到更多改革红利。

中新社记者：疫情对中小微企业发展带来较大冲击。请问中小微企业发展现状如何？如何促进中小微企业发展？

盛来运：我讲三点看法。

第一，中小微企业在中国经济发展中扮演重要角色。最近国家统计局利用近十年数据对中小微企业发展与地区经济增长的关系进行了研究，初步测算结果显示，中小微工业企业发展状况与地区经济增长具有高度相关性，两者相关系数达到 0.83；也就是说，经济增长越快的地区，中小微工业企业发展态势也越好，反之亦然。

第二，中小微企业在疫情冲击影响下发展困难明显增多。近两年在疫情冲击影响下，原材料价格明显上涨，企业生产成本普遍上升，企业生产和销售秩序受到冲击，市场需求难以充分释放。在生产端和需求端双向挤压下，企业生产经营困难增多，尤其是资产规模较小、抗风险能力较弱的小微企业生产经营困难更大。4月份，小型企业PMI为45.6%，连续12个月位于收缩区间。

第三，必须更加重视中小微企业稳定发展。对中小微企业面临的突出问题，必须予以高度重视，下更大力气维护中小微企业生存发展。首先要坚定不移坚持"两个毫不动摇"，中小微企业大多是民营企业，我们必须毫不动摇鼓励、支持、引导非公有制经济发展，依法平等保护国有、民营、外资等各种所有制企业产权和自主经营权，打造市场化、法治化、国际化营商环境。与此同时，要加大对受疫情冲击严重的中小微企业和个体工商户的纾困帮扶力度，细化实化已出台的退税减税降费、物流保通保畅、推动企业复工复产等已有政策，确保各项纾困措施直达基层、直达实体经济。

中新社记者： 下一步中国宏观政策应如何发力？在稳就业、稳物价、稳市场主体等方面，将采取哪些措施？

盛来运： 前不久召开的中共中央政治局会议全面分析研究了当前经济形势，对做好下阶段经济工作作出了全面部署，现在关键是抓好落实、取得实效，多措并举把疫情影响降到最低，确保经济运行保持在合理区间。有几点我认为非常重要：

一是毫不动摇坚持"动态清零"总方针。当前疫情防控工作正处于"逆水行舟、不进则退"的关键时期和吃劲阶段，要深刻、完整、全面认识党中央确定的疫情防控方针政策，深刻认识抗疫斗争的复杂性和艰巨性，始终保持清醒头脑，毫不动摇坚持"动态清零"总方针，全面做好"外防输入、内防反弹"，坚决筑牢疫情防控屏障，坚决巩固住来之不易的疫情防控成果。

二是加大稳增长政策力度。要发挥有效投资的关键作用，稳定经济增长、稳住宏观经济大盘。从历史经验看，扩大基础设施投资是应对短期经济困难最管用的快招。从中国现实情况看，基础设施投资还有十分广阔空间，中国人均基础设施存量仅相当于发达国家的二到三成，人均铁路营业里程不足美国的 30%；在新基建和民生发展设施领域更是大有可为。

三是切实稳住市场主体。增值税留抵退税政策是今年助企纾困的"重头戏"，近期国家统计局对此组织开展了企业快速调查，调查结果显示：获得增量留抵退税的企业中，九成企业认为政策对企业现金流有改善，九成以上企业对留抵退税政策基本满意或满意；获得存量留抵退税的小微企业中，84.5% 的企业认为政策对企业现金流有改善。可见，增值税留抵退税政策确实起到了"放水养鱼"的积极作用。企业欢迎这样的政策。

四是大力稳就业保民生。受疫情冲击影响，阶段性失业、摩擦性失业的现象有所增多，总量失业和结构性失业压力上升，对此要落实落细援企稳岗政策，做好重点群体和就业困难人员的帮扶救助，尽量减轻疫情对就业的冲击。

五是着力做好市场保供稳价。保供稳价对于保持经济社会大局稳定、统筹发展和安全至关重要，必须高度关注、全力做好粮食、能源等关键领域保供稳价工作。

19

中欧投资协定要来了，中国与世界保持"挂钩"为何如此重要

记者 | 庞无忌 刘轩廷 韩海丹
撰稿 | 庞无忌
播发时间 | 2021 年 1 月 25 日

采访嘉宾 伍德克
中国欧盟商会主席

- 未来 10 年，中国经济增长将持续占到全球增长的 30%

- 中国出现了很多优秀的企业。我认为，最重要的是（搞清楚）中国为什么以这么快的速度变得这么好。坦率地说，欧洲需要走出自满，尝试向中国学习

- 过去几年，中国在营商环境方面已经有很多进步。如果中国赢了，我们也赢了

扫 码
看访谈视频

> 历时 7 年之久的中欧投资协定谈判终于在 2020 年 12 月 30 日宣告完成，也是在 2020 年，一个重要的变化悄然发生——前十个月中国首次超过美国，跃升为欧盟第一大贸易伙伴。中欧投资协定为何如此重要？未来中国和欧盟的合作和竞争前景会发生什么样的变化？

访谈实录

FANGTAN SHILU

中新社记者：中欧投资协定谈判在 2020 年底如期完成。您如何看待这一协定的意义和价值？

伍德克：这个协定花了 7 年时间才谈妥，期间我一度认为，协定可能谈不成了，但到了去年夏天，它又恢复了活力，而且幸运的是，协定在 2020 年 12 月份达成了。

我认为，它有两方面意义：首先，中欧投资协定谈判完成是一个象征，说明欧洲和中国可以一起把事情办成，我们可以达成一项对双方都有利的协议，这是非常好的。

第二，它确实为欧洲公司（进入中国）开放了更多的市场，也就是说它在中国内部创造了更多的良性竞争，这对中国经济也是有好处的。同时，它也为中国企业进入欧洲市场打开通道。对我来说，这个谈判的达成，真的是中欧双方经过长期艰苦努力后形成的"双赢"。

中新社记者：疫情发生以来，中国迅速恢复经济让不少欧盟企业受益。据您了解，目前欧企对进一步加大对华投资持何种态度？在投资决策过程中，欧企最看重中国市场哪些方面？

伍德克：新冠肺炎大流行不是件好事，但它确实引起了一些讨论，比如：我们是否应该把更多的资金分散开来？我们是否应该在其他国家做更多事？

中国欧盟商会有 1700 多个会员，覆盖中国的 9 个城市。在 10 年前，我们做过一个调查，问会员企业"是否考虑离开中国？"当时，20% 的受访者有这个想法。我们在 2020 年 2 月份又问了这个问题，那时正是中国疫情形势比较严峻的时候，（这一次）只有 10% 的受访者说考虑离开。

2020 年 11 月 6 日，在上海召开的第三届中国国际进口博览会举行中欧企业家大会。　　　　　　　　　　　　　　　中新社记者 韩海丹 摄

中国经济（每年）贡献全球增长的 30%，所以对企业来说，待在这里，参与这个市场非常重要。未来几年，欧洲公司都会继续深耕中国市场，这一点不会改变。

中国的制造业一直是强大的，包括汽车、化工、机械、建筑等行业（走在世界前列）。不过，中国在服务业方面有点落后。我希望中欧投资协定能够为保险、本地运输、建筑、医疗以及银行等行业投资更多地打开市场。

中新社记者：随着中欧（经贸）相互依存度加深，双方竞争性也逐渐加强。今后欧盟企业在中国的发展是否因此需要转型？

伍德克：中国希望更加开放的这一事实，说明中国对引入竞争的渴望。竞争和需求才能推动研发和创新。你不能只是把钱扔到实验室，希望畅销的好产品凭空出现，（这一创新过程）必须建立在有人想买这个产品的基础上。这就是中国所扮演的角色，所以（创新）是一个关于需求的故事，只有需求才能带来这样的变化。

以德国汽车为例，高端的汽车，比如说奔驰 S 系、宝马 7 系或 8 系，在德国购买者大多平均年龄 50 多岁，而这些产品的中国消费者平均年龄是 35 岁。这个需求的故事，在中国是由设备和信息技术驱动的。所以这不仅有利于欧洲公司为中国市场开发汽车，也（有利于）为全球市场开发产品。这就是为什么中国不与世界脱钩、继续向世界其他地区保持开放如此重要的原因。

14 日，中国欧盟商会推出一个关于"脱钩"的报告，说明脱钩的危害，比如它会让经济变得七零八落、抬高价格，让问题变得更加复杂，所以我们希望把声音传递给中国和欧盟政府，我们真正希望看到的是"挂钩"。

中新社记者：同为历史悠久、文化灿烂的文明，中国与欧洲能提炼出哪些共同价值？您认为中欧文化乃至文明进一步融合需要克服哪些障碍，能取得怎样的前景？

伍德克： 我觉得欧洲和中国的相似之处是对各方面历史遗产的热爱，我希望这种热爱是不带民族主义寓意的，比如"我的遗产比你的好"这种想法。我认为这是基于数百年文化积淀而衍生出来的审美（共同点）。中国购买的全球奢侈品 50% 来自欧洲，如果没有中国，法国、意大利等国就不会生产这些美丽的东西。

2019 年 1 月，第五届中国—欧盟文化艺术节的一场演出结束后，担任钢琴协奏的荷兰钢琴家拉尔夫·范·拉特与京剧青衣演员炼雯晴携手谢幕。

中新社记者 德永健 摄

我们（也应该）意识到，他们背后有着非常不同的政治制度、经济制度。我们必须承认这一点，你可以过你的生活，我可以过我的生活，但不要试图去干涉对方。我们看到现在有越来越多来自各方面的干涉，例如试图纠正一个人的思想或者行为，我们把这种干涉叫做商业的政治化。但我们不希望被政治化，我们希望关注的是消费者、我们希望建立供应链，这就是我们需要面对的挑战。

但总的来说，我认为中国和欧洲的共同点是多于对立面的。

中新社记者：中德两国在制造业领域合作尤其密切。当前中国正在加快弥补产业链供应链短板，这将给德国企业带来哪些机遇？双方可以从哪些方面入手开展合作？

伍德克：中国和德国已经有很多合作了，比如汽车产业，主要是由几个在上海和长春等地布局的德国企业推动的。（中德合作）发展出一个十分兴旺的汽车产业，而且它已经成为全球最大的汽车产业。

2020年12月14日，8家意向落地浙江绍兴的德国企业在线上和绍兴越城区、滨海新区签署意向协议书。

中新社记者　王刚　摄

　　从正在进行的技术合作上看，对中国来说，德国是一个完美的合作伙伴，而对德国来说，中国则是世界工厂，有能力制造生产各种机器和化学品。

　　不过两者的合作关系正在发生变化。对德国企业来说，中国已经在很多方面成为全球竞争者，因此，两国不再是那种传授技术的关系，而是寻找一个共存的方式，真正达成合作、共同面对挑战。例如，针对气候变化，我们应该真正拿出解决方案。

　　中新社记者：您对未来中国市场的愿景或者说期待是怎样的？

　　伍德克：如果看人均 GDP，你会发现，实际上，中国经济增长轨迹跟日本、韩国差不多。中国其实才处于起步阶段，因为改革开放才 40 多年，所以还有很长的路要走。

　　根据我的估计，未来 10 年，中国经济增长将持续占到全球增长的 30%。这相当于 OECD（经济合作与发展组织）成员国产出的总和。在我所从事的化学品领域，中国在全球的占比达到 60%。如一句美国俗语所说："如果你不在餐桌上，你会在菜单上。"所以，（欧洲企业）必须在这里（在中国），才能参与进来。这就是为什么我们真的需要中国继续开放、保持开放，这样才能让欧洲参与中国的发展机会，成为中国的平等伙伴。

　　中新社记者：您 1982 年就来到中国，是对华合作经验丰富的企业家，也是中国经济发展过程的见证者和亲历者。您如何评价中国改革开放几十年来的成果？其中令您印象最深刻的变化是什么？

　　伍德克：1982 年，我是个年轻的学生，坐着火车从德国穿越苏联来到中国。过去 40 多年中国的发展，让我感到难以想象。我还记得 1993 年在上海的时候，我曾看到浦东的规划。我想上海市政府肯定是疯了，这怎么建得出来？几年后，很显然它已经成为现实。我在中国这么多年，学到的一件事是，千万别低估中国快速解决问题的能力。

我记得，我刚来到中国的时候，这里（很少）有电话。但现在中国发生了革命性的变化，电话、金融科技，所有的东西……然后是人的变化。我刚来这里的时候，人们要么穿蓝西装，要么穿绿西装。女士则结婚的留短发，未婚的就编辫子，但现在上海已经是世界时尚之都。我很幸运能够坐在"第一排"，近距离观看中国经济复兴的故事。

我不知道我会在这里待多久，但是希望我感染了我的孩子们，所以他们能见证（中国经济）的下一个阶段。

中新社记者：您认为对外企来说，在中国做生意，现在和十几年前相比有什么不同？您是怎么看待这种变化，又是如何适应的？

伍德克：最主要的区别是竞争。中国企业真的变得非常成熟，（外企）想要赚钱没那么容易了。过去是中国企业做下游，欧洲企业做上游，但现在不再是这样了，而且这种变化并不仅仅发生在中国市场内。

中国已经是一个全球玩家，出现了很多优秀的企业。我认为最重要的是（搞清楚）他们为什么以这么快的速度，变得这么好。坦率地说，欧洲需要走出自满，尝试向中国学习。

欧洲与中国的关系，从单向的想法提供者变成双向的，既向中国学习，又努力提供解决方案，同时又把一些思路和想法带给中国。

中新社记者：近年来，中国一直在努力改善营商环境，您如何评价中国改善营商环境的成效？未来应在哪些方面继续改进？

伍德克：如果你搜索世界银行数据库，可以看到过去几年中国在营商环境方面已经有很多进步。但鉴于中国经济的重要性，中国在营商环境方面还有很大的提高空间。欧盟商会每年都会发布欧盟在华企业建议书，从欧洲企业角度为中国经济和营商环境的发展建言献策，（建议书）有实实在在的 400 页、900 条建议。因为如果中国赢了，我们也赢了。

我认为，在决策过程中，中国还有很多提升空间，同时透明度也应该继续提升。当然，其中部分问题已经通过中欧投资协定得以解决，这个协定并不完美，但至少向前迈出了一步。

中新社记者：如果对投资中国的欧洲企业给出 2021 年的投资建议，您会说什么？

伍德克：今年我觉得会是很好的一年。因为我们从 2020 年（的低谷）走过来，今年的经济运行非常好，今年中国可能会有 8% 的增长。而且 2021 年是一个五年计划的开始，通常情况下都是不错的。

欧洲企业应该注意，留在中国市场的同时，还要注意市场信号，不仅要看到客户行为的变化，而且要看到中国企业在世界其他地方做什么，从而更早地获得市场风向。

总的来说，欧洲企业不能回避中国。即使有时候非常困难，你也必须留在这里，因为这至少意味着你有参与这个市场的机会。我们商会所做的，就是试图为那些其实还没有参与其中的人打开市场。

人民币一年对美元升值10%，
对经济利空还是利好

本期策划 ｜ 魏晞

记者 ｜ 夏宾 单璐 贾天勇

撰稿 ｜ 夏宾

播发时间 ｜ 2021 年 7 月 19 日

采访嘉宾 管涛
中银证券全球首席
经济学家

■ 人民币越来越具有成熟货币的特性是非线性地随机游走

■ 从实践来看，有管理的浮动汇率制度是适合中国国情的一种安排。
最突出的表现就是我们从 1994 年确立现行的汇率制度以来，经受
了各种极端事件的冲击

扫 码
看访谈视频

> 2021 年以来，人民币对美元汇率双向波动明显，经历了下跌，也出现过快速上涨。近期，央行等部门机构对人民币汇率的密集表态引发外界关注。
>
> 从去年 6 月份到现在，人民币对美元升值了 10% 左右，这对经济是利空还是利好？

访谈实录

FANGTAN SHILU

中新社记者：人民币汇率进入今年二季度后开始波动升值。您认为有哪些因素推动了此前一轮人民币升值？近期人民币略有贬值的原因又是什么？

管涛：上半年人民币汇率是一个 W 形走势。现在人民币汇率的形成机制里隐含着美元强人民币弱、美元弱人民币强，实际上就是对应美元的"折返跑"。

进入 4 月份，10 年期美债收益率开始大幅回落，美元冲高回调，四五月份美元贬值，所以在 5 月底人民币出现了一波急涨行情，人民币的交易价和中间价先后升破 6.4，创了三年来的新高。

但是 6 月份以后美元又出现了反弹，6 月底 7 月初（美元指数）反弹到 92 以上，美元强人民币弱，从 6 月份开始人民币汇率进行了一波回调，进入 6.4 时代。

当然我们也注意到，在 5 月底 6 月初这一波人民币汇率急涨过程中，国内有关方面加强了汇率预期的管理，对汇率趋稳也发挥了一定的作用。

所以首先是市场的原因，再有政策上进行了一定的调控。但政策是暂时的，最近一段时间人民币对美元回调，主要还是反映了美元指数走强。

中新社记者：不久前中国官方对于人民币汇率问题密集发声表态，其中有哪些重要表述您认为特别值得关注？这些关键信号对于市场、企业来说又意味着什么？

管涛：第一个就是强调保持人民币汇率在合理均衡水平上基本稳定的政策不变；第二个就是强调以市场供求为基础、有管理的浮动汇率制度不变；第三个明确了不会把汇率的升贬值作为工具，既不用贬值来刺激出口，也不会用升值来对冲输入性的通胀；第四个是告诉大家，不论从短期还是中长期来看，汇率波动是必然的，测不准是必然的。

我觉得这些信息可以归纳两个方面的市场信号作用。第一个就是市场教育，通过引导市场树立正确的风险意识来避免追涨杀跌，告诉你汇率是测不准的，因为外汇市场是一个有效市场。

另外一方面是通过密集发声，也是对市场有警示作用，告诉大家不要去赌汇率、单边押注汇率的升值，警告不要去恶意操纵市场，不要去恶意制造单边预期。

中新社记者：外界有观点认为，之前人民币升值可以应对大宗商品涨价、缓解输入性通胀压力，对此您怎么看？人民币快速升值对市场是利空还是利好？

管涛：我们要发挥汇率对国际收支平衡和宏观经济稳定的自动稳定器作用，汇率有涨有跌，不论是升值还是贬值，它对经济运行肯定有一定的影响。

从去年6月份开始到现在为止，人民币对美元升了10%左右，这肯定对于降低进口成本，特别是原材料的进口成本是有一定作用的，从这个意义上来讲是有利于降低输入性通胀的压力，但是相反的，对出口就是不利的。

我们的出口企业从接单定下价格，然后到生产发货，再到收到外汇，过去可能3个月左右就能完成这样一个流程，这意味着那个时候出口的汇率敞口最长就3个月时间，现在因为疫情的原因，可能要4个月、5个月。

从去年6月份以来，人民币总体上是持续的单边升值，就意味着如果时间窗口越长，汇率风险敞口就越大，这个对企业就带来很大影响。

我做过测算，从去年的10月份到今年的2月份连续5个月，人民币每五个月环比升值的幅度都在4%以上，有很多企业的出口利润都没有那么高，特别是小企业。这就是为什么现在国家非常重视要保持人民币汇率稳定的一个重要原因。

当然这个不单要靠政府采取措施，更多的要靠企业自救，我们要提高我们的定价能力，提高核心竞争力等，但是要采取一揽子措施，因为很多措施是结构性的措施，它是个慢变量。

中新社记者： 中国现在进入到新发展阶段，也强调畅通国内国际双循环，您认为这样的客观环境和大政方针对人民币汇率走势有什么影响？

管涛： 我个人觉得对于这个问题，更多应该把它看成是一个制度中性，本身它并不能决定人民币升值还是贬值，还要具体情况具体分析。

比方说，我们以国内大循环为主体，它对人民币是有利有弊的。从利空的方面来讲，国内大循环就是扩大内需，意味着增加进口，增加进口就会减少贸易顺差。那么给定其他条件不变，就是利空人民币。

但问题是，如果真的通过内需能拉动经济比较好的增长，特别是通过创新发展驱动中国经济增长，那么我们劳动生产率技术进步比别人快的话，对人民币又是利多，所以说要具体情况具体分析。

中新社记者：我们知道一方面央行强调人民币汇率由市场决定，另一方面中国现在实行的是有管理的浮动汇率制度。从您的研究来看，我们应该如何看待当前的人民币汇率机制？

管涛：广义的汇率选择实际上包括两个层次，一个层次是制度安排，就是固定汇率、浮动汇率，有管理浮动，这叫制度安排，制度相对是稳定的。还有一个汇率政策，在同样的汇率制度下，还可以有不同的汇率政策。

从实践来看，有管理的浮动汇率制度是适合中国国情的一种安排。最突出的表现就是我们从 1994 年确立现行的汇率制度以来，经受了各种极端事件的冲击。

2018 年 4 月 12 日，中国人民银行－国际货币基金组织"一带一路"倡议高级别联合研讨会在北京举行。当日，中国－国际货币基金组织联合能力建设中心正式启动。

中新社记者 张宇 摄

所以，人民币可以有涨有跌，这种双向波动成为了吸收内外部冲击的减震器。恰恰是因为汇率波动起来以后，它有助于及时地释放市场压力，避免预期的积累。

中新社记者：未来，汇率机制的改革大方向是什么？在汇率机制改革的过程中我们应当注意哪些问题、防范哪些风险？

管涛：市场化改革的方向还是让市场在汇率形成中发挥越来越大的作用。

汇率市场化改革本身是三位一体的改革，我们一般理解汇率市场化包括汇率中间价怎么形成、汇率浮动区间是不是要调整甚至取消，实际上这个只是汇率改革的一部分，它还有两个方面。

一个是发展外汇市场，只有有深度有广度的外汇市场、有流动性的外汇市场，才能更好地发挥市场配置外汇资源的作用，更好地发挥发现风险、规避风险的作用。

另外就是理顺外汇供求关系，要逐步地减少外汇收入和支出的行政干预。我们对外汇收支活动进行行政干预，就必然带来市场的扭曲，扭曲的市场必然带来扭曲的价格。现在监管部门强调，账户要双向地有序地开放，有流入也有流出地开放。

除了外汇改革本身以外，还有其他改革，比方说现代货币政策框架的建立，央行不再通过外汇占款的渠道去吞吐基础货币。从中国的经验，我们也一直能深刻体会到，只有经济金融体系健康，才能享受汇率浮动带来的好处。

还有现代企业制度的建设，就是企业能够正常地对价格信号作出反应，不能去追涨杀跌，要有平常心看待资本的流入和流出，没有人告诉你说人民币升值就一定是好事，或者人民币贬值就一定是坏事。

还有就是我们要转变经济发展方式，按照新发展理念，比如说创新驱动，将来我们的进出口更多是靠附加值，而不是靠价格竞争力，它抵御汇率波动的能力就更强了，如果汇率升值了，我们就有可能通过自己的议价权把升值的成本转嫁出去。

所以这是一揽子的改革，一方面本身外汇的改革是三位一体，另外一方面其他的改革肯定也会对人民币汇率形成机制改革起到推动或者制约的作用。

中新社记者：您如何判断未来人民币汇率的走势？之前您提到人民币已经越来越具有成熟货币的特征，为什么给出这样的评价呢？

管涛：我讲人民币越来越具有成熟货币的特性是非线性地随机游走。

现在影响汇率的因素很多，这些因素有时候是升值的因素占主导，有时候是贬值的因素占主导，这些影响此消彼长，涨多了会跌，跌多了会涨。

很多人研究汇率问题的时候，通过基本面来推论，中国经济稳中向好，人民币就是会升值，包括最近有人抛出来中长期人民币会升值（的观点），一个重要的理由就是说按照"十四五"规划提出来的一系列战略部署，实现高质量发展，人民币就会升值。

但实际上在外汇市场上存在多重均衡，就是在给定基本面的情况下，并不能够简单地线性推出人民币升值还是贬值。

我确实相信一个概念，经济强货币强。这个是有历史的经验证明的，比方说二战后随着日本和德国经济的崛起，日元和德国马克长期就是升值的。

在1994年汇率并轨以后，人民币能够比较长的时间是升值的，也是经济强货币强。1994年到2014年，中国的平均年经济增长是10%左右，所有做空人民币的人都是无功而返。

从中长期来看，如果我们按照"十四五"规划、2035年远景目标，实现高水平对外开放，实现高质量发展，经济强货币强，人民币肯定是有潜力的，但是从此岸到彼岸，这是要有个过程的，其间有很多不确定性，对人民币汇率既可能利多也可能利空。

与其去奢谈升值新周期，不如去适应波动新常态，我们千万不要用单边的思维来看待汇率的走势。我们越市场化，汇率就更加呈现一种非线性的随机游走的这种成熟货币的特征。

21

人民币汇率波动，怎么看、怎么办

记者｜ 李金磊　彭婧如　程春雨　刘超　张兴龙

撰稿｜ 李金磊　彭婧如　程春雨

采访时间｜ 2020 年 10 月 17 日

采访嘉宾　谭雅玲
中国外汇投资研究院
院长

- ■ 人民币对美元汇率在 6.7 以下的水平波动或成常态
- ■ 人民币升值，外贸企业承受的压力是非常大的
- ■ 人民币升值是否会导致房价上行，这个不必担忧，"用房子来发家致富"的论点现在已经基本上去除了

"

近期，人民币持续快速升值，引发各方关注。在全球疫情持续的大背景下，人民币大幅升值的原因是什么？会对中国经济、金融市场和民众产生哪些影响？未来走势又将如何？

访谈实录

中新社记者：在刚刚过去的三季度，在岸人民币对美元涨幅达到 3.89%，为 2008 年一季度来最大单季涨幅。本轮人民币升值从何时开始？

谭雅玲：2005 年"汇改"以来，人民币对美元走势是"前 9 后 7"。"前 9"是一个升值的周期，从 2005 年 7 月 21 日"汇改"起步的 8.11 元，一直到 2013 年 1 月份涨到了 6.03 元，升值幅度接近 40%。人民币在这个阶段是直线升值，区间波动非常狭窄，单边升值非常明显。

"后 7"是从 2014 年至今，是在贬值的通道当中，最极端的是在 2019 年 9 月份走到了 7.18 元，今年 5 月份走到了 7.17 元，整体累加起来的贬值幅度在 20% 到 25% 之间。相对于升值的周期，它的修复性并没有完全达到均衡。

人民币这一轮升值从 6 月份开始，到现在并没有截止，周期算比较长了。从这个角度看，整个国际经贸关系包括地缘政治，在外汇板块、货币竞争之间还是有很强的针对性和设计性的。

中新社记者：2019 年 8 月人民币汇率跌破"7"，但如今人民币对美元汇率中间价已经涨到了 6.71 关口。在新冠肺炎疫情冲击之下，本轮人民币升值的内在原因有哪些？

谭雅玲：人民币升值的原因，第一就是中国经济向好。中国经济是现在唯一正增长的主要经济体，人们对人民币信心增强，是货币升值非常重要的一个要素。

第二是跟中国的改革开放有比较重要的关系，尤其是证券市场和债券市场的开放速度比较快，规模和效果相对比较好，引起国际投资者的关注。而且，中美之间、中国和其他发达国家之间存在着巨大的利差和汇差缺口。如，美国十年期国债收益率大概在 0.6%—0.7%，中国十年期国债收益率是在 3.2%—3.3%。由于中国经济率先复苏，经济稳定、复工复产的态势比较好，再加上中国金融市场加速开放，所以国际资本在投机、对冲和套利方面比较青睐中国市场，这种叠加效应就促使了资金涌入中国市场。

第三是跟海外市场有特别重要的关系。人民币汇率报价机制决定了海外参数非常重要，不排除海外有借题发挥的刻意性，借助中国比较良好的势头和开放的效果，主观上刻意推高人民币的嫌疑，应该引起高度关注。

中新社记者：三季度中国出口创下了季度历史新高，人民币升值会不会对中国现在良好的出口势头造成一定的影响？

谭雅玲：中国出口指标相对比较好，与政策扶持、整个海外疫情的舒缓以及中国在世界贸易当中的地位和影响有特别重要的关系，但目前人民币升值，外贸企业承受的压力是非常大的。

中国央行在今年国庆假期后的第一个周末决定，远期售汇业务的外汇风险准备金率从 20% 下调为 0。这个调整特别及时，对整个汇率市场产生了特别大的影响，人民币从 6.7 元的关口又回到了 6.7 元以下的水平。

因为 6.7 元再往上升的话，6.6 元、6.5 元、6.4 元的汇率是不适合中国的，因为外贸企业的成本线，国企可能是 6.7 元、6.8 元，中小企业可能是 7 元、7.02 元，特别是外贸企业可能还是偏 7 元钱以下的水平。

中新社记者： 现在有大量的海外资金流入中国，有没有可能增加国内资产泡沫的压力？

谭雅玲： 这个可能性是存在的。人民币存在利差和汇差，中国市场本身的庞大和政策的可信度，再加上经济的可持续性，对外资来讲已经形成了非常好的认知，资金的投机是不可避免的，这个时候中国更应该警惕。

因为中国现有的金融市场结构、机制、效率、技术，还是存在很多不足，证券市场在逐渐开放，注册制也在紧锣密鼓推进，制度层面和结构层面的国际标准化和市场制度规则的准确度，还在进一步提升和加强过程当中，难免会有一些欠缺。如，中国并没有完整的外汇市场，依然是银行间的外汇市场，而海外的市场完全是自由化的市场，所以无论交易的经验、技术、规模还是影响力，中国处在被动的状态。所以防范相关风险对未来的中国经济而言特别重要。

中新社记者： 楼市和股市一头连着金融安全，一头连着老百姓，人民币升值会不会导致房价上行？对未来的股市走势又有什么影响？

谭雅玲： 人民币升值是否会导致房价上行，这个不必担忧。

任何一个国家的强大都不是靠房地产，期待房地产上涨能够带动中国经济，不符合经济逻辑。过去中国房地产发展有点过度了，银行贷款等金融产品跟房地产连在一块的偏多，增加了很多的隐患。现在中央对房地产调控基调是"房子是用来住的，不是用来炒的"，非常坚定，对房地产是在进行微调和渐进的调整当中,这种共识基本上已经达成。"用房子来发家致富"的论点现在已经基本上去除了,实际上,有投资房子的人也在做这方面的准备和应对。

人民币升值是不是一定会刺激股市?这一点大家都看得很清楚,这一轮人民币升值并没有刺激中国股市,中国股市还是在一定的区间内迂回,所以它们之间并没有直接的关系,因为汇率是对外关系的价格权衡,而股市是对内资产和经济基本面或者企业发展的一个基本体现,这两个的侧重完全不一样。

中新社记者:最近"人民币是否已经进入升值新周期"的讨论很多,有国际投行预测人民币未来12个月还将大幅升值,可能升值到6.5,您如何看待人民币汇率的中长期走势?

谭雅玲:中长期走势现在不太好判断。第一,美国大选没有落地。第二,中美贸易还处在不确定的状态。第三,疫情给中国经济、世界经济带来的结果是不确定的。虽然国际货币基金组织最新预测是向好的,但是伴随冬季的来临,疫情反复的可能性还是比较大,这一波疫情会对整个经济贸易产生多大的影响,目前还不确定。

人民币对美元汇率在6.7以下的水平波动应该是一个常态,至于能否回到7,是有可能的。因为最简单的一个逻辑:大涨就会大跌。这个技术逻辑是没有办法改变的。6月份开始,人民币的升值到现在并没有停歇,也面临着贬值的修复性,它要化解一定的风险,人民币可能向6.8、6.9偏贬值的方向修正。

中新社记者:目前,人民币是第五大国际支付货币,人民币对美元升值,是否会影响人民币的国际地位?人民币是否会成为全球外汇市场越来越重要的锚点?

谭雅玲:人民币的国际地位首先是在信誉上占领了全世界。人民币还是一个不可自由兑换货币，在不可自由兑换的前提下被融入了 SDR，这是一个世界创举。这跟中国所作出的贡献和诚信程度比较高有很大的关联。

但从中国货币功能的角度看，我们不要去跟主要的发达国家攀比，对自己的货币定位要有一个准确的判断。要从发展中国家走向发达国家，奋斗的路途还十分遥远。同时，要从不可自由兑换货币变成可自由兑换货币，市场价值、市场制度、市场结构，包括市场参与者的知识技能和国际标准，都面临着急切的学习、补充和提高。

虽然升值可能有利于人民币的地位和形象，但是升值对国民经济和财富的损失、压制等负效应也值得关注。

中新社记者：今年以来，在新冠肺炎疫情冲击全球贸易、金融及经济的背景下，人民币跨境使用仍然保持韧性并呈现增长，但美国部分政客威胁强行切断人民币、港元与美元的结算。中国应该如何应对这类极端情况的出现？

谭雅玲：这种极端情况，恐吓性的意味更大。因为对美元的流动性来说，港币和人民币都是非常重要的支撑点。如果美元的流动性因为港币和人民币出现了风险，美国人会给自己找麻烦吗？这个可能性是非常小的。

美国的美元很有霸权，势力很强，但我们也要看到，从美国的经济背景和经济结构，或者经济逻辑来讲，它是最缺钱的国家。因为全世界最大的债务国是美国，它是靠借钱过日子的。

中国是外汇储备的第一大国，其中美元的储备占绝对多数，港币则是联系汇率制，基本上以美元为主。

现在美国的债务规模已达到 27 万亿美元，面临大选，如果割断港币、人民币跟美元之间的关系，美国人自己也会有麻烦，而且是很大的麻烦。所以，威慑和恐吓的可能性更多一些。不过未来，我们还是要跟踪观察，提高风险预警。

2021年5月8日，一名来自俄罗斯参观者在中国国际消费品博览会上使用数字人民币咖啡机购买咖啡。 中新社记者 崔楠 摄

中新社记者： 近期，中国央行在深圳市开展了数字人民币红包试点。有观点认为，人民币数字化后，可大大加快人民币国际化的进程。您怎么看？

谭雅玲： 数字化加快人民币国际化的进程，这或许是一种路径、一种方法，但是我们还是应该加强人民币真正意义上国际化的进程。

数字货币的推进可能对人民币国际化是一种辅助，但是不能代替人民币国际化，所以发展数字人民币要保持一个节奏，保持一种理性，人民币最终可自由兑换才是人民币国际化的根本目标。

22

"十四五"华商如何布局新赛道

🎤 本期策划 ｜ 谢萍

👤 记者 ｜ 吴侃　刘轩廷

👤 撰稿 ｜ 吴侃

🕐 播发时间 ｜ 2021 年 4 月 21 日

采访嘉宾　许荣茂
世茂集团董事局主席、
中国侨商联合会会长

■ "十四五"时期华商应当把握机遇、把准方向、主动作为，把华
商资源优势转化为参与高水平对外开放、推动高质量发展的强大
动力

■ 很多华侨华人参与到文物保护和文化传承中，他们通过多种渠道
为助力文物回流贡献了力量，期待流失文物回归成为常态

扫 码
看访谈视频

> "十四五"时期是开启全面建设社会主义现代化国家新征程的第一个五年，站在新的历史起点上，中国的开放发展更期待华商的广泛参与和热情支持。"十四五"时期华商如何进一步参与到中国开放的进程中，开创共赢发展新局面？

访谈实录

FANGTAN SHILU

中新社记者: "十四五"时期华商将迎来哪些新发展机遇，您认为华商应该如何抢抓"十四五"机遇寻求发展共赢？

许荣茂: "十四五"规划增强了华商对中国经济高质量发展的信心，同时也为华商参与中国发展建设提供了更多机遇和选择，为华商的事业发展开辟了十分广阔的前景。海南自贸港建设、粤港澳大湾区建设、"一带一路"倡议，都需要华商的参与。

"十四五"时期，华商可发挥熟悉海外市场和国际规则的优势，更好地服务于中国的"走出去""引进来"。华商可抓住疫情后经济复苏的机遇，聚焦先进制造业、新材料、集成电路、航空航天、生物医药、医疗康养、文化旅游等高科技、高端服务产业，不断培养新的经济增长点；为国内企业开拓国际市场献计出力，为引进国际资本和人才牵线搭桥，积极助力大循环、双循环新发展格局，与中国发展同频共振，分享中国快速发展带来的红利。

中新社记者："十四五"时期中国将实施更大范围、更宽领域、更深层次的对外开放，华商应该如何进一步参与到中国开放的进程中？

许荣茂："十四五"时期华商应当把握机遇、把准方向、主动作为，把华商资源优势转化为参与高水平对外开放、推动高质量发展的强大动力。

具体而言，华商企业应当立足国内大循环，进一步挖掘内需潜力，促进产业转型升级。一方面，华商企业要借助中国国内超大规模市场优势，有针对性地调整商业模式、优化管理结构，重点考虑布局新赛道和新行业；另一方面，华商企业应积极调整产业布局，增强自主创新能力，加快高端领域的关键核心技术攻关，同时带动国内外高层次人才参与人工智能、工业互联网等领域的科技创新。

华商企业还应当抢抓全球市场重构机遇，参与更高水平开放型经济。华商具有联通中外的优势和用好国内国际两个市场、两种资源的能力，应充分把握国际市场的动向和需求，在防范风险的同时，加大国际市场的开拓，加快供应链整合，提升全球资源配置能力；同时积极参与国内自贸区、自贸港建设，参与粤港澳大湾区建设等国家重大发展战略。

中新社记者：华商如何利用自身优势，在推进"一带一路"建设中，特别是促进民心相通方面发挥作用？

许荣茂：广大华商应当好"一带一路"建设的开拓者，把握"一带一路"建设带来的国际机遇，拓宽发展疆域，推动合作项目在更多的国家和地区开花结果。

作为联系国内外的桥梁，华商企业还可以发挥自身人才荟萃、联系广泛、融通中外的优势，为走出去的中国企业提供各类资源，帮助他们适应国外市场环境。

"一带一路"不仅限于国家间的贸易和项目合作，更是互联互通的人文交流。民心相通，文化先行，华商懂得中外语言，熟悉中外文化，了解中外风土人情、社会环境的差异，在推动中外文明交流互鉴方面有着不可替代的作用。

中新社记者：随着粤港澳大湾区建设的持续深入，华商面临诸多机遇。请您结合世茂集团深耕粤港澳大湾区发展的经验，为华商参与粤港澳大湾区建设给出一些建议。

许荣茂：世茂集团已经深度参与到湾区城市的建设中，我们已经在香港、深圳、广州、珠海、佛山、东莞、中山、惠州、江门、肇庆等城市布局，规划打造十座高度200米以上的地标性建筑以及一系列优质项目。

我认为粤港澳大湾区内部有极强的产业互补性，华商可以抓住大湾区产业协同发展的广阔机遇多元发力，另外科技创新已成为粤港澳发展的重要动力，华商可以多关注新业态新领域，助力创新驱动发展。

中新社记者：博鳌亚洲论坛2021年年会正在举行，华商应该如何探索合作模式，积极参与海南自贸港建设？

许荣茂：在自贸港建设进程中，海南不断为广大华商、企业家投资兴业提供优惠政策和优质服务，为贸易、投资、跨境资金、人员流动提供便利。未来，随着自贸港建设的蓬勃开展，海南也将不断成为华商投资兴业的"新乐土"。

广大华商心系故土，是中国新时期改革开放和海南自贸港建设中不可缺少的力量。建议华商积极把握海南发展大势，抓住自贸港建设的广阔机遇，充分把握政策红利，争取成为自贸港建设的"合伙人"。广大华商可积极投身旅游、康养、消费、会展等优势产业，同时充分施展资源和人脉优势，为自贸港对接优秀的人才、资金和项目。

博鳌亚洲论坛国际会议中心。　　　　　　中新社记者 骆云飞 摄

中新社记者：脱贫攻坚任务完成之后，乡村振兴正在全面推进，华商如何继续助力中国乡村振兴战略？请您结合世茂集团在扶贫事业中的经验谈谈看法。

许荣茂：世茂集团长期关注健康扶贫领域，以健康扶贫为切入点，形成了"带动式、定点式、精准式"的健康扶贫模式。2005 年世茂集团联合 20 余家企业成立"中华红丝带基金"，长期以来持续开展艾滋病防治工作；十余年来，世茂集团捐赠超 1 亿元人民币，捐建"世茂爱心医院"100 余所，助力乡镇医疗；世茂集团还与西藏自治区签订包虫病防治援助协议，捐资用于西藏包虫病综合防治工作。

建议华商在助力乡村振兴过程中，可根据不同地区的需求，更加精确地选择产业、教育、卫生、文化等不同的方向，以便对症下药。例如帮助乡村人口提升致富能力，助力"数字乡村"的建设，引进优质的教育资源和医疗资源，加强对特色乡村文化、特色旅游的发掘和利用等，都是值得关注的领域。

中新社记者：您曾出资购得《丝路山水地图》捐给中国，近年来也有不少海外华侨华人为流失文物追讨积极斡旋，多渠道助力其重返华夏大地。您怎么看华侨华人助力文物回流的举动？构建海外文物回流体系还有哪些需要完善？

许荣茂：我十分关注文物的保护和利用，为传承中国传统文化尽一份绵薄之力是我一直以来的愿望。2016 年我们通过捐赠故宫博物院"养心殿研究性保护项目"，有幸与故宫结缘；2017 年我们购回流失海外的国宝《丝路山水地图》并捐赠给故宫；在故宫博物院的大力支持下，我们建设了福建省世茂海上丝绸之路博物馆，并已在 2021 年 1 月正式向公众开放。

我很高兴看到近年来很多华侨华人参与到文物保护和文化传承中，有海外华人收藏家将自己毕生所藏捐赠给国内博物馆，也有华人利用自身便利条件，在流失文物的追讨中积极斡旋，他们通过多种渠道为助力文物回流贡献了力量。

未来，在推动构建成熟的海外文物回流体系过程中，还需要政府的官方力量与民间社会力量相结合，建议在有效监管的前提下，适时进一步开放对公益性的非国有收藏单位降低或免征进口环节税。第三届进博会上，关于艺术品进口税收优惠的试点探索为海外中国文物回流打开

观众欣赏《丝路山水地图》真迹。　　　　　　中新社记者　张炜　摄

了新通道，我期待未来能够积极扩大试点成果，真正让文物回流成为常态。

中新社记者：在您看来，中国在"十四五"时期需要从哪些方面进一步着手努力，为华商投资中国提供便利的条件和构建更好的营商环境？

许荣茂："十四五"为华商的发展创造了重大机遇，广大华商也期待国家在政策、资金、平台等方面给予更多的支持，以更加开放的投资环境、具有国际竞争力的营商环境吸引华商投资创业。

　　建议进一步完善法律和政策环境，做好精细化、专业化服务，搭建更加广阔的发展交流平台，为优秀人才提供科研、创业扶持资金等，为华商发展创造更好的机遇。同时，建议适当放宽签证、居留政策，为归国投资、创业的华商在医疗、子女教育等方面提供准国民待遇。

浦东如何"引领"下一个 30 年

🎙 本期策划 ｜ 李鹏

🎙 记者 ｜ 李佳佳　康玉湛　张亨伟

🎙 撰稿 ｜ 李佳佳

🕐 播发时间 ｜ 2020 年 11 月 13 日

采访嘉宾　周汉民
时任上海市政协
副主席

■ "示范引领"是浦东作为改革先行者和排头兵的使命担当

■ 30 年来浦东创造了什么？三个词可以概括：激情、远见、决心

■ 浦东制度型高水平开放，要求我们总结提炼中国的好做法，让世
　界借鉴，像中国治理、上海治理、浦东治理的一些有益经验成为
　人类文明的共同财富

> 30年波澜壮阔、30年不负韶华，浦东从烂泥渡路到国际金融城，从阡陌农田到张江科学城，从偏远芦荡到离世界最近的地方……一个个目标在这里变成现实。浦江奔涌、东方潮阔，下一个30年，浦东将怎样担负起新时代改革开放排头兵的角色？将如何打造社会主义现代化建设引领区？

访谈实录

中新社记者：（11日）国务院正式决定在浦东新区开展"一业一证"试点，30年来浦东在制度创新上做了很多尝试，成为"试验田"。浦东为什么能够成为"试验田"，未来还能发挥怎样的作用？

周汉民：浦东开发开放30年所走过的道路，一言以蔽之，就是以更大的开放倒逼更深入的改革。

国务院（11日）通过的"一业一证"试点改革，是浦东今后30年改革道路上的一个新的试点、一个新的制度创新。通过"一业一证"的实施，让更多企业在浦东有更好发展，让更多企业体验到机会平等、地位平等，享受到平等的规则。浦东30年已成过往，未来30年更要昂起头、迈开步，因为更大的挑战正在等待着我们。

中新社记者：习近平主席在讲话中提到，要将浦东打造成为社会主义现代化建设引领区。中央也提出要将深圳打造成为中国特色社会主义先行示范区,从"示范"到"引领",一个词的变化代表什么?

周汉民: 深圳和浦东共同承载共和国前进的历史使命,二者的成长和进步充分说明高水平和制度性改革是需要制度保障的,而这一制度就是中国特色社会主义制度。

中国的成语总是把"示范引领"放在一起。所谓示范,就是展示成熟的经验,就是强调可复制、可推广;而引领,则有更迫切的任务,那就是更要强调可辐射。可复制、可推广而且辐射,这是改革先行者和排头兵的使命担当。

30年来浦东创造了什么?我以为三个词可以概括:激情、远见、决心。激情,浦东速度的背后就是浦东激情,是一种不断舍我其谁,一往无前的激情;远见,浦东始终将发展定位于未来,在因应世界格局和中国发展阶段重大变化中,浦东始终踏准了节拍。当前,中国进入发展新阶段,贯彻新发展理念,形成新发展格局,这就需要远见;最后是决心,要排除万难,去争取胜利。

中国从全面建成小康社会,要转变为开启全面建设社会主义现代化国家的新征程。在这个关键的历史时期,浦东要秉持新发展理念,即创新、协调、绿色、开放、共享。创新即要做出前人没有做过的新成绩;协调即要和长三角优势互补,协同发展,更好服务国家战略;绿色即要把生态保护作为重中之重,使生态环境更加美好成为重要的城市坚守;开放即要体现高水平、全方位,不断开放、接续开放;共享即要把人民城市人民建、人民城市为人民的理念贯彻到底,建设的成果与人民共享。因此,示范引领是一个组合词,上海和深圳不分伯仲、不分彼此,共同承担、继续承担将中国改革开放推向前进的任务。

中新社记者: 习近平主席在讲话中强调,浦东要努力成为国内大循环的中心节点和国内国际双循环的战略链接。怎么理解这个定位?在未来新一轮改革开放发展过程中，它的作用体现在哪些方面？

周汉民：这是浦东的新定位，是发挥"引领区"重要作用的核心体现，是浦东新30年奋斗不息必须要有的战略思想。

当前，作为世界国土面积第三、世界人口第一的大国，中国中等收入人群已达4亿，通过消费不断提振经济，已成为国家经济和社会发展的重要主导思想，以国内大循环为主体就是要看到我们巨大的发展潜力和现实需要。

在上海刚刚闭幕的第三届中国国际进口博览会，交易意向金额创下了历史新高，超过726亿美元。众多参展商表达出对进博会的高度信赖，对未来进博会的由衷期许，甚至有一家世界500强企业连续预订了之后三届进博会的展位。还有今年"五一"假期和"十一"长假民众的旅游消费都充分说明以国内大循环为主体的条件已经具备。

第三届进博会2020年11月5日至10日在国家会展中心（上海）举行。图为国家会展中心外景。

中新社记者 侯宇 摄

20年前，浦东的人口总量不及300万人，今天差不多翻了一倍；20年前，我就任副区长分管浦东陆家嘴的时候，陆家嘴的影响还很有限。今天，陆家嘴仅凭金融业就支撑起整个浦东经济总量的76%，金融业从业人员数十万人。1992年，上海提出要建设国际经济中心、国际金融中心、国际贸易中心，今年上海国际金融中心已基本建成，名列世界第三；国际航运中心，今年也名列世界第五。由此可以看出，浦东国内国际双循环的战略链接地位已经非常明显。

因此，中央把成为中心节点和战略链接任务交给浦东，这是继上海四大中心建设基本建成后，又一篇改革开放的锦绣文章，我们一定要好好去写，一定要写好。改革开放没有完成时，只有进行时。

中新社记者：习近平主席在讲话中强调，要继续深入推进浦东的高水平制度型开放。这其中肯定包括了法律和贸易规则方面的制度性构建，我们知道上海自贸区已经进行了很多有益尝试，那么在未来的规划中，上海自贸区还将进行哪些方面的制度性建设？临港新片区要对标国际最高水平又该从哪方面着手？

周汉民：制度型开放是我们极为关键的开放举措。所谓制度型开放，我的理解是，一方面，要进一步融入国际惯例和国际规则，建立"规则为基"的理念。另一方面，将中国改革开放创造的许多经验固化为标准和制度，为全球治理体系改革和优化作出贡献，这是双向的。

制度型开放首先是要强调完善立法。1990年4月18日，中央宣布浦东开发开放，不到5个月，即9月10日，浦东开发开放的九项法规，用中、英、日三种文字向世界公布，这其中的每一部立法都严肃认真地参考了世界成熟的立法经验。正是我们融入了世界公认的法治原则，才有浦东今天的万商云集，近悦远来。

同样的，上海自贸区2013年9月29日破土而出，《中国（上海）自由贸易试验区条例》2014年8月1日就颁布实施，里面的9章57条，广泛征求了国内意见，还（包括）网上开放征求意见。所有的立法参与者都在每一个条款中考量了世界自贸区成熟的经验和应当学习的理念，所以制度型开放意义十分重大。

2013年9月29日，首批入驻自贸区的企业代表与"中国（上海）自由贸易试验区管委会"牌匾合影留念。当日，中国（上海）自由贸易试验区举行挂牌仪式，此举标志着上海自贸区正式启动运作。　　中新社记者 汤彦俊 摄

2019年8月20日，临港新片区正式设立，中央所赋予的贸易自由、投资自由、运输自由、航运自由、资金自由、人才择业自由等都通过相关规定清晰表述。我们已经越来越认识到，制度型开放是国家继续改革开放政策的基石。同样，制度型开放也要求我们总结提炼中国的好做法，让世界借鉴，像中国治理、上海治理、浦东治理的一些有益经验成为人类文明的共同财富。

中新社记者：全球新冠疫情蔓延的大背景下，国际经济增加了很多不确定的因素，浦东新一轮改革开放再出发，应该从哪一步着手？

空中俯瞰临港新片区行政服务中心。　　　　中新社记者 张亨伟 摄

周汉民：全球新冠疫情肆虐蔓延，中国要做到独善其身是非常困难的，但要在危机中育新机，在变局中开新局，浦东的未来发展也是如此。浦东新的发展就是改革开放的再出发。在当下全球经济严重衰退的情况下，同时打好、打赢两场战役。首先，千方百计促经济，中国经济从第一季度的深跌，到第三季度4.9%的正增长，如此迅猛地反弹，说明了一个国家百折不挠的发展韧性；其次，众志成城抗疫情，在疫情常态化管控的同时，要确保新冠疫苗研制及早取得突破性进展，惠及普罗大众。

发展是硬道理，往前看下一个30年，浦东开发开放的旗帜要一直扛下去，浦东服务长三角和服务国家战略的工作要做得更好。习近平总书记的重要讲话就是新的号令，也是全国人民对浦东一以贯之的期许。

24

建设自贸港"样板间",海南洋浦
如何烧开"这壶水"

本期策划 | 杨旭

记者 | 王子谦　林士杰　骆云飞

撰稿 | 杨旭　王子谦

播发时间 | 2021 年 2 月 21 日

采访嘉宾　周军平
时任海南洋浦经济开发区工委书记,
现任海南省发展控股有限公司党委书记、
董事长

- 自贸港政策在洋浦已经充分显现了政策优势,逐步显示出强大的
  政策红利,为洋浦及海南的发展注入了强劲动力
- 海南洋浦保税港区是自贸港建设的"样板间",我们去年制定了一
  个雄心勃勃的计划,全力烧开保税港区"这壶水"

> 海南洋浦经济开发区在中国改革开放史上占有一席之地。在海南自由贸易港建设中，洋浦又"扮演"什么重要的新角色？如何抓住新的历史机遇做大经济流量，做好政策压力测试，打造好自贸港先行区、示范区和"样板间"？

访谈实录

FANGTAN SHILU

中新社记者： 洋浦经济开发区自 1992 年成立以来，在不同的历史时期承担了不同使命。当前，洋浦的主要使命是什么？

周军平： 洋浦经济开发区作为海南的国家级经济开发区，在近 30 年的发展历程中，共经历了四个阶段。当前，洋浦的重要使命就是成为中国自贸港建设先行区、示范区，成为海南省高质量发展的增长极。在自贸港建设的背景下，洋浦要重点做好"基地、通道、平台"这三篇文章。基地，即高新技术产业基地；通道，即西部陆海新通道的航运枢纽；平台，即全面深化改革开放先行先试的平台。

中新社记者：《海南自由贸易港建设总体方案》中明确，洋浦现阶段拥有 5 项独有政策和 3 项海南省推动在洋浦先行先试的政策，目前这些自贸港政策的早期收获效果如何？

周军平： 去年洋浦加快推动自贸港政策的落地实施，其中有几项政策实施的效果正在加快显现：

如"中国洋浦港"船籍港政策自去年6月1日至今已登记注册25艘国际运输船舶，吸引80多家航运企业集聚，航运周转量2180亿吨公里，起到了吸引国际船舶回流的作用。

保税港区"一线"放开、"二线"管住政策实施，公共信息服务平台对一线进口货物径予放行和二线出区货物单侧申报功能上线，为企业真正享受一线放开政策带来的好处创造了条件。

航拍洋浦保税港区入口。 中新社记者 骆云飞 摄

内外贸同船运输（的境内）船舶加注保税油政策落地，目前已进行6单测试，累计加注2539吨。目前这项政策各项的通道都已打通，待实施细则公布后即可全面实施。

国内新建从事国际运输船舶出口退税政策实施，有一艘船舶完成2000多万元人民币的退税，还有4艘船舶正在办理退税手续。

新型离岸国际贸易业务实施的效果非常好。从去年9月份开展首单业务以来，到去年年底累计完成11.35亿美元的离岸国际贸易额。

作为自贸港的独有政策，海南允许境外理工农医类（高水平）大学独立办学。洋浦成功引进德国比勒费尔德应用科技大学，目前已经签约。

应该说，半年时间自贸港政策在洋浦已经充分显现了政策优势，逐步显示出强大的政策红利，为洋浦及海南的发展注入了强劲动力。

在自贸港政策红利的驱动下，洋浦的经济指标较快提升。2020年，洋浦地区生产总值达279.6亿元（人民币，下同）、（同比）增长10.5%；新增市场主体13794户、增长419.4%。

中新社记者：洋浦保税港区是海南自贸港建设的"样板间"，也为全岛封关进行政策压力测试。目前保税港区建设进展如何？

周军平：洋浦保税港区是自贸港建设的"样板间"，我们去年制定了一个雄心勃勃的计划，将保税港区"这壶水"烧开。

首先，提升保税港区的基础设施。在硬件设施方面，包括完善海关监管设施，启动保税港区整体风貌提升工程；对园区的闲置土地和厂房加快处置，盘活一批闲置的资源，同时新建13万平方米的标准厂房，为后续项目的落地创造条件。

其次，洋浦加大了保税港区招商引资的力度，特别是优先把适应自贸港政策的项目引进来，还进行了压力测试。比如利用加工增值30%以上免关税这项政策，吸引大批健康食品、高新技术、保税维修、旅游消费品制造等企业落户，目前有 20 个项目开工建设。同时，我们对保税港区规划布局进行优化，合理的功能分区为项目的落地创造了更好的条件。

2020 年，洋浦保税港区多项经济指标实现"倍增"，新设企业达 502 家、（同比）增长了 35 倍；经营总收入 451 亿元，（同比）增长 20 倍；社会固定资产投资 20 亿元，（同比）增长了 30 倍；税收 1 亿元，（同比）增长 7.4 倍；外贸额 21 亿元，（同比）增长 4.6 倍。跟以前比增长速度很快，当然也要客观地看到我们基数比较小，对倍增既感到高兴，也有紧迫感。今年还需要付出更大的努力，在去年的基础上再实现"倍增"，把自贸港的"样板间"打造好。

中新社记者：洋浦是距离东盟最近的国家级开发区，在自贸港建设中，洋浦如何看待这种地缘优势，将如何运用这种国内国际大循环交汇点的特殊位置？

周军平：洋浦处于北部湾的核心地带，是西部陆海新通道的出海口，（打造）西部陆海新通道区域国际集装箱枢纽港，同时又位于 21 世纪海上丝绸之路（沿线国家和地区）距离中国大陆最近的第一个大口岸。所以说，洋浦处于东南亚和华南地区的交汇点上，地理位置非常重要。特别是有自贸港的政策，未来洋浦开发区要（真正）成为国内国际双循环的战略交汇点。

一方面，洋浦希望为国内企业走出去创造国际化的基地，利用洋浦的港口和口岸条件，利用自贸港政策，为国内企业创造更好的条件。

另一方面，洋浦也希望吸引国际上高新技术企业、国际贸易公司，把国外的先进技术带来，把国外优质的产品带来，在洋浦进行加工增值，利用好加工增值超 30% 免关税的政策，（将产品）输送到内地市场，充分利用国际市场的资源，促进国际循环，同时也能改善国内市场的供给，达到双赢目的。

在海南洋浦港吊装的集装箱船。　　　　　　　　　中新社记者　骆云飞　摄

中新社记者：打造法治化、国际化、便利化的营商环境是海南自贸港建设的关键。作为自贸港先行区，洋浦是如何优化营商环境的？为企业经营全过程提供了哪些便利举措？

周军平：营商环境的改善是海南自贸港的核心内容，洋浦一直把营商环境的改善摆到非常重要地位。

营商环境的改善，首先是为企业创造一个良好的发展环境。去年洋浦努力当好产业链的组织者和协调者。把园区上下游的企业有效整合起来，解决上下游供应链中的难点堵点问题。使上下游之间能够实现原料互供、生产协同、共同开拓市场，形成一个共生共荣的产业链关系。

其次是进行审批制度改革，全面推行极简审批，进一步提升办事效率。洋浦出台改善营商环境 40 条，从企业注册登记一直到为企业免费刻章，整个过程最快缩短到一天时间。同时，对进出口通关也实行"7×24 小时"预约零等待，提升了通关效率。洋浦口岸进口时间达 8.8

小时，出口时间压缩到 1.1 小时，在全国来说是比较快的。

另外，我们改善营商环境很重要的就是改进作风。大力弘扬"快准实好"：为企业服务速度要快，了解情况要准，拿出的措施要实，最终的效果要好。要让企业少跑路，在洋浦真正感受到办事很放心很贴心。

洋浦有一家企业在签署投资协议后，我们的招商部门、政府服务部门从头跟到尾，很好地满足了企业（各种）需求。这个项目从签约到落地两个月，目前进展非常快，今年 3 月将有部分投产。洋浦的高效服务换来了企业的加快投资。

改善营商环境还要为企业创造良好的工作环境、生活环境。我们从去年开始着重改善公共设施，完善教育、医疗、文化等设施，为园区的企业员工提供良好生活条件。

中新社记者： 现在海南在推进制度集成创新，去年洋浦在制度创新上有何成果？下一步将如何进行制度的集成创新？

周军平： 制度集成创新也是自贸港建设的重要内容。洋浦去年以自贸港政策落地为契机，着重解决企业的痛点、难点、堵点问题。要求每个单位都要有一项制度创新的成果，加强制度集成创新力度。比如国际船舶的注册登记，通过优化流程把串联变成并联，18 个事项一窗通办，一天的时间就能够办成船舶登记证书。

洋浦下一步会把制度集成创新摆在更加重要的位置，要把自贸港政策效应充分放大，把政策效应外溢到经济社会发展的各个领域、各个环节，通过改革创新推动整个经济社会更好更快发展。

中新社记者： 我们注意到您从下午 3 点一直开会到晚上 8 点，然后还会见了外地客商，感觉您也"蛮拼"的，是不是洋浦从上到下都有这种"时不我待"的紧迫感？

周军平： 是的。熟悉历史的都知道，海南曾经有过几次重要机遇，包括建省办特区、国际旅游岛建设等，从外界来看海南在政策的效益上没有理想中的那么好。

海南正憋足一股劲，以一种不认输的精神，抓自贸港的政策机遇，我认为一定能够行。

之所以能行，首先是中央高度重视海南自贸港建设，无论是从政策、人才、资金等（方面）都给予大力支持。其次，海南全省上下憋足一股劲，大家确确实实都有种机不可失、时不再来的危机感，"一天当做三天用"，把苦干、实干加上巧干拧到一起，像一天工作这么长时间，每天工作节奏这么快，这是一个新常态，我们发自内心想通过加倍努力，迅速改变海南、洋浦的面貌，让中央的正确决策早日见效，打造一个新时代改革开放的新亮点。

中新社记者：今年是海南自贸港建设的关键之年，也是洋浦发展的关键之年，请您分别展望下洋浦开发区建设 30 年的时候，以及 2025 年洋浦要呈现出一种什么样的面貌？

周军平：自贸港政策带来的机遇空前绝后，建设自贸港很有可能就是洋浦最后一次机遇，我们也是以只争朝夕的拼搏精神来抢抓自贸港机遇。

在谋划"十四五"发展上，洋浦从现有的产业基础出发，以及配套自贸港政策，计划到 2025 年 GDP 翻 1.5 倍，年均增长达到 20% 以上，同时财政收入、固定资产投资等指标都制定了比较高的目标。对这样的目标我们有压力，但是同时也有信心，在自贸港政策的助力之下，经过苦干实干巧干应该能够实现。

洋浦对国际集装箱枢纽港的建设也提出了很高的目标，去年完成 100 万标箱、44% 的增幅，今年还要增长 40% 达到 140 万标箱的目标，货物吞吐量要达到 6500 万吨。

展望 2025 年，洋浦开发区将在重点产业打造上有一个脱胎换骨的改变。未来 5 年希望能够打造 3 个超千亿级的产业集群。

一是绿色石化新材料产业，利用现有的千万吨炼油百万吨乙烯再往下游延伸，把下游的新材料产业做大做强，整个产值规模要达到 1400 亿（元）。

二是港航物流产业，港航物流产业在自贸港政策的刺激之下获得快速增长，未来 5 年会超过千亿（元）。

三是国际贸易，洋浦将充分利用新型离岸国际贸易政策，做大做强外贸，希望未来贸易额能够突破 4000 亿（元）。

另外还要聚焦先进制造业发展，谋划培育健康食品加工产业和高端旅游消费品制造产业，这两个产业充分利用自贸港加工增值 30% 以上内销零关税政策，预计未来产值都能突破百亿级。

园区还将把现有的造纸产业链进一步延长，使产值突破 200 亿元。此外还谋划智能制造等高新技术产业，希望到 2025 年产值突破百亿。未来洋浦（将）构成 "3+3+N" 的产业体系，形成洋浦经济开发区高质量发展的重要基础。

25

北京的蓝天是如何多起来的

本期策划 ｜ 陈建

记者 ｜ 陈杭　杜燕　程宇　蒋启明

撰稿 ｜ 陈杭　杜燕

播发时间 ｜ 2021 年 1 月 9 日

采访嘉宾　刘保献
北京市生态环境监测中心
主任

■ 2020 年，北京连续 322 天无 $PM_{2.5}$ 重污染。同时，北京蓝天"含金量"持续提升，全年"好天儿"比 2019 年多了 36 天，为全球提供了"北京经验"

■ 出现重污染天气的原因在于污染排放大于环境容量，在没办法控制极端不利气象条件下，只能控制污染源，加大力度降低排放

■ 借助各方面手段，给北京大气做"CT扫描"建成"天地空"一体化监测体系

扫 码
看访谈视频

> 雾霾曾经肆虐北京。2013年，北京仅连续87天无 $PM_{2.5}$ 重污染。
>
> 蓝天逐渐回归北京。2020年，北京连续322天无 $PM_{2.5}$ 重污染。同时，北京蓝天"含金量"持续提升，全年"好天儿"比2019年又多了36天。
>
> 那么，北京的蓝天为什么越来越多？"雾霾"是怎么逐渐远离人们的生活圈？未来北京在环境保护方面有什么新计划？

访谈实录

FANGTAN SHILU

中新社记者： 2011年左右，"雾霾"进入北京市民的视野。最近两三年，北京的蓝天越来越多，雾霾明显减少，您能不能用数据展示一下北京治理雾霾的成绩单？

刘保献： 近年来，北京的空气质量明显改善，从数据上来讲也有很好的体现。简单归纳起来，是四个"三"。

第一，$PM_{2.5}$ 首次降到"30+"。2020年 $PM_{2.5}$ 年均浓度是38微克/立方米，创历史新低，同比下降9.5%，和2013年相比下降57.5%。

第二，全年"好天儿"达到 3/4。2020 年全年（空气质量）优良天数总计是 276 天，比上年多了 36 天，比 2013 年多了 100 天。

第三，2020 年 $PM_{2.5}$ 优良天达到 330 天。330 天什么概念？全年 90% 以上都是 $PM_{2.5}$ 优良天，相当于现在每周 $PM_{2.5}$ 优良天，就是老百姓说的蓝天，是 6.3 天，2013 年时（每周）还不到 4 天。

第四，2020 年连续 322 天没有 $PM_{2.5}$ 重污染，基本从 2 月下旬以后，一直到年底都没有。目前，北京在夏季和秋季基本上消除了 $PM_{2.5}$ 重污染。2013 年连续没有 $PM_{2.5}$ 重污染的天数只有 87 天。

当然，还有很多数据都能够表征，目前北京空气质量明显改善。

应该说经过全市共同努力，区域协同减排，北京的空气质量（改善）在多个方面取得历史性的进展。

蓝天白云下的北京故宫角楼风景如画。　　　　　中新社发　蒋启明　摄

中新社记者：几年前，一些人宣称因为雾霾要"逃离北京"。随着北京空气质量的改善，您认为如何从科学的角度来看待雾霾及其治理？

刘保献：对于空气污染，必须从比较长的时间段去客观看待。

第一，从全世界来看，空气污染问题困扰着很多城市。比如大家比较熟悉的1952年伦敦烟雾事件，1940年到1960年美国洛杉矶也发生了光化学烟雾事件。

我印象最深的是，1937年有一场切尔西和查尔顿的（足球）比赛，因为伦敦的雾比较大，裁判员提前把比赛终止了，守门员巴特拉姆不知道，他看不到前面的人，还坚持守门15分钟。

我们前几年经历的污染，到现在全球还有很多城市也正在经历。我们必须客观看待这个问题，空气污染不是我们特有的。

第二，空气污染主要是人的影响造成的，是可以治理的。大家要坚信，通过努力，污染是可以治理的。

比如伦敦在1952年发生烟雾事件以后，1956年颁布了《清洁空气法案》，开始深度治理污染，到1980年基本上甩掉了"雾都"的帽子。

洛杉矶1940年开始有光化学污染情况，陆续颁布《清洁空气法》《空气质量法》，2007年基本达到比较好的清洁空气（状况），用了60多年。

对于北京，大家也能感受到，前几年污染比较重，现在越来越好。

第三，科学看待污染问题，要了解背后原因，认识它的艰巨性和复杂性，不是今天想治，明天就治理好了。

以北京为例，本身（大气）扩散形势就没有国际上一些城市好。北京三面环山，就像一个簸箕，污染从簸箕口进来以后很难消散。北京处于北纬40度，干旱少雨，污染扩散受一定限制。

另外，整个京津冀区域污染物的排放总量比较大。这个区域集合了钢铁、焦炭、玻璃、原料药等（企业），总产量占全国40%，单位国土面积燃煤消耗比全国高 4 倍，而且 80% 运输主要靠重型柴油车，污染排放总量大，容易产生大气污染。

从这些角度来看，必须认识到大气污染治理有艰巨性、长期性，需要一些时间。

虽然现在北京（PM$_{2.5}$ 年均浓度）达到 38 微克 / 立方米，但是，相对于国际上一些城市，比如洛杉矶、伦敦等，浓度还是偏高，离国家标准还有一定差距，还需要不断努力。

总体上来讲，污染是困扰世界上很多城市的一个比较大的问题，但是要坚定信心，它是可以治理的，需要大家共同努力，需要一个艰难的时期，要下大力气去治理。

中新社记者：请您谈一谈，北京是如何提高环境监测数据的准确性？做好这项工作对于推进大气污染治理有什么作用？

刘保献：从数据上来看，北京这几年的大气污染治理（成果）举世瞩目，全世界都给予了非常高的评价，也为全世界很多城市，特别是发展中国家的一些城市树立了榜样，提供了经验。

环境监测一直是污染治理的基石、耳目、顶梁柱，起到了非常重要的作用，简单归纳的话，有这么几点：

一是环境监测对于大气，就像做"CT 扫描"，为它找（到）一些问题。

在 2013 年以后，北京经过几年的时间，陆续建成了全世界比较领先的三位一体的大气 PM$_{2.5}$ 监测体系，包括质量浓度监测，能够实时获取 PM$_{2.5}$ 结果。也有成分监测，比如 PM$_{2.5}$ 的组成到底是什么，是硫酸盐还是硝酸盐，是燃煤形成的，还是机动车影响的？另外还有卫星遥感，从天上看北京区域里到底是什么情况，是受沙尘影响，还是受区域整体污染传输影响？

总之，我们借助各方面手段，组建了一个天、空、地三位一体的网络，时时刻刻为北京的大气做监测，就像去医院做 CT 扫描，助力大气污染治理。

另外（第二），我们通过新技术为北京各个街道、乡镇建立了 1000 多个小微站，也利用传感器布了一些 $PM_{2.5}$ 监测网络。结合大数据，能为管理人员、环境执法人员提供小区域，比如 1 公里 ×1 公里范围内，污染情况怎么样，什么时间高，主要责任是谁的。治理精细化程度越来越高。

第三，建立了来源解析的技术体系，对 $PM_{2.5}$ 进行剖析，就像人得病了首先要对症下药。

同时，污染治理还是要消灭污染源，或降低污染源的排放。我们用科技手段时时刻刻监控主要的污染源。

比如开展裸地监测，"在天上放了一个照相机"，每月一拍。用卫星给北京照相，在相片里识别哪个地方有裸地，尽快把它盖住，或者要求管理部门管理好裸地，减少（扬）尘。其实大家也能感受到，这几年北京不仅天变蓝了，尘也变少了。2020 年 1 至 11 月，降尘量 5.3 吨 / 平方公里，大幅度下降。

我们还对未来的空气质量开展预测。比如通过数据分析、模型运算，预测可能有污染过程，提前启动预警，尽最大努力降低峰值，我们叫削峰减速，就是把峰值降低，让增长速度降下来，减少短时间的污染问题。

总之，环境监测在整个大气污染治理过程中，提供了非常大的技术支撑。

中新社记者： 2013 年，北京市雾霾天气频发。您带领团队率先解析 $PM_{2.5}$ 来源，在这个过程中克服的最大困难是什么？发布了很多解析报告，对于北京市推动大气污染的治理发挥了怎样的作用？

刘保献： $PM_{2.5}$ 来源解析，就是建立环境和污染源之间的定量关系。环境中的 $PM_{2.5}$ 来自污染源的排放，比如燃煤、机动车、工业、施工工地的排放。来源解析就是告诉大家环境里的 $PM_{2.5}$，多少来自机动车、多少来自燃煤、多少来自扬尘，这是一个科学的技术方法。

$PM_{2.5}$ 来源解析过程还是比较复杂的，因为污染源排放的污染物最终变成 $PM_{2.5}$，是有一个过程的。$PM_{2.5}$ 大部分是二次生成的，是污染排放的二氧化硫、二氧化氮、VOCs 在空气里经过反应，在一定温度、气象条件下变成颗粒物，比如二氧化硫变成硫酸盐，二氧化氮变成硝酸盐，VOCs 变成有机物。

这样的话，来源解析既要了解污染源排放情况，又得建立污染过程中二次转化的模型。在这个过程中，很大难点在于环境里 $PM_{2.5}$ 衡量组分的测定，硫酸盐、硝酸盐到底有多少。另外就是污染源排放的量和清单，需要全北京大量的污染源监测，才能获取污染源的排放情况。第二个难点是，建立一个比较好的反应机制，能够比较准确、客观地还原它生成的过程。

我们经过多年积累，解决了一些关键问题，多次获得北京 $PM_{2.5}$ 来源解析结果，为大气污染治理措施的制定起到非常关键的作用。

比如，第一次来源解析走入大家的视野，是 2014 年我们发布了 $PM_{2.5}$ 来源解析结果，这是在 2012—2013 年做的，（显示）北京本地来源 31.1% 是机动车、22.4% 是燃煤、18.1% 是工业、14.3% 是扬尘。

针对这四大来源，2013—2017 年我们制定了系列措施，总结是压减燃煤、控车减油、治污减排、清洁降尘。

对症下药，空气质量改善的结果也体现出来。2017 年北京市大气 $PM_{2.5}$ 是 58 微克 / 立方米，很好地完成了大气十条的目标，是一个阶段性的成果。

2017 年以后，我们又对北京 $PM_{2.5}$ 开展来源解析，发现从 2013 年到 2017 年，各类源绝对量都在下降，下降幅度不一，影响占比，特征是"两升两降一凸显"：

"两升"是移动源占比上升到 45%、扬尘源占比上升到 16%。

"两降"是燃煤源和工业源下降，燃煤源从 22% 降到 3%，基本上退出主要（大气污染）源的行列，工业源也降到 12%。

"一凸显"是（生活面源的凸显），北京产业调整非常快，（随着治理，城市运转）刚性的需求（带来的影响）也慢慢凸显出来，占 12%。

针对这些特征，需要调整大气污染治理的方向。比如燃煤源巩固成果，逐步开展深入治理。移动源、扬尘源要重点开展治理，所以北京蓝天保卫战三年行动计划重点针对重型柴油车、扬尘、挥发性有机化合物。

2020 年 $PM_{2.5}$ 创历史新低，首次降到"30+"。其他污染物像 PM_{10} 是 56 微克/立方米，二氧化氮是 29 微克/立方米，继续保持达标。二氧化硫一直维持个位数极低的浓度水平。

来源解析对大气污染治理，特别是治理措施方向的确定发挥着很大的作用。这项工作要持续不断地开展、更新。

中新社记者： 2020 年北京市大气污染治理卓有成效，新冠肺炎疫情发生以后，北京市工业、生活活动都大幅度下降，有一段时间还是出现了重污染天气，您能分析一下原因吗？

刘保献： 新冠肺炎疫情提供了很重要的一个场景来分析这些污染背后的来源情况。在疫情初期，2 月 11 日到 13 日有一次重污染过程。大家有疑问，为什么车停了，生产活动水平下降，还有污染。

其实我们也做了细致的分析。第一，2 月发生了极端不利的气象条件。比如边界层，相当于大气污染物垂直扩散的一个空间，几天以内从 1500 米下降到 300 米左右，污染物本来在 1500 米空间扩散，现在只能在 300 米空间内扩散，污染物浓度提升了好几倍。

另外，（那）几天气温比较反常。高空温度快速上升将近 10 度，造成地面气温低，形成逆温，气流往下走，污染物扩散更加不利。正好北京区域处于气流的辐合中心，整个区域的污染汇在这个地方。其实不光是北京，这个污染团走到哪个城市，哪个城市都是有污染的。

根本还是在于污染排放大于环境容量，虽然（受）疫情影响污染排放降低不少，但还没有与气象条件脱敏。

刚才也提到，京津冀区域的污染量在全国都是最高的，单位国土面积燃煤排放量是全国的四倍。虽然各个方面污染物排放有降低，但总的来讲，城市降得多，农村降得少；2月份是采暖季，有大量供暖需求；轻工业停得多，重工业停得少，重工业比如钢铁、玻璃、焦炭这部分基本上没有停。

所以，整个区域污染物排放量的基数还是比较高的，遇到极端不利条件，还是会发生重污染过程。和一些相似的污染过程相比，比如说（和）2014年相似污染过程比较，不管是污染峰值，还是污染程度，都要下降将近50%，也体现出多年污染减排的成效。

启示在于，目前整个污染物排放基数或者排放总量远超环境容量。（我们）没办法控制极端不利气象条件，只能控制污染源，加大力度降低排放。等到污染物排放总量降到一定程度，和气象条件脱敏了，再有极端不利气象条件，可能就不会再发生污染过程。当然这还需要有一段时间，需要大家未来持续不断地努力。

中新社记者：气象条件对雾霾形成有一定的影响作用，北京及周边地区在什么气象条件下容易形成雾霾天气？今年1—3月，北京气象条件怎么样，对于大气污染会产生什么影响？

刘保献：什么条件下容易产生空气重污染？一个是低气压。如果这个区域处于一个低的气压，相当于水往低的中心流，周边的污染物就会聚集到这个地方，容易产生污染。

还有逆温。正常的气温随着高度上升会降低，但也有反常的时候，就是高空气温比较高，地面气温比较低，气流实际上是往下走，垂直扩散的条件就变差，就像"盖了一个被子"，气流垂直扩散不出去，容易产生污染。

还有一个条件就是静稳且高湿，$PM_{2.5}$大部分都是二次生成的。污染物"走不了"，湿度比较大，加上气温偏高，这些气态污染物像二氧化硫、二氧化氮、VOCs容易转化成$PM_{2.5}$，容易产生重污染。

北京秋冬季容易发生低气压、逆温、高湿，加上这段时间是采暖季，污染物排放也会增加，更需要下大力气尽量消减污染总量，让它受气象条件影响小一点。

更长时间来看，根本在于长期的污染减排，（那么）收获的蓝天会越来越多，污染会越来越少，受气象波动的影响会越来越低。

大家比较关心未来的空气质量怎么样，我们也做了一些分析，应该说（今年）1月上半月还是不错的，下半月稍有转差。2—3月，随着气温升高，冷（空气）活动降低，整体扩散条件相对变差一些。当然，这种长时间的预测，还有一定不确定性，我们会跟进临近预测，发布相关信息。

中新社记者：环境保护除政府以外，需要全社会的参与，形成强大的社会合力。您认为，在日常的生活中怎么普及环保知识，让更多人关注、参与到环保行动中？

刘保献：不仅是大气，整个生态环境保护是非常依赖社会公众参与的。

环保问题，是一个系统性、社会性的问题，不是（单一的）行业、区域问题。加强引导、宣传，让大家更加深入地了解、认识环境，主动开展工作就非常关键。

我们一直以来秉承的一个思路是信息公开。从2013年按照国家新标准，开始对外时时发布空气质量状况，包括明天是好天还是污染天，大家都能很方便地查阅到。

第二，通过各种渠道让社会公众参与环保治理，比如12345热线等。

总之，手段越来越丰富，但还需要大家集思广益。只有把全社会的力量动员起来，大气污染治理才能更加高效，治理历程才能进一步缩短。

人文泛舟

"他是国家的总理，不是周家的"

🎙 本期策划 ｜ 魏群
👤 记者 ｜ 杨程晨　刘超　田雨昊
👤 撰稿 ｜ 杨程晨　林世雄
🕐 播发时间 ｜ 2021 年 5 月 25 日

采访嘉宾　周秉德
中新社原副社长、周总理的侄女

■ 我们上学的时候，他（周总理）就再三给我们强调："你们现在是
普通学生，将来长大了就是普通老百姓。绝不能因为我是国家总
理，你们就有任何的特权，特权思想也不可以有。"

■ 日常生活中，（周总理）就是"忙"。因为他要处理的事情太多。
他脑里全是考虑着国家和人民，唯独没有（考虑）他自己

扫 码
看访谈视频

> 2021年恰逢中国共产党建党百年，在这一时间节点，重温包括周恩来总理在内的中共领导人家风故事显得格外有意义。作为周总理的侄女，也是陪伴周总理夫妇时间最久的周家晚辈，中新社原副社长周秉德回忆有关总理的家风故事。

访谈实录

FANGTAN SHILU

中新社记者：我们从小在各类读物里面都可以读到有关总理的故事。在与他生活的这些年月里，周总理日常生活中是一个什么样的形象？

周秉德：日常生活中，就是"忙"。因为他要处理的事情太多。他脑里全是考虑着国家和人民，唯独没有（考虑）他自己。

他（总）在考虑全国人民的生活怎么样？有没有改善？有没有提高？国家建设、国防事业、外交等各方面让他忙不过来。甚至只能在开会时，往喝茶的茶杯里放些玉米糊，或是在汽车里吃两块饼干来扛饿。

时间对他来讲太宝贵。当时考虑到安全因素，建议领导同志少坐飞机。但他坚持坐飞机，只是希望抓紧时间多做事情。在我们的印象中，他就是一个为国为民、一直在忙碌的人。

中新社记者：如果要用一个词或者一句话来形容总理的家风，您会怎么形容？

周秉德： 共产党员要为全国人民服务，不能为自己谋私利，也不能为家人谋私利，这是他一贯的原则。

他非常简朴。例如吃饭，家里边从来都不可以有山珍海味。吃饭时，就是一荤一素一个汤。鱼如果没有吃完，下一顿要继续吃完。去外面工作时，事先要跟各个单位讲清楚，就吃普通食堂，不可以有专门的招待。浪费、豪华等都是他反对的。

大家看他的形象，都觉得他着装笔挺、很整洁，但是实际上他里边的衬衣全都是补了又补、破了又破。出国时也是穿这种衣服。他住在总统府、皇宫那些地方，不好在那里洗衣服，就送到咱们大使馆，请大使夫人帮着洗。大使夫人们在洗的时候，哭着洗，不敢用力，用力就会破，因为衣服很薄，还有很多补丁。

他不喜欢物质享受，在生活上没有为自己考虑。西花厅是个清末的房子，很潮湿，都是大方砖地砖。两个老人的腿不好，经常会疼。有一次两位老人离开北京一段时间，他的生活秘书请中南海的装修队伍把地面改成木板，然后还换了一张软床、窗帘、浴缸。他回来以后大发雷霆，到另外一个简单的地方去住。住了几天，有些领导同志说我们要跟你商量事情不方便，你应该回来。秘书也做了检讨，窗帘、木板床都换回来。地面没有再翻，因为翻了以后更劳民伤财。浴缸因为砌在地面，也就没换。

他虽然回来住了，但是在最高国务会议上，他两次做检查，说"我这个总理没当好，我带个好头，你们都会学做好事情。我要是带个坏头，你们会跟着我学坏。你们可别跟我学，这件事情我是要检讨的"。

中新社记者： 周总理和邓主席夫妇在家里，对于家庭最在意的事情有没有什么区别？尤其是在家风方面。在教育下一代上，他们两个有什么区别吗？

周秉德： 他们两位都经常（给我们）讲他们的革命经历：长征的时候非常苦，吃草根、树皮，甚至没有吃的。所以周总理说，我们几十年来的革命，随时准备可能牺牲；我们只是革命队伍中的幸存者。革命路上一起的同志，太多都牺牲了。所以我们现在不能忘了这些革命先烈，更不能不认真地工作。我们要替这些烈士们工作。这是我伯父的责任心。他觉得自己的责任很大，所以要忘我、加倍努力地工作。

中新社记者： 周总理常说他自己是国家的总理，不是周家的总理。您与他接触的过程当中，有没有哪些事例是可以特别地凸显周总理无私奉献、一生为民的形象？

周秉德： 我伯父特别忙，所以我们家里的事情是伯母操心。周家是个大家庭，很多人有什么事就找（伯母）。这家有病了、那家有困难了，都是我伯母承担起来。伯父顾不上，但是他掌握原则，就是不能特别照顾。

有一个故事是，（西花厅）院子里除了海棠以外，还有一些梨树、桃树等。每年秋天，这些果树结果之后，伯父觉得不能浪费，就让大家来分享，而且他要付款。他认为，院子是公家的院子，树是公家的树，水是公家的水。包括养护这些花木的工人都是公家派来的。我们没有动手，就不能坐享其成。我们得花钱，但是不能浪费。每次他都是这样公私分明。

有时候到机场去接外宾，我伯父非常注重仪表，但是工作一忙，胡子就顾不上刮。他就从西花厅到北京饭店去（理发）。理发之后，从家到北京饭店这一段路程要记下里程。因为这一段是私事，私事要记下里程。到月底的时候，凡是私事用车都要去交费。他还不时地要督促司机师傅。老杨师傅回忆的时候就说，总理经常要问他有没有记下来。

中新社记者：我们听说过一个有关您的故事。您工作之后离开北京，辗转数年又回到北京。伯父见到您的第一句话，不是问候而是带有些许责备的"质疑"。

周秉德：1955年我18岁，在一个小学做老师。工作三个月，区委机关把我调到区委去做一个临时工作。到区委工作后，我就告诉伯父。"你不在小学这样的基层工作了？怎么能到区委机关？是不是因为我周某人的关系？"我说，是组织上让我来的，我得服从组织分配。他就希望我们在最基层、最艰苦、最边缘的地方工作，"这是你们应该去锻炼的地方"。

19年之后是1974年，我跟先生随军到外地，在西安工作5年、又在遵义的山沟里工作了4年。组织上把我先生调回北京。我不敢跟着回来，因为没有调令。我陪他去跟领导告别。领导说你们怎么不一块走。我说我没有调令。领导说你周秉德回到北京去找一个工作，那还不是一句话的事吗？我说我从来不走"一句话"的这条路。

后来部队跟北京有关方面联系，让我一块回到了北京。回去后看望伯父，他又是这句话："秉德，你都离开北京工作九年了，怎么回到北京来工作？是不是因为我周某人的关系？"同样一句话，19年后又问了一次。

我伯母在旁边就说："恩来，你别忘了，秉德不光是你的侄女，她还是随军家属。她是随军调动。"伯父这才不再追问。他其实是想告诉我们，我们不能因为他的关系，改善工作环境，要自己走自己的路。

中新社记者：家风联系着党风政风，您怎么看周总理处理家风和党风之间的关系？

周秉德：他从内心觉得我们是共产党，共产党就不能像剥削阶级政党的政权掌握者那样有很多私心杂念。咱们共产党要为人民服务，为全国老百姓服务，把国家建设好，让人民的生活水平有所提高。共产党的作风是为了全国人民的利益，不能为个人。所以他一直这么教育我们。

中新社记者：您当年住在总理家的时候，其实附近也有很多其他的中共领导人。在您看来，那一代的中共领导人，他们的家风有什么共同点吗？

周秉德：我耳闻他们也是很简朴。像刘少奇家、朱德家，孩子们都挺多。衣服都是大的穿剩下小的穿，小的穿破了，截个裤腿再穿，或者是打补丁。那个时候，大家都是按照我们有多大能力，就做多大事，绝对不会想方设法去多些收入，多些经济来源。如果孩子多（钱）不够用，那就精简着用、节俭着用。那时候都是这样。咱们共产党就是要为全国人民服务。所以，我觉得现在的一些各级干部，应该要继承和发扬这种作风。

中新社记者：良好的家风往往能影响几代人，您觉得周总理夫妇带给周家下一代身上影响最大的品格是什么？

周秉德：我们不是做老百姓，我们就是老百姓。一切要以国家利益、人民的利益为上。

我们上学的时候，他就再三给我们强调："你们现在是普通学生，将来长大了就是普通老百姓。绝不能因为我是国家总理，你们就有任何的特权，特权思想也不可以有。"这对我们来说是非常深刻的教育。

在他的教育下，我选择去做小学老师。我初中毕业的时候，想到国家要大力地发展建设，但是听说当时国内的文盲特别多，小学缺老师。我就决定去做小学老师。我当时上学的学校，很多人都是去留苏了。我没有想过，只想着我应该去第一线，去做小学老师。这就是受到他们的影响。要是没有他们的影响，我不会想到这一步。他们的这种影响，对我们而言是实实在在的。

中新社记者：我们国家现在正处于实现"两个一百年"奋斗目标的历史交汇期，您刚才也提到我们现在的党员，我们的各级干部，应该回头去重新学习这些老共产党员身上的一些品格。您觉得现在我们重提家风故事，对于当下的中共党员有什么启示意义？

周秉德：习近平总书记也是非常重视家风、家教，要求家庭关系要处理好。现在社会上有些反面的现象，有时候一些子女或者是枕边风等没有起到好的作用。所以作为干部，你要把握住自己。首先要自律，然后要树立好家风。

各级干部要认真学好共产党的历史，要发自内心地去思考我们共产党成立的理由是什么？就是牺牲自己也要为全民（族）谋利益。我们共产党员要时时想着老百姓，要想到全国人民生活水平的提高、国家的建设发展。

中新社记者：您认为当下讲家风故事，重视家风，对年轻人尤其是现在的新的家庭意味着什么？

周秉德：现在社会上对于年轻人的各种各样的诱惑太多。在这个时候，我觉得年轻人的教育极为重要。（近期播出的电视剧）《觉醒年代》讲述了过去的不容易，建立共产党之前的新文化运动的一些思想斗争和不同的观点，还有一些年轻人为了自己的理想和全国人民的幸福不怕牺牲。整个电视剧不枯燥，有家庭关系，有年轻人互相之间的一些鼓励，也有些中年人的纠葛和矛盾以及不同的争论。这样无形中可以把年轻人带领得更健康、更正确，可以担负起将来的责任。

现在的青年人，要接受这种教育，要懂得怎么样来接班。他们各方面都要自律，把自己管好，管好了自己也就管好了将来，同时也管好了我们国家的未来。

举办冬奥会对中国冰雪运动有何影响

🎤 本期策划 ｜ 吴庆才

👤 记者 ｜ 王昊　董泽宇　富田

👤 撰稿 ｜ 王昊

🕐 播发时间 ｜ 2022 年 1 月 25 日

采访嘉宾　李佳军

中国首位男子冬奥会奖牌得主

■ 因为在家门口比赛，这对运动员而言压力更大。我觉得全国观众一定要给予运动员特别的宽容与理解

■ 短道速滑是一个特别容易出现意外的项目。现在很多优秀运动员已拿过出色的成绩，希望他们在比赛中更注意细节

扫 码
看访谈视频

> 北京冬奥会即将于 2 月 4 日揭幕，"双奥之城"聚焦世界目光。在中国冰雪运动的发展历程中，李佳军扮演了重要角色。他是中国首位男子冬奥会奖牌得主，退役后仍深耕冰雪领域。
>
> 在北京冬奥会火种的采集过程中，李佳军作为中国第一棒火炬手参加了火种在希腊的传递。同时作为北京冬奥组委运动员委员会委员，他也深度参与到赛事筹备中。
>
> 对征战北京冬奥会的中国健儿有几多期待？举办冬奥会对中国冰雪运动发展有哪些积极作用？如何吸引更多人参与到冰雪运动中？

访谈实录

FANGTAN SHILU

中新社记者：你之前作为北京冬奥会中国第一棒火炬手参与到了火种传递的过程中。手持火炬"飞扬"时，心里有何感受？

李佳军：火种象征着和平、友谊、光明。非常荣幸能够代表中国参与火种的采集和传递，也让自己对奥林匹克文化及体育本身有了更深刻的认识。

很多非洲运动员也参与到了冬季运动中，他们只要有这样一个机会，哪怕可能是最后一名，也要去参与、完赛，无论千辛万苦都要赶到北京。这也说明，通过体育能凝聚很多人群和力量。

中新社记者： 与你运动员时期相比，现在短道速滑的世界格局有何不同？各国选手之间的实力对比是否有明显变化？

李佳军： 无论是从场地、器材装备还是人员配备，整体变化都非常大。例如，我在1981年开始学习滑冰时，印象中当时全国室内冰场数量极少。如果能被排到后半夜时段上冰，我们都会兴奋得睡不着觉，感觉"天上掉馅饼"，才能有机会到室内场地练习。

按照统计，全国标准冰场在2021年初时已达654块。整体大环境变化后，参与这一项目的运动队、人员数量等都有大规模的提升。

竞技方面，虽然早期竞争也很激烈，但由于参与地区相对较少，因此我们的主要对手就是韩国、加拿大、美国和欧洲个别国家。现在完全不同，假如比赛有10个项目，可能最后冠军会被10个国家瓜分，且各国运动员整体实力还是上升势头。

中新社记者： 中国短道速滑水平一直处于世界第一梯队。但平昌冬奥会后，队伍经历了一段低谷期。不过在本赛季四站世界杯赛中，中国队成绩不俗。你觉得中国选手的竞争优势体现在何处，又如何展望师弟、师妹们在北京冬奥会上的前景？

李佳军： 虽然在上届冬奥会中，中国短道速滑男子项目实现金牌突破，但是从整体看，我个人认为存在一些不足。

在我们当运动员那个年代，中国男、女队各有4到5名主力，无论接力还是单项，从长距离到短距离都具备较强竞争力。虽然现在我们整体水平不错，个别运动员比较突出，但在综合实力上仍有欠缺。

像近两年，中国队的看点集中在男子短距离项目上，但其他方面我们缺少竞争力。这是我觉得目前，包括在冬奥会之后，队伍需要提高的地方。

对于大家此前一段取得的成绩，我觉得应给予肯定。但是若想在北京冬奥会上取得更好的成绩，选手在细节、心态等方面需要控制得更好一些。

短道速滑是一个特别容易出现意外的项目。现在很多优秀运动员已拿过出色的成绩，希望他们在比赛中更注意细节。

中新社记者：除短道速滑外，中国选手本赛季在雪上项目中成绩同样不俗。你对于中国体育代表团的整体表现有何期待？主场作战是否会对运动员产生影响？

李佳军：虽然取得一些成绩，但是我们仍要把更多困难摆在眼前。有些对手可能之前发挥不佳，有些对手可能未去参赛，一些隐藏的高水平运动员可能没有被我们发现。不能单凭某一站比赛的成绩，就认为我们已经赢了。

2022年2月5日，在首都体育馆举行的北京2022年冬奥会短道速滑项目混合团体接力决赛中，中国队夺得冠军。　　　　　中新社记者 毛建军 摄

希望我们的运动员能够继续保持状态，不要受伤病的影响，克服意想不到的挑战，朝着升国旗、奏国歌的目标努力，我觉得大家就会认可你、理解你。

另一方面，因为在家门口比赛，这对运动员而言压力更大。我觉得全国观众一定要给予运动员特别的宽容与理解。

在申办北京冬奥会之前，我们有三个三分之一。三分之一是优势项目，例如自由式滑雪空中技巧、短道速滑、花样滑冰等。另外三分之一比较落后，还有三分之一没有开展。短短几年，我们已经把北京（冬季）奥运会这7个大项、15个分项、109个小项的国家队都组建完毕。

在疫情防控常态化条件下，由于比赛信息相对较少，大家对新组建的队伍可能不够了解，都想通过北京冬奥会来检验中国代表团的选手。在这种情况下，许多运动员会更紧张，压力更大。

中新社记者：作为北京冬奥组委运动员委员会委员，在筹备过程中，你需要完成哪些工作？

李佳军：国际奥委会一直以运动员为主体。在吃、住、行、训练、比赛等方面，尽可能给他们创造更好的环境。

这就需要运动员委员会的委员到各地去了解运动员的想法，听到更多他们的心声。我们希望能够在各个方面，让他们有一个开心、顺利的备战过程。

中新社记者：退役之后，你选择继续深耕冰雪领域。中国冰雪运动基层人才储备现状如何？近年来有许多小朋友愿意投身到冰雪运动中，对于他们的未来，你有何建议？

李佳军：中国冰雪运动整体变化非常大。首先是比赛，以前冰雪项目只在东北有，并且集中于吉林、黑龙江两省。由于人少，所以每次比赛时间也非常短。

河北省张家口市，雪后的国家跳台滑雪中心"雪如意"。

中新社记者 贾天勇 摄

随着国内冰雪运动发展，现在比赛规模扩大了，时间也从单日增加到多日，全国各地的运动员都参与其中。

很多事让我觉得，我们做得还不够。许多孩子来比赛时，他们渴望参与其中的眼神与心情，特别打动我。然而他们并不了解运动规则，这又让我感到很无奈。比如冰球比赛中，穿了花样滑冰的冰刀上场。

对于他们，我认为最重要的是选择合适的教练，我们以前就走过许多弯路。比如冰场教花样滑冰，但实际教练是速滑或短道、冰球出身，这对于孩子们的帮助肯定是不足的。

如果专业对口，相对会好一些。因为还涉及其他知识，包括训练器材使用、体能训练周期等，它都需要一个学习的过程。

中新社记者：你已提到近年全国冰场数量变化。从你自身出发，对于冰雪项目在国内整体参与度的变化有何感受？我们还要从哪些方面来缩小与其他冰雪强国之间的差距？

李佳军：我印象中，目前国内雪场比冰场还多，已经达到803个，整体参与人数的变化就更多了。如大家所知，我们一直在响应国家号召，带动3亿人参与冰雪运动。据了解，我们国家已经完成了这一目标。

至于缩小差距，我认为首先还是要从专业人才方面着手，近两年许多高水平专业队非常缺人才。

例如滑雪队，雪板需要打蜡师，但是国内很缺少相应人才，几乎看不到。在这一领域，我认为还需要更多发展。同时也希望有更多院校，开展相关专业课程。

28

北京冬奥场馆如何体现"中国智慧"

本期策划｜ 陈建

记者｜ 杜燕 董泽宇 苏丹

撰稿｜ 杜燕

播发时间｜ 2022 年 2 月 3 日

采访嘉宾　徐全胜
北京市建筑设计研究院有限公司
董事长、总建筑师

- "冰丝带"采用的索网结构设计，不仅实现了结构形式的创新，也破解了屋顶索网结构高钒密闭索"卡脖子"技术，中国企业自主研发达到世界先进水平

- "冰丝带"拥有一个"最强大脑"，实现了智慧场馆"有感觉，会呼吸，有记忆，会思考"

■ 从夏季奥运会到冬季奥运会，中国科技有了长足发展，在这些新建和改扩建的场馆建设中，中国自主科技创新的技术支持了绿色、开放、共享的理念

扫　码
看访谈视频

"

从 2008 年到 2022 年，一座座奥运场馆不但成为城市新地标，也成为"双奥之城"北京乃至中国发展的缩影，见证了中国与世界更加紧密的联系。建筑如何见证时代的发展？奥运场馆的设计、建设如何体现中国智慧、展现中国文化、讲述中国故事？

访谈实录

FANGTAN SHILU

中新社记者：作为北京 2022 年冬奥会和冬残奥会北京赛区场馆建设的主要设计方，北京市建筑设计研究院有限公司（以下简称北京建院）承担了哪些场馆的新建与改扩建？

徐全胜：北京 2022 年冬奥会和冬残奥会共使用 39 个场馆，其中竞赛场馆 12 个、训练场馆 3 个、非竞赛场馆 24 个。

北京建院参与了 9 个场馆的新建与改扩建设计任务，包括国家速滑馆、国家会议中心二期、北京冬奥村人才公租房项目（北京冬奥村）、五棵松冰上训练中心这 4 个新建场馆的设计工作，以及国家游泳馆、国家体育馆、五棵松体育中心以及首都体育馆、首体综合训练馆 5 个场馆

的改扩建工作。

中新社记者：国家速滑馆作为北京冬奥会的标志性场馆，被认为是世界一流的场馆。那么，场馆运用了哪些世界一流的科技？

徐全胜：国家速滑馆又称"冰丝带"，是北京2022年冬奥会和冬残奥会北京赛区标志性场馆和唯一新建冰上竞赛场馆，拥有亚洲最大的全冰面设计，能够很好地支持运动员赛出优异成绩。

2022年8月8日，国家速滑馆"冰丝带"举行"全民乐享冰丝带，健康生活滑起来"主题活动。　　　　中新社记者 韩海丹 摄按照绿色低碳的要求,"冰丝带"采用目前世界上最先进环保的二氧化碳跨临界直冷制冰技术,碳排放值趋近于零,制冰能效大幅提升,这是全世界首次将这种制冰技术应用在大型公共建筑上。

"冰丝带"还采用了目前世界上跨度最大的单层双向正交马鞍形索网屋面,用钢量仅为传统屋面的四分之一,这样精巧的空间设计为节能环保提供了保障。

值得一提的是,"冰丝带"采用的索网结构设计,不仅实现了结构形式的创新,也破解了屋顶索网结构高钒密闭索"卡脖子"技术,推动建成国内首条生产线,打破了进口索的垄断地位,中国企业自主研发达到世界先进水平。

此外,"冰丝带"拥有一个"最强大脑"。作为场馆智能化基础数据集成平台,"最强大脑"下层连接场馆内装设的各类设施和信息化系统,上层对接场馆运营服务系统,通过收集计算智能传感器实时监测的场地湿度、温度、风速以及观众席各区域人员数量,调控座椅送风系统和除湿系统,让冰面始终处于最佳状态,确保打造出"最快的冰",实现了智慧场馆"有感觉,会呼吸,有记忆,会思考"。

中新社记者:习近平总书记今年初在视察"冰丝带"时强调,无论新建场馆还是场馆改造,都要注重综合利用和低碳使用,"冰丝带"等冬奥场馆在设计和建设中是如何贯彻这一理念的?

徐全胜:北京冬奥会新建和改扩建场馆都将实现综合利用和低碳使用。

自北京冬奥会申办成功至今,中国实现了"带动三亿人参与冰雪运动"的目标,有力促进了全民健身和全民健康。

以"冰丝带"为例,场馆选址采用了2008年北京奥运会曲棍球、射箭临时场馆用地,赛时将举办速度滑冰比赛,赛后将进一步推动全民健身的开展,不仅可接待超过2000名市民同时进行冰球、速度滑冰、花样滑冰、冰壶等冰上运动，也为赛后的商业演出预留了前所未有的空间。

所有奥运场馆，在设计建设之初就贯彻共享理念、综合利用理念，既支持比赛，又支持赛后利用。

中新社记者： 从 2008 年到 2022 年，北京建院在"双奥"场馆建设方面的主要角色有哪些？"两个奥运"的场馆设计理念有何变化？

徐全胜： 从 1991 年至今，北京建院参与了三次申奥和两次奥运工程的设计工作。

我认为，场馆设计理念要充分体现办奥理念。

2008 年夏季奥运会办奥理念是"绿色奥运、科技奥运、人文奥运"，奥运场馆成为全球利用太阳能发电量最多的建筑群之一；应用新型建筑材料、掌握关键材料技术，奥运场馆的科技含量显著提升；城市运行全面升级，公共交通连线成网，文明风尚渐成常态，北京努力让民众共享奥运带来的发展成果。十余年来，绿色、科技、人文已融入北京城市发展的战略中。

2022 年冬季奥运会秉持"绿色、共享、开放、廉洁"的办奥理念，突出科技、智慧、绿色、节俭特色，场馆建设在新时代的新发展理念指导下进入了新的发展阶段。

第一就是绿色。北京冬奥会充分利用 2008 年既有奥运场馆和设施，并在场馆新建和改扩建过程中突出绿色低碳理念，所有新建场馆均取得三星级绿色建筑设计标识，所有改造场馆达到绿色建筑二星级标准。

第二就是开放。中国欢迎、支持全世界运动员来到北京冬奥会的北京赛区、延庆赛区、张家口赛区参加比赛，在中国的场馆和赛场上取得世界最好的成绩。同时，这些建筑向全世界展示中国的发展、中国的科技以及中国的文化。

第三就是共享。冬奥会建筑落实"简约、安全、精彩"的办赛要求，大量场馆由夏季奥运会的体育项目功能转化而来，是绿色的体现，也是最大的共享。比如，五棵松体育中心曾是2008年北京奥运会篮球比赛场馆，赛后成为中国篮球最重要且具有代表性的场馆，同时还是中国流行音乐的标志性场馆，篮球场地仅需6个小时就能变为冰球场地；国家会议中心二期承担冬奥会北京赛区主媒体中心，是奥运史上首次将国际广播中心和主新闻中心整合到一起，在赛后将成为世界级会展综合体；北京冬奥村在赛时是运动员公寓，赛后将作为北京人才公寓永久保留。

以上所有理念的实现，都有一个巨大的支撑——科技。从夏季奥运会到冬季奥运会，中国科技有了长足发展，在这些新建和改扩建的场馆建设中，中国自主科技创新的技术支持了绿色、开放、共享的理念。

中新社记者：伟大的建筑都是一个时代经济、科技等方面最高水平的具体体现。14年间，中国在经济、科技、文化等方面都发生了巨大的变化，从建筑师的视角，您认为从夏奥会到冬奥会的14年间，北京城最大的变化有哪些？

徐全胜：我认为，最大的变化就是从高速度发展到高质量发展的转变。

2008年夏季奥运会之时，中国处于高速度发展阶段，有一些城市基础设施、城市功能尚不完善。这些年，中国进入高质量发展阶段，从城市建筑，到景观环境，再到城市治理，都发生了很多变化，交通、人口、空气等问题在一定程度上得到了较好解决。

反映到具体建筑上，伴随时代的发展，建筑的设计理念、建筑用途、设备设施、科技应用都随之而变。

可以说，一幢幢体育建筑见证了北京城市巨大的发展变化。

以首都体育馆为例，它建成于1968年，是20世纪中国规模最大的室内体育馆，是中国第一座人工室内冰场。这次冬奥会，北京建院一如既往采用时代领先的设计，在大型冰场上采用了新型环保的二氧化碳跨临界直冷制冰技术，依托一流的冰面，借助声、光、电技术打造"最美的冰"。

再比如，2008 年建成的首都国际机场 T3 航站楼，是当时全球最大的单体航站楼；到 2019 年，建成的大兴国际机场航站楼成为目前世界上规模最大的单体航站楼，以其独特的造型设计、精湛的施工工艺、先进的技术应用等创造了许多世界之最。尤其是开发应用多项自主创新新技术新工艺新工法，不仅科技含量高，也更集约、高效。

十余年间，中国跃升为世界第二大经济体。整体而言，国家新发展阶段的成就便如此呈现在北京的城市建筑上。

中新社记者：在北京，历史上有很多建筑出自外国人之手，比如早期的北海白塔。您怎么看待中西方在建筑领域的交流、合作？有一些人认为，时至今日，北京沦为外国建筑师的试验场，您如何看待这种争论？

徐全胜：这是建筑设计界和公众长期讨论的问题。

我想，这些年来，大部分国际设计师把设计的精华留在了中国。

中国改革开放之初，引进国际设计师，不仅参与到国内的重要项目中，也带着国际上最先进的设计理念、建筑科技，以及不同的建筑文化来到中国，为中国的改革开放作出贡献。在这个阶段，中国设计师通过与国际设计师合作，学习了先进的经验。

中国经济的发展和综合国力的增强，让中国设计师能够以自信、开放、包容的心态，平等地与国际设计师合作。中外设计师在相互借鉴、相互助长、共同创新中，也提升了建筑的认可度。

中国文化博大精深，不是轻易能被外来文化所同化的，这是得到历史证明的。体现在冬奥会的建筑合作上，"冰丝带"是澳大利亚建筑师和中国建筑师合作的精品。设计上用静态的建筑展现了速滑项目的"动感",又将坚硬的冰寓意成柔软的"丝带",蕴含了中国人对自然的深层思考和刚柔相济的智慧,22条透明的冰状丝带如同速滑运动员飞驰而过留下的痕迹,象征着无限的速度和激情,这22条丝带又代表着北京承办冬奥会的年份。

中新社记者:近年来,北京建院加快了"走出去"的步伐,您能否介绍在国外参与的一些建设项目?在设计建设国外项目的时候,是否会考虑融入中国文化元素?

徐全胜:中国人设计、建造的建筑,毫无疑问会留下中国人血脉里传承的文化基因。

夜幕下的国家速滑馆(冰丝带)。　　中新社记者 赵文宇 摄

北京建院走向世界，参与建设了许多当地的建筑。比如，白俄罗斯国际标准游泳馆"中国结"的单元造型，体现了中国元素；手拉手的建筑形式，展现了中白友谊。

比如，2022年卡塔尔世界杯主体育场——卢赛尔体育场（俗称"大金碗"），是中国企业首次以设计＋施工总承包的身份建设世界杯主场馆。北京建院参与了"大金碗"的结构设计。

建筑，有其独特的表现手法和表达方式。中国在国外参与设计、建设的建筑，自然而然地传播着中国文化，讲述着与时代一同发展的中国故事。

卡塔尔世界杯主体育场——卢赛尔体育场（俗称"大金碗"），是中国企业首次以设计＋施工总承包的身份建设世界杯主场馆。

中新社记者 富田 摄

29

什么是文化遗产的尊严

🎤 本期策划 ｜ 夏宇华　郭金超　张蔚然

👤 记者 ｜ 应妮　董泽宇　田雨昊

👤 撰稿 ｜ 应妮　李京泽

🕐 播发时间 ｜ 2021 年 5 月 23 日

采访嘉宾　单霁翔
中国文物学会会长、故宫博物院
第六任院长

■ 有生命的历程，我们就叫它有尊严。我认为，我们的工作就要使
文化遗产拥有尊严，有尊严的文化遗产才能在今天的现实生活中
成为促进经济社会发展的积极力量，才能惠及更多的民众

■ 华侨华商对促进海外文物回流有突出贡献，他们看到祖国的文物
在国外拍卖市场或者在文物营销机构出现了，能够通过自己的力

量把它们抢救回来，捐给我们国家的博物馆和文化机构，这是非常令人感动的事情

> 为什么他穿着布鞋，从走遍故宫，到行走中国？为什么他说自己是世界文化遗产的推广人？为什么他说文化遗产是有尊严的？中国文物学会会长、故宫博物院第六任院长、中央文史研究馆特约研究员单霁翔和大家分享他在行走中的所思、所感、所悟。

扫　码
看访谈视频

访谈实录

中新社记者：您现在很关注中国的世界文化遗产。从故宫的看门人，到世界文化遗产的推广人，这一静一动的转变，对您意味着什么？为什么会有这样的转变？

单霁翔：我在故宫当了七年多的院长，我从来没静过。在故宫里面每天忙碌着、行走着、观察着，每天也要解决一些问题。退休以后时间比较多了，我就写一些书、做一些报告，同时参加人们喜闻乐见的文化遗产传播的节目。总的来说，想让文化遗产走进人们的生活中，让人们在生活中感受文化遗产对现实生活的意义。这就是我一直在做的一件事情。

在文化传播方面，很多是关起门来专业机构的同仁来研讨。但是，

你们在研讨什么？在推广什么？在实现什么？社会公众一般不知道。我发现做一档节目，比如《我在故宫修文物》《国家宝藏》《上新了故宫》一推出就是数以千万计，甚至上亿的观众，他们通过节目能够轻松地了解文化遗产背后的故事。我想有机会参与这样的节目，能有更通俗的语言和更广泛的社会公众来交流。

现在通过《万里走单骑》这档节目我有机会和当地基层甚至世代看护遗产的普通人，与文化遗产有深厚感情的民众交流。在这一过程中，我非常感动于接触到的最基层文物工作者，他们的情怀和奉献，以及为文化遗产保护作出的努力，这样的交流是我最难忘的。比如像武当山三代文物工作者，从爷爷1961年被调到武当山文管所，到他父亲，到他这一代，三代文物工作者一直没有离开这个地方，一直守护着武当山古建筑群、武当山世界遗产。

2021年3月24日，中国首档世遗揭秘互动纪实节目《万里走单骑》第一季在湖南吉首收官，"布鞋男团"亮相仪式现场。

中新社记者 杨华峰 摄

中新社记者： 目前中国的"世界遗产"总数已达到 55 处，成为拥有世界遗产最多的国家之一，由此亦可见中华文明对全人类的贡献以及得到的认可。您如何看待和评价这样一种认可？

单霁翔： 中国是全世界拥有世界文化遗产最多的国家（之一），和意大利并列第一都是 55 项。我们并不是看重数量最多，关键是在这一过程中抢救保护了大量珍贵的文化遗产资源。

比如万里长城，过去不是一项全国重点文物保护单位，1961 年山海关、居庸关、嘉峪关、八达岭这些公布为全国重点文物保护单位，然后陆续公布一些点段，始终不是把它作为一个完整的线性文化遗产。申报世界文化遗产的时候，中国政府把长城作为整个项目申报，一个跨越十几个省、自治区和直辖市的、各个（历史）时期的万里长城变成了一项世界遗产，非常令人震撼。这就表明我们对遗产保护的认识在强化。

比如过去泰山，我们保护摩崖石刻，今天我们说泰山和背后的山体是不可分割的，摩崖石刻的内容和整个泰山文化是不可分割的。中国政府把整个泰山作为一个完整的项目——人与自然和谐创造的项目申报，世界遗产（之前）没有这样的项目。当时只有文化遗产和自然遗产两类，泰山作为双遗产成功了，世界遗产才开始有了第三类，以后中国泰山、庐山、青城山、峨眉山、五台山、武夷山、嵩山、黄山这些大山才进入了世界遗产。这就完全改变我们过去保护的格局，也改变了过去传统的文物保护的认识。

中新社记者： 您常常说，无论文物还是文化遗产都是有尊严的。您所说的"尊严"的含义是什么？

单霁翔： 这些世界遗产历史悠久，有的甚至是旧石器时代的遗产，良渚遗产已经 5300 年。我一直认为它们是有生命历程的，不但有过去辉煌的历史，也应该在今天健康地走向未来。

有生命的历程，我们就叫它有尊严。我认为，我们的工作就要使文化遗产拥有尊严，有尊严的文化遗产才能在今天的现实生活中成为促进经济社会发展的积极力量，才能惠及更多的民众。人们知道这些文化遗产保护的意义，才会倾心地参与到文化遗产保护的行动中来。大家都来保护文化遗产，文化遗产才能更拥有尊严，这就是一个良性循环。否则，人们不知道这些文化遗产对现实生活是什么意义，就不太关注它，甚至在城市建设中没有注重保护它，它就成为城市建设的包袱，这就是我们要避免的不良循环。

在老司城，我对孩子们说，这是比金银财宝还要宝贵的，你们世代能够享用的文化遗产的金名片。人们从全国各地、世界各地来到老司城，看到一个原生态的，包括土家族在申遗之后的现实生活，也包括它的非物质文化遗产摆手舞、茅古斯，人们是怀着羡慕的眼光和对民族文化尊重的态度来看，所以会更加努力保护文化遗产和传统村落。

中新社记者：从"萌萌哒"故宫御猫、戴墨镜的乾隆到现在各大博物馆都推出各具特色的文创产品，最近的各种文物盲盒甚至被网友买到断货。作为中国文物学会会长，您如何看待文创开发对文物活起来的作用？

单霁翔：故宫是经过几年的努力，我们也走过了几个阶段。一开始像台北故宫，他们也做了很多文创产品，有的"萌萌哒"。北京故宫面孔是不是也能更加活泼一些，能够与社会中的年轻人有所沟通，我们也研发了一些，效果很好。社会各界不断地支持故宫文创产品研发，到2018年故宫研发的文创产品加起来已经到了11900种。

我们意识到应该上台阶了，故宫就提出一个口号，要从数量走向质量提升。在这一过程中，我们的文化创意产品、数字产品逐渐升级，实际上对全国文物系统、博物馆是有一个带动作用的。到现在，我们非常可喜地看到，很多文化遗产地、很多博物馆开始研发自己独具特色的文创产品，也取得了非常好的成绩。

观众观看故宫文创产品。　　　　　　　　中新社记者　佟郁　摄

　　我感到一个普遍的、大家能够接受的经验就是：一定不是模仿、复制、抄袭某个类别或是某个博物馆的产品；一定是结合自己的产品深入挖掘自己文物库房，甚至是人们鲜为人知的一些历史细节；一定要详细观察人们的现实生活，把文化资源和人们的现实需求对接、结合起来，这样才会出人们喜爱的、愿意带回家的文化产品。

　　中新社记者：近年来，逛博物馆成为一种时尚。您怎么看待这种博物馆火爆的现象？

　　单霁翔：现在的年轻人开始越来越多地关注我们中华优秀传统文化，也关注这些文化对于他们现实生活可以发挥的作用。所以参观博物馆热，特别是年轻人参观博物馆热逐渐在升级。这方面也有博物馆人自己的努力，就是我们开始把博物馆更多的文物藏品经过修缮，展示出来。更多的过去不开放的空间，经过环境整治、古建修缮开放出来。博物馆也通过多种形式，包括数字技术、互联网技术来传播文化。还有我们刚才说到的一些节目，《我在故宫修文物》《国家宝藏》也带动很多年轻人关注博物馆的氛围和博物馆的文物藏品。他们走进博物馆，不是过去有的、经常见的"到此一游"的参观，他们是享受博物馆文化的，专门为参观展览而来，专门为参观我们的数字产品或者来购买我们文化创意产品而来。

中新社记者： 疫情期间很多博物馆都做了各种线上直播。这种"云"上的方式，您认为是否会成为一个趋势，或许会是各大博物馆的标配？

单霁翔： 我觉得可能会。现在人们接受信息的手段和习惯开始转向手机，我们需要适应这样的发展。在多媒体时代，博物馆怎么能够通过新技术，把深藏在库房里的文物、展厅里的文物和博物馆的环境，通过人们喜闻乐见的方式和语言传播出去。现在很多博物馆开始有自己的网站，网站阅读量、访问量越来越大，并且通过 AR 技术、VR 技术，通过多种多媒体的技术来进行传播，我认为这是今后的一个方向。当然它不能取代人们走进博物馆参观，但它会引导人们在休闲的时候，愿意亲临其境地去走进博物馆。

中新社记者： 中国目前散落在海外的文物还有很多，很多海外华侨华人致力于促进海外流失文物回归祖籍国。比如《丝路山水地图》是由侨商许荣茂出资购得并无偿捐赠故宫博物院。请问，您如何评价海外华侨华人助力海外流失文物踏上返家归途？

单霁翔： 对于流失海外的文物，首先要进行鉴定和甄别，它究竟是什么时候什么渠道出去的，是不是被盗窃盗掘出去。我们不赞成用国家的资金去买被盗窃盗掘的（文物），而应该通过国际的相关一系列法规来进行追索，这些年已经有很多成功的案例，包括龙门石窟佛头的追索。但另一方面，如果不是涉案文物的话，我们也争取通过多渠道（促使它们）回归祖国。这里面做出突出贡献的，就是旅居海外的华侨们华商们。他们看到祖国的文物在国外拍卖市场或者在文物营销机构出现了，他们能够通过自己的力量把它们抢救回来，捐给我们国家的博物馆和文化机构，这是非常令人感动的事情。

刚才您提到了许荣茂先生，当时故宫博物院了解到一个非常珍贵的《丝路山水地图》，这幅地图 31 米长，上面画的今天 10 个国家丝绸之路沿线的一些地形地貌，特别是有 221 个地名。通过这些地名鉴定，它是明代嘉靖年间的地图。早在那个时期，中国人对于丝绸之路沿线国家已经有很多的了解，所以这幅青绿山水的《丝路山水地图》非常珍贵，我们希望能够把它保存在故宫博物院。但是需要 2000 万美金，我们又拿不出这些钱。许荣茂先生得知以后，慷慨解囊把它买回来，捐赠给故宫博物院，使我们馆藏系列更加完整。

中新社记者：海外文物回流主要是回购、讨还和捐赠三种手段。政府回购和讨还在实施和操作上都受限于很多条件，捐赠就成为一种比较常见形式。您认为，政策在支持海外华侨华人捐赠这方面还有什么可为的空间？

单霁翔：在（海外文物）信息方面，我们的文物部门应该把它准确的信息及时告知华侨（华人），叫他们知道这件东西是不是真迹，是不是真正的文物。我们国家在税收政策上、入关的渠道方面，应该给予大力支持，使它们能够顺畅回国，并且应该对这样的行为给予表彰和弘扬，使越来越多华侨华商参与到中国的文化遗产保护。

中新社记者：近年来，中外文物交流合作有不少进展，中法联合在巴黎圣母院与秦兵马俑开展保护修复与研究合作，您认为未来中外文物交流合作还有哪些空间？

单霁翔：随着我们国家文物保护技术的不断发展，中国这方面可以赢得更多机遇。同时我们也应该承担这样的责任，因为文化遗产不是一个国家一个民族所独有的，而是人类共同的遗产。比如，这些年在柬埔寨的吴哥窟、在蒙古国博格达汗宫、在乌兹别克斯坦进行共同的考古工作，这样的联合保护行动，一方面我们做到作为遗产大国能够做出的努力和贡献，另一方面也在这个过程中和国外同行加强沟通，在保护技术方面相互启迪。

再比如，故宫博物院建立了故宫文物医院，石刻文物的保护就跟希腊合作，金属文物的保护跟德国文物部门合作，壁画保护是和意大利的同行来合作，这些合作能使我们提高文物保护水平，同时也传达了文物保护应该是我们全人类共同的责任。

30

神秘三星堆，是来自"星星的你"吗

🎙 本期策划 ｜ 夏宇华　郭金超　张蔚然

👤 记者 ｜ 余湛奕　黄钰钦　王世博　张兴龙

👤 撰稿 ｜ 黄钰钦　余湛奕

🕐 播发时间 ｜ 2021 年 3 月 31 日

采访嘉宾　施劲松
中国社会科学院考古研究所
研究员

■　三星堆文明是有来龙去脉的、有自身的谱系，而且与其他文化还
　　存在着交流，所以完全不是"外星文化"

■　在过去的 100 年当中，考古学是中国人文社会科学中发展最快的
　　一门科学之一。我们对考古学也有了更深的认识，正因为 100 年
　　来做出的努力，中华文明也以一种科学的面貌，进入到世界古代

文明的谱系当中

扫　码
看访谈视频

"

　　1986 年，三星堆 1、2 号祭祀坑出土的珍贵文物千余件，向世界展示了 3000 多年前的中国古蜀先民创造的辉煌文化。沉睡数千年，一醒惊天下。时隔 35 年，三星堆遗址重启发掘，此次出土的文物又为神秘的古蜀文明添上了浓墨重彩的一笔。

　　神秘的三星堆魅力何在？出土的文物将如何推动人们认识遥远的古蜀文明？回望百年历程，中国考古未来向何处去？

访谈实录

　　中新社记者：三星堆自发现起就一直是中国考古界最大谜题之一。自 1986 年开始，三星堆出土的文物形态各异，且没有任何文字记载。关于三星堆甚至一度出现"外星文化"的臆想。您怎么看这个问题？

　　施劲松：三星堆出土文物非常奇特，但不是那么奇怪，更不可能是外星文明。有人之所以这么说，可能有一个预设前提，那就是认为古代文明都是已知的、单一的。但事实上，古代文明是丰富多彩的，而且有很多文明仍处于探索之中，探索过程是长期的。我们不能因为一种文明是陌生、未知的，就认为它是外星文明。

三星堆文明有其自身产生、发展的谱系。具体来说，它是从成都平原新石器时代晚期的宝墩文化发展而来，期间吸收了其他区域文化的一些因素，往后发展为金沙文化。接续金沙文化，就是我们熟知的东周时期的巴蜀文化，再往后是秦汉文明。所以三星堆文明是有来龙去脉的、有自身的谱系，而且与其他文化还存在着交流，所以完全不是"外星文化"。

为什么人们会提出这样的问题？也许人们对科学、对考古学抱有一种希望，认为考古学能够解答所有的问题。但事实上，不管是考古学还是科学，都总会面对着新的不确定性，所以研究和探索是长期的。

中新社记者：此次三星堆考古的亮点之一是将实验室搬到考古现场，实现考古出土文物与文物保护无缝对接。这次在文物发掘和保护上，运用了哪些新技术和新手段？

2022年6月28日，三星堆8号祭祀坑考古工作者在发掘现场。

中新社记者 张浪 摄

施劲松：我们到发掘现场，一眼可见现场设置了大棚，大棚里面设置了发掘舱，舱里有多功能发掘系统。在发掘过程中采用了很多分析检测手段，探方边还建立了实验室，配备了分析检测和应急设备。这些技术和手段主要是为了最大限度地提取信息，包括现场考古信息和各种影像资料等。所以此次发掘的一大特点，就是在技术上非常完备。

除此以外还有多学科合作。现场有30多家团队参与发掘，包括文物保护。不同团队可以就不同的发掘理念、经验进行交流，这也是这次发掘的特点。

除了技术上的创新，更重要的还在于这是一次研究性发掘。从2019年底发现3号坑后，接连发现了6座坑，当时并没有急于进行发掘，而是进行了周密论证，制定了计划，在充分论证后才有序展开发掘。

我个人认为，非常重要的一点是，现今距1号坑、2号坑发掘已经35年了，这次是带着30多年积累的认识和问题进行发掘，这是与1986年发掘最大的区别。我希望通过这次发掘能够探索一种研究性发掘的新模式。

中新社记者： *铜纵目面具高鼻深目、颧面突出、阔嘴大耳等特征让不少人觉得困惑，认为这些青铜人形象不像中国人，反倒有些像欧美人。您怎么看待这个问题？*

施劲松：三星堆发现的这些人像都是艺术品，有一部分比较写实，包括有不同的发式，但这部分人像，也有形态或神态上的夸张。还有一部分人像、面具带有神话色彩，包括铜纵目人像、人面鸟身人像等。这一类人物形象反映的是一些原始宗教信仰，比如太阳崇拜，表现的并不是真人。

从全世界来看，古今中外有很多夸张、抽象的人物形象，这是常见的艺术手法。尤其是一些早期作品表现的是神话思维，不是真人。从古埃及的人面狮身像，到南太平洋复活节岛上的巨大石人像，都是这样的作品。

三星堆文保中心内展示的重 131 斤的青铜大面具。　中新社记者　张浪　摄

我们不能根据这些艺术作品来对应现实中的人，更不能以此推断他们的人种。我认为这既不是一个学术问题，也不是科学的研究方法。

中新社记者： 在三星堆出土的文物中，金面具也引人遐想。在您看来，它和世界上其他国家诸如埃及、希腊出土的金面具之间是否存在某种联系？

施劲松： 早在上世纪 80 年代三星堆 1 号坑、2 号坑发掘之后，就有学者关注到这个问题。三星堆器物坑出土金面具、金杖、青铜人像、神树等，这类遗物在埃及、西亚确实也都有，具有某种相似性。但在没有开展全面研究之前，我们很难断定它们有什么联系，对此并没有证据链。

也可能这些相似性说明，世界各地有一些共同的文化现象，甚至有共同的观念或者宗教信仰。这值得就各区域的不同的古代文明进行对比研究。

三星堆遗址祭祀区 5 号坑出土的金面具。　　中新社发 国家文物局 供图

中新社记者：学术界普遍认为，三星堆遗址发掘的最大价值是实证中华文明多元一体。您认为三星堆考古发掘，可以从哪些角度证明这一观点？

施劲松：我个人认为，在成都平原最早是新石器时代的宝墩文化，青铜时代文化的代表是三星堆—金沙文化，之后才是东周时期的巴蜀文化，最后是秦汉文明。

三星堆—金沙文化是一种独具特色的区域性文化，如果归纳其最重要的特征，可以说最突出的是王权和神权并存，太阳崇拜可能占据主导地位。当时的社会上层控制贵重的资源、重要的生产技术和手工产品，利用全社会的贵重物进行宗教祭祀活动，而不是用来表达个人等级身份。这些特征和同时期的商周文明是完全不一样的。从这些特征看，当时的成都平原已经形成了早期的国家，也只有早期国家才需要特殊的青铜制品等贵重器物。

三星堆—金沙文化发展到东周时期后，成都平原可能更多受到长江中游的楚文化、中原文化的影响，文化和社会发生了比较大的变化。再往后，随着秦汉王朝统一，成都平原的区域性文化融入到统一的秦汉文明之中。

这样一个过程，就从一个区域的角度反映出中华文明多元一体的形成。

中新社记者：三星堆6座祭祀坑新出土了500多件文物，但依然有很多谜题未得到科学解答。未来考古工作中，三星堆遗址研究还可以从哪些方面继续开展工作？

施劲松：过去30多年，围绕1号坑、2号坑的年代、性质、成因、出土遗物的功能、含义等进行了非常全面的探讨，形成了丰富的解释的理论体系，研究还进一步扩展到当时的文化、社会、宗教信仰、文化交流等方面。我们现在说的祭祀坑只是一种观点，还有观点认为它不是祭祀坑，各种观点并存。这一次新发现，首先会对过去研究形成的认识进行检验，这是第一层意义。

第二层意义在于，新发现会推动对三星堆遗址、三星堆文化很多具体问题的研究。比如关于器物坑的年代，这次发掘了6个坑，已经有了第一批碳14年代数据。其中，4号坑的年代测定为（距今）3200年至3000年。如果对6个坑的年代有了明确认识，就为下一步探讨器物坑的性质奠定了基础，进而可以探讨三星堆台地这个区域的性质、三星堆城址里面各种遗迹的关联、三星堆文化的年代、三星堆文化与其他区域文化的交往等，我们的认识一定会推进。

第三层意义在于，新发现一定会带来新问题，新问题会带动我们进行新的研究，三星堆文化研究由此会进入一个新阶段。

除此之外，考古学的最终目的还是要通过考古材料建构历史，这是一个长期的过程，今后会围绕这个目标做长期努力。

中新社记者：前段时间，报考北京大学考古专业的钟芳蓉同学一度引起社会关注，被称为"考古女孩"。这一现象某种程度上也反映出，考古一直以来话题"热"，但专业"冷"的问题。考古事业如何才能后继有人？考古又需要什么样的人才？

施劲松：任何一门学科、任何一个专业都会有人感兴趣和热爱。我认为考古学家应该向社会、向公众传达关于考古学的知识，尤其是要面向年轻人，让他们了解什么是考古学。这样会有更多的年轻人投身到考古专业中来。

现在考古学有一个重要的特点，就是融合了多学科。我们的发掘、研究都是多学科合作。未来的考古学需要有多种学科背景的人才，包括人文社会科学的背景，也包括自然科学的背景。

中新社记者：近年来，关于盗墓题材的影视作品吸引公众兴趣。一方面，有观点认为这一题材激起了公众对考古的兴趣，但也有观点认为这是在曲解考古。您对此怎么看？

施劲松：盗墓在我们国家是违法犯罪的行为。盗墓的小说或者以此作为题材的一些作品，虽然没有对文化遗产构成直接的破坏，但是我认为传达的信息是负面的、不道德的。

其实这一类作品不只中国有，在国外也有，最著名的就是好莱坞的系列影片《夺宝奇兵》。影片表达的并不是真正的科学的考古学，而是寻宝、是冒险、是破坏。

实际上，在我们国家也有一些严肃的、科学的考古学科普作品。比如四川大学的童恩正教授，创作了很多科幻小说、历史小说，还有考古学的科普读物。除此之外，童先生创作了一批考古小说。其中最有名的叫《古峡迷雾》，当初也吸引了一些年轻人阅读，（这些年轻人）最后从事了考古学研究。这一类考古小说，是以考古发现作为背景，融合了科学和艺术，把科学精神和合理想象交织在一起，用讲故事的方式告诉大家，考古学家想知道什么、考古学能做什么、考古学不能做什么。这是很好的科普类读物，我们今天需要的是像这样的作品。

中新社记者：今年是中国考古百年，回望中国考古百年走过的历程，您最有感触的是什么？今后中国考古事业如何继续向前？

施劲松：在过去的 100 年当中，中国考古学无论是从学科的创立发展，还是用考古学揭示文化、建构历史，我们都做出了骄人的成绩，中国考古学取得了巨大的成就。

我们每一年有大量的考古新发现，这些新发现不断更新我们的认知。尤其是在当今，（考古学）融合了多学科开展研究，所以我们获得的考古信息是以一种难以估量的速度在增长。这些新发现不断拓展研究的领域，带来新理念，扩展我们的视角。可以说在过去的 100 年当中，考古学是中国人文社会科学中发展最快的一门科学之一。我们对考古学也有了更深的认识，考古学面对的、研究的是历史，但我们研究历史，终究是为了理解当今、面向未来。

正因为 100 年来做出的努力，中华文明也以一种科学的面貌，进入到世界古代文明的谱系当中。

考古学未来的发展前景是广阔的，也有许多方面需要继续加强。比如，首先是多学科的融合发展。考古学的诞生就是受到了多学科发展的推动和影响。在考古学的发展历程当中，考古学不断吸收同时期先进的科学技术，这也使考古学出现了革命性的成就和重大的转折。在未来，中国考古学也需要进一步吸收多学科的理念、方法和成果。

第二，今后考古学还要加强理论建设。因为考古资料都是零散的、片段的，在资料和历史之间，我们需要桥梁，桥梁就是考古学理论。考古学理论是从考古材料当中归纳、提炼出来的一种具有解释力的思维框架。有了考古学的理论，我们才能更好、更深入地认识考古材料，才能对历史有一个更全面的看法。

第三，要展开不同文明的比较研究。要把中华文明放到世界古代文明的背景下进行研究。只有通过比较研究，我们对中华文明的特质、对中华文明形成发展的道路才会有更深入的认识。

中新社记者： 在您和国际考古同行交流的过程中，您认为近年来外国同行最感兴趣的是中国考古的哪些方面？中国考古的国际合作对于推进东西方文明交流有何意义？

施劲松： 大家的兴趣和关注点是因人而异的。据我了解，有一些国外的考古学家，他们可能更关心中国有些什么新的考古发现。也有一些考古学家，他们关心我们对一些重大问题取得的认识。比如对于中华文明起源，我们的研究有什么新的进展。更多的同行，关心中国的考古学家是怎么通过考古材料得出认知。

还有一些考古学家，对古代社会多样的生活样态更为关注。比如，外国考古学家组成的代表团到殷墟、到二里头、到西安兵马俑参观之后，不止一个人问我，看了这么多宫殿、陵墓，平民的居址、墓葬在哪里，它们是怎么样的。由此可以看出，他们对古代不同的生活样态都给予关注。当然我也认为，更多的国外考古学家对中国的考古学，其实是缺乏了解的。

关于开展文明比较的意义，第一是，中国古代的文明不是孤立的，世界上任何一个区域的文明都不是孤立的，对外都有交流联系。这种沟通、联系、交流塑造了包括中华文明在内的世界文明。所以研究中国的文明就需要关注和我们有关联的地区的考古材料，只有这样才能更好认识我们自身的文化。

第二，对任何一种文明，要深入认识其特点都要通过比较。比如，在文字和金属器出现之前的5000多年前就产生了中国文明、多元一体的发展模式、5000 年文明不中断等，都是中华文明的重要特点。我们对这些重要特点的认识和确定，都是通过比较才能得出来。

第三，中国考古学也需要和其他国家进行学术交流，需要开展不同国家间的国际合作。考古发现、考古材料是有地域性的，考古研究工作也是有地域性的。但是就考古学这门科学而言，是可以突破地域性的，考古学研究最终指向的是全人类共同的历史、共同的未来。

中新社记者：我们注意到您很多年前就开始研究三星堆，能否谈谈三星堆研究对于您职业生涯的意义？

施劲松：我研究的主要领域，是长江流域青铜时代的文化和社会。四川盆地或者成都平原是一个重要地区，其中三星堆又是特别重要的遗址，所以在这方面投入了比较多的精力。这个领域的研究，对我的学术研究也有比较重要的影响，主要体现在三个方面。

第一，带给我一个长期思考的问题，就是怎么用考古学的方法、用考古学的材料去建构一个区域连贯的历史。

第二，带给我一个新的视角，就是看待不同区域的文明，是用区域与区域的视角，这也让我重新思考"中原"和"周边"等概念或者视角。

第三，因为三星堆没有发现文字，所以这方面的研究也促使我思考考古材料和文献材料、实物和文字之间的关系。我认为实物材料更为本原。

31

洋"网红"王德中：让更多西方人了解中国

🎙 本期策划 ｜ 余瑞冬

👤 记者 ｜ 余瑞冬　刘超

👤 撰稿 ｜ 余瑞冬

🕐 播发时间 ｜ 2021 年 3 月 27 日

采访嘉宾　王德中
美国视频博主

■ 美国是一个好国家，中国是一个好国家，如果我们能想办法，（让）这两个国家一起合作的话，那全世界就会赢。你想一想，如果美国和中国是最好的朋友，那全世界肯定会赢了

■ 中国是尊重美国的选择，但是美国（也）必须尊重中国的选择

"

　　有一位曾经在中国工作、生活了十年，现在居住在加拿大的美国人，自发地制作了不少关于中国的视频，在海内外多个视频网站上播放，向西方朋友介绍真实的中国，也回应西方关于中国的种种疑问，希望减少和消除外界对于中国的误读和误解。目前他在各个平台累计拥有几十万"粉丝"，而且还在不断增长。这位"网红"的名字叫 Cyrus Janssen，他还有个中文名字叫王德中。

访谈实录

　　中新社记者：谢谢你今天接受我们的视频连线采访。这好像是你第一次用中文来接受采访是吗？

　　Cyrus：是的，我很开心有这个机会，因为我非常喜欢说中文。

　　中新社记者：那首先请老王你跟中新社、中新网的朋友介绍一下你自己。

　　Cyrus：好的，我出生在美国，23 岁搬家到上海，在那边儿工作了 7 年，（之后）我搬家到香港，在那边工作了 3 年。所以一共我在中国的时间是 10 年。我在那边认识了我的老婆，我第一个房子也是在中国买的，我们办了婚礼在中国，我们第一个孩子也是在中国出生的。

所以这 10 年的时间在中国就是很棒的时间。现在我来了加拿大，我跟我老婆、三个孩子，我们在温哥华生活。

中新社记者： 那你人生的高光时刻都是在中国。

Cyrus： 是，没错，我去中国的时候，就是一个"小孩"，然后我离开中国，我就做一个"大人"。

中新社记者： 你第一次去中国是一个什么样的机会，为什么会想起来要去中国？

Cyrus： 这其实是一个工作的机会。因为我上大学的时候打高尔夫球，我可以做一个高尔夫教练在中国。那个时候我对高尔夫教练的工作没有那么多兴趣，但是我是对中国有兴趣的。

那个时候是 2006 年，我大学的老师说，"Cyrus 你 23 岁了，没有结婚，你还有自由的，如果我是你的话，我一定要去中国，一定要先去那边试试看。"

中新社记者： 在去中国之前你对中国了解有多少？

Cyrus： 我什么都不了解。在美国，我们从小就一直学习美国的文化、美国的历史，基本上我们都不学习其他国家的历史，或者其他国家的文化。

中新社记者： 去了中国以后呢，发现自己到了中国，跟以前想象的有很大区别吗？

Cyrus： 因为我完全不了解，所以我说我要自己体验，看看中国是怎么样的。到了中国的时候你就看，是很热闹的。很多人很辛苦地工作，很多人是很开心的。我 23 岁，刚开始做第一份工作，是一个很开心的时间。2008 年，我们有奥运会，再过 3 年（应为 2 年）世博会又来上海了，所以这个时间，真的是很热闹的在中国。我每天看好多东西，每天玩得很开心。

中新社记者：你现在给自己取了一个中文名叫王德中。我听说这个名字好像跟你太太有关系是吗？

Cyrus：是。因为我英文名字是 Cyrus，所以我第一个中文名字就是赛瑞斯。

我用了这个名字大概有 7 年的时间，然后我老婆跟我结婚了。她告诉我，"你必须改你的名字，我姓王，要不要改到我的姓？"我说好啊，然后我跟老婆说，我要想一个好名字，她说王德中。因为我的母亲是德国人，所以她说能不能有"德"，然后说，"老公你特别爱中国，那就（取）中国的中，所以（叫）王德中。"哇，很棒的！很中国的，对吧？

我离开中国的原因和我去中国的原因一模一样，就是机会。因为我有一个机会来加拿大（工作），另外一个原因，也是很重要的是，我父母还是住在我老家，在奥兰多。

中新社记者：你什么时候开始尝试着做一个"网红"？

Cyrus：我来了加拿大以后，前 6 个月是很困难的，因为我一直想中国。

我真的是爱中国，我当然是爱我的国家美国。后来，差不多 18 个月前，我就看美国和中国的关系越来越不好，我觉得我必须拍一些视频，告诉其他的美国人跟其他的西方人，中国是怎么样的。因为我觉得很多西方人他们不了解中国，所以我说我拍一些英文的视频，然后我就开始放在 YouTube 上面，我的目标是让更多的西方人去了解中国。

我就开始做了，前三个月效果（不）怎么样，但是后来，很突然的，差不多六个月前，有很多人就在看，然后我的 YouTube 平台就火了。很多人就说，这个王德中他（的话）很有道理，因为他很了解中国和美国。

我的目标很简单，美国是一个好国家，中国是一个好国家，如果我们能想办法，（让）这两个国家一起合作的话，那全世界就会赢。我所有 YouTube 的视频，我一直会说这句话，我们必须想办法，如果一直有这个矛盾的话，那全世界就输了。

中新社记者：说得非常好，因为你实际上是把中国当成第二故乡，而美国是你自己的家乡、你的第一故乡，所以你希望把第一故乡和第二故乡能够做一个更好的连接，我觉得非常好。

Cyrus：对，因为我们经济（总量）是排名第一第二，在全世界，如果能一起合作的话，那这是更好的。你想一想，如果美国和中国是最好的朋友，那全世界肯定会赢了。我觉得是很重要的。

中新社记者：你在尝试告诉西方的网民中国的真实的面貌是什么样的，是吧？你在中国生活了 10 年，你觉得在中国是不是像西方媒体描述的那样，情况很糟糕？

Cyrus：你可以看得很清楚，中国最近 50 年有那么大的进步。50 年前中国是一个很穷的国家，50 年前有很多中国人不能吃肉的，他们只能吃米饭或者菜，我（夫人）的爸爸一直告诉我："你知道我小的时候，我没有鞋子能穿，我是那么穷的。"

你看很多中国人，现在他们肯定是很自豪的，因为"我的国家有那么大的进步了"，特别是从差不多 1980 年到现在，这 40 年的时间。中国发展得非常厉害，然后我们就可以看得很清楚，每一年在中国越来越好、越来越好。

而且，美国人和中国人也有一个很大的文化区别。因为中国人会相信他们的政府。他们说："你必须隔离，你必须戴口罩，你不能出门。"

那中国人说："OK，好的，我们就尊重，因为我们相信你。如果你告诉我们必须做这个事情，那我们就做这个事情。"

但是在美国，比如说最简单的戴口罩，"不行，我不要戴口罩，你不能告诉我，我不戴口罩的，因为我们必须有'自由'"。（但是）我觉得这个没有个人的选择，是为了社会的健康。

我觉得是一个很大的文化区别。

游客在上海外滩亲水平台上游玩。　　　　　中新社记者 张亨伟 摄

中新社记者： 你在中国生活的 10 年当中也交了很多的中国朋友。从你接触到的中国老百姓来看，你觉得中国人总体来说生活得满意吗？

Cyrus： 我在那边生活了 10 年，见过好多中国人，大部分中国人是非常满意的。可以看他们生活的质量，在中国越来越好。

我上次去上海的时候是 2019 年，我在酒店叫了一个出租车过来。我很喜欢上海和北京的司机，跟他们一直讨论，因为跟他们讲话就是很好玩的。

那天有一个上海的司机，他告诉我，我住的酒店是在上海的外滩。然后我说，"师傅，你现在的生活质量怎么样？"他说："你知道我小的时候，就是住在外滩这边，是很穷的。那个时候我们没有鞋子能穿，基本上都没有那么多东西能吃。但是你看，现在的上海，你看浦东那边，很漂亮的。"他说，"我是一个普通的人，但是我生活的质量越来越好了，比 20 年前也好了很多，比我小的时候好更多了。而且最重要，我相信我的孩子，他们的生活质量肯定会更好的。因为我就看我的国家，我们每一年都有进步，每一年做得更好了。"

中新社记者： 一些西方国家的领导人，还有媒体，他们认为中国对世界是一个威胁。你自己是怎么看的？

Cyrus： 我有很多美国的朋友们，他说，"Cyrus，现在我们工作的机会在美国越来越少，你知道为什么呢？因为中国。"我说为什么呢？他说，"你看现在我们有很多工厂都是在中国。如果这些工厂在美国，那我们工作的机会会多的。"

但是我告诉他们，你不要忘记了，谁做决定去中国办这个工厂的？不是中国，是美国的大老板，他们说："我们办一个工厂在美国太贵了，我们一定要去中国，对不对？我们去中国，可以把产品做得便宜点，然后把这个产品（再）进口到美国，进口以后成本价会很低、收入很高，我们可以赚很多钱了。"这个是美国的大老板。

最好的例子就是美国苹果手机。苹果手机差不多1200块美金，苹果为什么赚很多钱？因为他们的工厂就在中国，这个手机在中国制造。我不知道价格是多少，但是肯定是比在美国制造便宜多了。有很多美国人说，"我们就把苹果的工厂搬家到美国，给很多美国人很多工作的机会了。"如果这样这个手机会3000或者4000块美金，贵了三到四倍，你会买吗？肯定不行的，对不对？

所以我说，我们现在美国的生活质量，就是依靠很好的关系跟中国。包括我们普通的东西，看这个耳机、这个麦克风、电脑、手机，就是在中国制造，所以价格对于我们美国人来说便宜一点点。所以我不同意的，如果有人告诉我，中国真的是一个威胁，我不信的，真的不是的。

我是美国人，我爱我的国家，我要告诉大家，你可能听到这个采访会觉得，这个美国人他爱中国太多了。不是，我也是爱美国的。我的心中很痛苦，因为我就看我的国家美国，我觉得我们一直在退步。所以我说，如果我们要进步的话，我们一定要看我们自己，不要一直在看别的国家怎么样的，我们做美国更好一点点，不要一直批评中国还是其他的国家，我们就是注意美国。

中新社记者：在你看来，中国政府和中国共产党是不是在对外输出价值观？

Cyrus：我想跟你讲一个故事。我们想一想，有一个工厂，里面有两个员工。第一个员工就注意自己分内的事，每天很努力地工作，然后你可以看到，他的工作越来越好，每一年他又进步了。第二个员工，他做的工作也是很好的，但是他最大的问题就是一直在看别的员工，他一直说，"唉，哥们儿，你看看你现在做的那个方法不对了，你就学我，你学我就可以做得更好了；唉，另外一个人，你不要这样做的，你必须学我的。"

你想一想，哪一个员工代表中国，哪一个员工代表美国？我觉得第一个代表中国，中国 100% 就是注意中国的事情。每五年，他们不是有一个新的计划？他们说，"你看在这个五年的时间，我们有什么新的目标，我们怎么样做的，我们怎么提高中国人的生活质量的，教育我们要做得更好一点，工作的机会一定要做得更多一点，我们经济也要做得好一点，地铁我们要做更多一点，机场要建一些新的，我看看哪里是最穷的，那我们在那边就做投资，"完全就是为了中国人的生活质量。

但是我从来没有看到中国去另外一个国家，然后说，"现在你们做得很好了，但是你们必须学习我们的方法，你看，如果你们是共产党的话，你会做得更好了。"中国人不是这样子的。

但是第二个员工，这个就是美国。我们美国人，也可以说是非常成功了。但是美国有一些人，他们说"如果中国想有进步的话，必须学习我们的方法，他们必须像我们一模一样。"

所以我觉得，中国是尊重美国的选择。但是美国（也）必须尊重中国的选择。

中新社记者： 你说的这个也让我想起一个例子，就好像我爱吃中餐，因为我觉得中餐好吃，你或者是其他的朋友认为西餐好吃，但是我就不能说美食的标准就是中餐的标准，世界上只有中餐的标准才叫美食，你们的东西都不好吃，对不对？

Cyrus： 对对对，是。这个是一个非常好的例子。两个都好，因为我喜欢，我喜欢吃，两个都喜欢吃的。西餐、中餐都好吃的，对不对？

中新社记者： 你现在也有"中国胃"了。

Cyrus： 肯定的。住在那边儿很长时间了，我就特别喜欢吃中餐了。

中新社记者：我看到你经常在视频里直言不讳地指出，西方对中国以及共产党存在很多误解、偏见，或错误的认知。这方面你有什么感触？

Cyrus：我刚开始做我 YouTube 的平台，我有一个视频话题是"中国有自由吗？"然后我告诉大家，自由对（不同的）人是不一样的东西。譬如说，在美国我们可以有枪，在中国不行的，没有人可以有枪。很多美国人说，你知道为什么我们有枪吗？就是为了我们的安全。

所以我觉得，这个自由是一个文化区别。因为好多人在美国他们就说，"我们有枪，我们有自由。"

但是在中国，我们说，"我们没有枪，我们也有自由。因为我们是安全的，对我们来说安全是自由的。"

所以，一定要看文化的区别。

中新社记者：你觉得，在这方面怎么样可以做得更好，让西方人能够更多地了解中国的真相、真实的中国？

Cyrus：我觉得最好的方法是，中国跟西方的国家必须有一个很好的关系。这个关系是从哪里开始的？可能开始于工作的机会。

打个比方，我是佛罗里达州人，我老家是奥兰多，奥兰多是有迪士尼（Disney）。迪士尼办了一个很大的"迪士尼"在上海，所以这是一个很重要的关系，因为迪士尼了解中国是一个很好的市场，我觉得这就代表一个很好的关系，美国和中国。

第二个方法是，现在有很多老外在中国生活了，所以我开始做这个 YouTube 的平台，其实我觉得也是我的责任，为什么呢？因为 99.9% 的美国人都没有去过中国，所以他们对中国什么都不了解。但是我去了中国，我在那边生活了十年了，我学了中国的历史，我一直在学习中文语言，我可以说我了解一些中国的文化。

2023 年 1 月 22 日，农历正月初一，上海迪士尼度假区以中国传统瑞狮点睛仪式开启欢乐兔年。
中新社记者 汤彦俊 摄

所以我也想告诉大家，很多中国人，如果他们说，中国是一个好地方，西方人说，"你（被）洗脑了"；但如果是一个白人说的话，有的时候人会听到的。我觉得这个是不公平的。所以我一定要做这个 YouTube 的平台，我一定要开始告诉别人，中国真的是怎么样的。

最近 12 个月，很多老外开始做 YouTube 的平台，关于中国的 YouTube 的平台越来越多，我们现在有好多老外，而且我们的粉丝都越来越多了。为什么呢？因为很多人都想更了解中国。

我有一个美国的粉丝，他是一个像我一样的白人，他说："Cyrus，你知道我怎么发现你的 YouTube 的平台吗？我每天看电视，美国媒体每天都说中国不好，共产党不好，什么都不好。然后我就想，怎么可能有一个国家那么不好，但是他们的经济越来越好？"

他说："这个有点奇怪了。每天我看电视，电视上说中国是非常不好的，但是我看中国越来越好了，而且我就看到中国人越来越有钱，越来越进步。"

他说，"所以我就去了 YouTube，我必须看看有没有老外在中国，就发现了你的平台，现在我就更了解一些。因为我觉得，你必须看，从两个方面都要看，要看美国的方面，也要看中国的方面。"

但是最简单的，最好的是，美国和中国能想办法一起合作，这个是太重要了。比如说 climatechange（气候变化），两个国家最重要的，是中国和美国。如果我们能解决这个问题的话，我们必须由中国和美国一起合作解决这个问题。

很多问题，在世界上，如果要解决的话，一定要依靠中国和美国一起想办法、一起合作。

32

东京奥运，希望中国军团出现很多"黑马"

本期策划 ｜ 吴庆才

记者 ｜ 卢岩　董泽宇　蒋启明

撰稿 ｜ 卢岩

播发时间 ｜ 2021 年 7 月 25 日

采访嘉宾　张宁
两届奥运会冠军、世界羽联名人堂成员

- ■　中国队也做好了充分的赛前准备，他们会尽快适应奥运赛场气氛。年轻有年轻的不同，有"初生牛犊不怕虎"的精神
- ■　全世界需要体育来带动、鼓舞人们面对困难、挑战困难、战胜困难。要构建人类命运共同体，更需要团结。用奥运会的形式增强世界人民的团结，共同抗击疫情，是非常好的一件事

■ 成功的运动员一定有远大理想，为了理想不懈努力，升国旗奏国歌是运动员的最高使命

> 历经五年等待，东京奥运终于来了。
>
> 中国军团将带来哪些意外之喜？最特殊的奥运会，中国军团何以应对？羽毛球梦之队奥运之旅前景如何？国人对体育的观念和态度，又发生了何种潜移默化的变迁？

扫 码
看访谈视频

访谈实录

FANGTAN SHILU

中新社记者： 您认为，在延期一年举办的东京奥运会上，运动员将面临怎样的困难和不确定性？

张宁： 奥运不同于其他比赛。当你进入奥运村后，会见到很多大牌体育明星，他们同你一起吃饭、一起逛，比赛的气氛会比以往更浓烈，你也会变得特别兴奋。这个时候，运动员应该努力告诉自己，要保持好稳定的平常心，安排好作息时间，按照既定的计划保持好状态。

还是要多分析对手，放下姿态拼，力争把平时训练水平都发挥出来。奥运会，既让你紧张又有压力，但这就是奥运的魅力。

在奥运延期这一年时间里，大家参加的比赛都很少。尤其是中国队，几乎没有参加过比赛，对赛场气氛、氛围都需要尽快适应。比如本届中国羽毛球队员都非常年轻，东京奥运对于他们是很大的挑战。

但我相信他们都是职业运动员，中国队也做好了充分的赛前准备，他们会尽快适应奥运赛场气氛。年轻有年轻的不同，有"初生牛犊不怕虎"的精神！希望他们在奥运赛场都有更好的表现。

中新社记者：去年奥运延期时，国际奥委会主席巴赫曾说，希望东京奥运会能成为"黑暗隧道尽头的一束光"。奥林匹克运动之于当下意味着什么？在此时把"更团结"写入奥林匹克格言，意义何在？

张宁：因为疫情缘故，全世界都在一种很压抑的气氛下生活，人们的情绪其实都需要释放。体育本身就是号召人们追求"更快、更高、更强"，鼓舞人们勇敢面对困难的。

现在又提出了"更团结"的理念，我认为国际奥委会这个口号非常好、非常及时。全世界需要体育来带动、鼓舞人们面对困难、挑战困难、战胜困难。要构建人类命运共同体，更需要团结。用奥运会的形式增强世界人民的团结，共同抗击疫情，是非常好的一件事。

中新社记者：没有观众助威的奥运，会不会影响选手发挥？从开幕式到颁奖礼，很多仪式被简化，缺乏仪式感会不会让运动员遗憾？

张宁：我反而认为没有观众不会对运动员有更大影响，反而氛围没那么紧张。但东道主失去了本国观众的加油呐喊声，会失去很多主场优势，对他们来说会有些遗憾。但对中国运动员来说是好事，没有外界影响带来的心理压力和干扰，可以心平气和地比赛，这是以往不可想象的事。但毕竟是奥运会，我预测，可能会发生很多意想不到的比赛结果。

颁奖仪式被简化的确遗憾。对于奥运选手来说，他们可能更需要颁奖的仪式。不过此时运动员关注的并不是观众，而是自己脖子上那块奖牌。

中新社记者：在中国体育代表团成立大会上公布的参赛目标，包括"坚决遏制奥运成绩多年持续下滑的趋势"。您对中国代表团有什么期待？

2021年8月5日，在东京奥运会乒乓球女子团体决赛中，中国队取得奥运会乒乓球女团四连冠。　　　　　　　　　　中新社记者 韩海丹 摄

　　张宁：我对中国奥运军团充满期待，我相信中国运动员们会在东京奥运有很好的表现，取得傲人成绩，我希望出现很多很多匹"黑马"。

　　因为疫情，世界上很多地方的正常生活和工作都受到了很大影响，他们的奥运备战也受到了很大冲击。据我所知，很多欧洲国家的体育设施都采取了强制性关闭措施，影响选手备战训练。相反，我们国内的疫情在短时间得到控制，运动员备战几乎没有受多大影响，非常充分。关键是怎样把心态调整好，把平时训练水平发挥出来。

　　中新社记者：疫情防控是东京奥运会的重中之重。但各种防疫措施可能会给场上场下带来诸多不便，运动员该如何调整？

　　张宁：希望东京奥运会主办方能真正重视运动员的安全。主办方应该学习中国防疫的模式和方法，把检疫工作做得更严谨细致。对运动

员来说，还是要自己更重视防疫，比如说戴口罩、勤洗手、保持社交距离，等等。其实养成习惯，也就不会感觉繁琐和麻烦。

中新社记者：东京奥运周期，中国羽毛球队成绩出现了一定波动，您怎么看待？您认为他们会取得何种成绩，特别是您曾指导过的陈雨菲、何冰娇？

张宁：看看这次中国羽毛球队参赛的名单，大家就能知道，95%的队员都是第一次参加奥运会。运动成绩有波动是正常规律，年轻队员需要时间成长，需要大赛经验的积累、技战术的成熟。

我前面说过，中国对疫情进行有效管控，给运动员赢得了备战奥运的优势，我相信中国羽毛球队会取得满意的成绩。陈雨菲、何冰娇以前都是我的队员，陈雨菲随着年龄增长、参赛经验丰富，比以前成熟稳健了很多，我认为她是夺冠热门。

2021年8月1日，东京奥运会羽毛球女子单打决赛中，中国选手陈雨菲获得冠军。
中新社记者 杜洋 摄

何冰娇比以前瘦了很多，证明她的自我要求比以前更高、更努力。她的打法非常有自己的特点，如果发挥稳定，会在奥运会打出一片天地。祝福她们，希望她们发挥出自己的水平，捍卫中国羽毛球女单的荣誉。

中新社记者： 除了羽毛球之外，您还关注中国代表团的哪些项目？

张宁： 我特别爱看奥运会，因为它对于运动员来说是神圣的。奥运期间但凡有中国队的比赛，我都是喜欢看的。当然，乒乓球、女排、跳水这些项目看得会多一些，主要是电视转播也会多些。而且，乒乓球队一直同羽毛球队在一个中心（国家体育总局乒羽中心），我们对国乒的队员、教练都很熟悉，强大的国球一直是我们学习的榜样。

女排我也喜欢看。小时候我差点被排球教练选中，最后是羽毛球教练用两个比我个子高的队员把我换回来的，所以我对女排有特殊感情。当然跳水队也是我们的梦之队，他们在任何大赛上都没有让国人失望过，我非常敬佩中国跳水队。像体操、划船、女篮、女足等一些比赛，我也会重点关注。我相信他们都会有优异的表现。

中新社记者： 数据显示，中国代表团女运动员占比达到 69%，是历届奥运中比例差距最悬殊的一届。您如何看待女运动员人数的增加，还有部分项目的"阴盛阳衰"？

张宁： 如果我没记错的话，基本上历届中国代表团都是女运动员更多，但这一届特别明显，可能是因为缺少了足篮排"三大球"的男运动员。但是，这也充分体现了我们"女人能顶半边天"的能力。

我们国家的女运动员确实非常吃苦耐劳，运动成绩一定是建立在勤奋努力，坚持、坚韧、坚强的基础上的，天道酬勤。

中新社记者： 您的职业生涯既有进入国家队 12 年后才夺得第一个

世界冠军的艰辛，也有蝉联奥运冠军的殊荣。对曾经受过的委屈、吃过的苦，是否已经释然？两枚奥运金牌又有什么不同之处？

张宁：现在想起来，那些年吃的苦、受的委屈，其实早已释然。回想走过的路，还是坚持、坚韧、坚强和"更快、更高、更强"的体育精神支持着我走向胜利的。

在雅典奥运会上的夺冠，是那种初次夺冠的喜悦；北京奥运会夺冠后，更多的是对自己付出得到回报的欣慰。体育是锻炼人心智最好的方式方法，它练就你不惧艰辛、刻苦坚持的习惯，还有争取胜利的决心。

中新社记者：这一路走来吃了这么多苦，如果让您再选一次，还会再选羽毛球吗？

张宁：会。这项运动带给我的，不仅是现在看来的很多荣誉；这么多年的体育生涯，更是练就了我面对困难的坚持和持之以恒的体育精神。

中新社记者：家国情怀是刻在中国人骨子里的基因，体育健儿更有为国而战的使命感。您职业生涯中，最能诠释这4个字的瞬间是什么时候？优秀的高水平运动员在竞技之外应如何去锤炼这种素养？

张宁：在2004年雅典奥运会的决赛上，我不能输，因为我一定要全力以赴捍卫荣誉；在2008年北京奥运会的半决赛上，我也不能输，因为我必须坚守使命和任务，为国而战。

成功的运动员一定有远大理想，为了理想不懈努力，升国旗奏国歌是运动员的最高使命。我始终认为，要想成为一名成功的运动员，不仅需要天赋，更重要的是后天不懈、甚至是残酷的训练。平时要谦虚、多请教、多付出、多努力，遇到困难的时候，能够坚持、坚韧、坚强地面对。

中新社记者：您的职业生涯很长，见证了中国体育事业的发展和变革。在这期间，您认为国人对体育的观念和态度，发生了怎样的变化？

张宁：国人对体育的认识确实在近几年发生了重大变化，这应该是随着国家强大、经济水平提高、人均收入增加而产生的。现在，人们把体育视为体现自己生活水平的一部分，而且对参与体育的渴望越来越强。国家在教育方面把体育的地位提得也越来越高。人们对体育的重视，越来越强烈。

逐梦苍穹

33

400 公里 "天外"，中国如何建设 "太空家园"

本期策划 ｜ 夏宇华　郭金超　张蔚然

记者 ｜ 郭超凯　刘超　张兴龙

撰稿 ｜ 郭超凯

播发时间 ｜ 2021 年 4 月 29 日

采访嘉宾　王为
中国航天科技集团五院总体设计部
空间站总体研究室主任

- 空间站的 "大脑" 是由核心舱的计算机来控制其他舱段的设备联合起来工作，这也体现了核心的作用。航天员生活环境主控的节点也是在核心舱上

- 航天员在天上，一方面是会辅助开展相关的科学实验，包括自身在太空生活的相关实验研究。另一方面，航天员也会进行出舱活

动，辅助空间站的相关建设工作

■ 有了空间站这个长期支持人员驻留的平台，以后普通的老百姓就
可以通过各种方式（进入太空），看一看太空风景

扫 码
看访谈视频

> 2021 年 4 月 29 日，中国在文昌航天发射场用长征五号 B 火箭成功发射空间站天和核心舱，全面转入空间站在轨建造。中国空间站有哪些看点？未来普通人是否有机会前往空间站？

访谈实录

FANGTAN SHILU

中新社记者：60 年前宇航员加加林成功进入太空，开启人类载人航天序幕。今年不仅是人类首次载人航天 60 周年，同时也是中国航天事业创建 65 周年。您认为中国在这一特殊年份建设空间站有何特殊意义？"年轻"的中国空间站有何看点？

王为：中国的载人航天工程从 1992 年开始启动。比起人类载人航天 60 年的历史，我们的起步不算早。但是从发展角度看，我们追赶的步伐是稳健、快捷的。中国载人航天启动研制以来就规划了"三步走"计划，第一步是研制载人飞船，实现人员进入太空并安全返回。第二步是研制空间实验室，与载人飞船实现交会对接，短期内有航天员在空间实验室进行一定规模的空间科学实验，实现一个月左右在轨的生活和工

作。第三步要建设中国自己的空间站，空间站的主要目标是实现中国人在太空连续、长期的驻留，这对整个国家和中华民族来讲非常有意义。这意味着中国人在太空有了长久家园，在世界载人航天发展 60 周年这个特殊年份里，能启动空间站这一中国人的"太空家园"建设意义非常重大。

空间站有何看点？第一，中国空间站的构型比较简洁，规模适度。第二，年轻的空间站能够更好用到一些新技术，特别是现在迅猛发展的信息网络通信技术、人工智能技术。第三，空间站留给我们的想象空间很大，其目前的规模适度、构型简洁，但在其基础上可以不断进行舱段扩展。

中新社记者：天和核心舱是中国发射的首个空间站舱段，它的"核心"体现在哪？今明两年，中国将通过 11 次任务完成空间站基本构型的在轨建造，后续 10 次任务将如何安排？

2021 年 4 月 29 日，搭载空间站天和核心舱的长征五号 B 遥二运载火箭，在中国文昌航天发射场点火升空。 中新社记者 骆云飞 摄

王为：核心舱的核心作用（在于）：首先在外部形状上，空间站是由天和核心舱、问天实验舱、梦天实验舱构成，另外载人飞船、货运飞船也需要对接。这些航天器舱段都是与核心舱对接，它作为"枢纽"起到空间站的集成作用，把各个飞行器给联通起来。

从功能上来说，它起到整个空间站控制核心的作用。比如说空间站的姿态、轨道控制。空间站的"大脑"是由核心舱的计算机来控制其他舱段的设备联合起来工作，这也体现了核心的作用。航天员生活环境主控的节点也是在核心舱上。

这两年空间站建造会有 11 次任务，天和核心舱是第 1 个任务。后面的 10 次任务是这么安排的，中国要发射问天实验舱和梦天实验舱，与核心舱进行交会对接，通过构型转位形成 T 字的三舱构型。另外还要发射 4 艘货运飞船和 4 艘载人飞船，货运飞船为人员在轨生活工作提供物资，载人飞船把航天员运至空间站进行生活和工作。

中新社记者：建成后的空间站长啥样？"高大上"的空间站和我们普通人的生活有什么联系？

王为：空间站目前规划了三个舱段：天和核心舱、问天实验舱和梦天实验舱，在轨构型基本是一个 T 字构型，在 T 字构型的两侧是太阳翼帆板，像两个风车一样转动。

空间站具备了很强的在轨应用和科学试验支持能力。对普通人生活来说，空间站定位为国家太空实验室，肯定会为科技发展开展大量的实验。第一方面是研究人自身在太空的生活，以前中国航天员在轨生活为一个月左右，空间站建好以后航天员能实现更长时间地在轨驻留，可开展空间环境对人身体健康影响的研究，可能为以后普通人进入太空开展前期的研究工作。

第二方面是一些科学方面的研究，包括天文、物理、生物等基础科学。这些技术会为推动整个社会科学技术的进步发挥作用，科技的进步最终也会反馈到生活。

广东省珠海市，第十四届中国航展上展出的"中国空间站"模型（1:1）内部。
中新社记者 陈骥旻 摄

第三方面更实用，即一些新技术在太空的应用。最直接的比如航天新技术可以在空间站上先试一试，改进后再应用到其他航天器上。与航天相关的遥感、通信技术等都是直接服务于普通老百姓的生活。

第四方面是生物技术如制药，国际空间站上有大量实验，这些技术的发展可能直接产生面向老百姓的产品。

中新社记者：未来中国空间站将运行在高度约 400 公里的近地轨道。您能否解释为什么空间站只"飞"这么高？要将这样一个庞然大物送入太空，执行发射任务的长征五号 B 火箭与发射普通卫星的火箭有什么不同？

王为：400 公里是一个经过选择、不高不低的轨道。轨道太低的话空间站进入到大气层会掉下来。国际上基本把 100 公里作为界限，高于

100 公里才算进入太空，所以空间站的轨道高度肯定要高于 100 公里。

那么是不是越高越好？事实上也并非如此，轨道太高也会有问题。同样重量的东西从地面运到高轨道比运到低轨道代价更高。轨道太高对运载火箭，飞船能力及整个航天系统的成本是不利的。从这个角度来说，轨道低反而有好处，但也不能太低。因为轨道空间不是一无所有，它有一些稀薄大气，在过低轨道停留时间过长，由于大气的衰减作用，轨道就会降低，这样就需要更多维持轨道（高度）的推进剂，即"加油"更多，这对运营成本会造成不利影响。

轨道过高，空间的辐射环境会更恶劣，对长期在轨生活的航天员产生不利影响。

综合来看，我们选择了 400 公里的轨道。国际上基本都选择这个轨道范围来建设近地空间站。因此 400 公里可以算是"最优解"。

空间站特点就是大，舱段质量是 20 吨左右，这要求火箭的运载能力要强，所以我们采用的长征五号 B 火箭是中国目前近地轨道运载能力最强的新一代火箭，从国际上来看它也是主流的大型运载火箭。

长征五号 B 火箭采用的是一级半构型，火箭包括芯一级加上 4 个助推器。这型火箭没有一二级的分离，可靠性更高，这也符合载人航天高可靠性的特点。火箭采用的是液氢、液氧的无毒推进剂，和载人需求非常契合。

中新社记者：1998 年国际空间站发射了第一个模块，中国空间站的建造比国际空间站晚 20 多年。与国际空间站相比，中国空间站有何特点和后发优势？

王为：从规模角度来说，中国选择规模适度的空间站，也是充分借鉴国外发展经验。其实空间站是一个持续运行在近地轨道上的载人平台，其维护对国家的支持力度要求很高。国际空间站有 10 多个国家来

（共同）维护，主要由美国、俄罗斯两个国家开展，运营时会面临很多问题。中国空间站选择现在的规模和构型，也是充分借鉴此前2个空间站而提出的。

第二个特点，因为我们建造时间晚，一些新的技术，特别是信息电子技术相对前面2个空间站已实现更新换代。中国空间站的软件规模比前面2个空间站更大些，更多功能不是通过硬件来实现，而是通过软件、自动化的手段去开展。这些基本上都是后发优势。

中新社记者：空间站建造完成后，中国还会单独发射"巡天"望远镜，与空间站保持共轨飞行状态。与传统光学望远镜相比，这个布局在太空中的"巡天"望远镜将发挥什么作用？

王为："巡天"望远镜从模式上来看是非常大的创新。飞行器和空间站长期共轨飞行，短期停靠在空间站上进行维修维护，实现推进剂的补加和加油。如此一来，中国空间站类似于一个"太空母港"，飞行器能够停靠在上面来接受服务，这种模式是非常创新的。和平号空间站和国际空间站目前还没有这种模式。

具体到"巡天"望远镜，它本身是一个架在太空上的"天眼"，其分辨率和哈勃望远镜相当，但巡天观测的范围比哈勃望远镜更广泛，这有利于我们对太空进行普遍的巡天观察，可能会在天体物理方面取得一些突破性的科研成果。

"巡天"望远镜可以停靠在空间站上进行维修维护，这为以后探测功能的升级提供了手段。换言之，"巡天"望远镜以后可以不断替换新的探测设备，使"眼睛"的视力逐步提升，帮助我们更好地捕捉到宇宙深处一些细微的科学信息。

中新社记者：执行中国空间站建造阶段的4个航天员乘组已经选

定，今明两年 12 名航天员将先后进入太空。未来 4 个航天员乘组将如何轮换？航天员会在太空中执行哪些任务、开展哪些有趣的研究呢？

王为： 之前中国航天员在轨停留的最长时间在一个月左右，因此这 4 个航天员乘组的在轨停留时间会有一个循序渐进的过程，最终大概会停留半年左右。即上一个航天员乘组在太空待半年，下一组航天员上来、交接班形成轮换，实现连续的空间站驻留。

航天员在天上，一方面是会辅助开展相关的科学实验，包括自身在太空生活的相关实验研究。另一方面，航天员也会进行出舱活动，辅助空间站的相关建设工作。

中新社记者： 此前中国航天员在轨飞行的最高纪录是 33 天，空间站在轨建造期间航天员乘组将在太空中驻留 3 到 6 个月甚至更长时间。如何保障航天员在太空中的安全和生存？未来普通人有机会去往空间站吗？

王为： 为了保障航天员长期在轨生活，我们在技术上有几方面支持：第一，最重要的就是空间站舱内适宜航天人生活的环境。之前中国的空间实验室使用的是消耗性方式，比如按一个月的量带氧气上天，消耗完了就回来。而空间站用到的是再生生命保障支持技术，能够把物质循环起来，尽量节省从地面往空间站运输消耗品的数量，降低其在运行过程中对地面支持的需求。可再生的生命保障环境可使航天员实现更长时间的停留。

第二，航天员在天上长时间停留要消耗大量的物资，要定期发射货运飞船去提供物资，把一些垃圾废弃物及时带下来。

第三，空间站内部为航天员长期生活提供宜居的环境，比如天上的物品物资管理，生活休息支持环境，我们也会尽量用到一些能方便生活的技术，来支持航天员的长期在轨生活。

咱们空间站建成为普通人进入太空打开了巨大的空间。以前要在太空生活，没有长期驻留平台是无从谈起的。有了空间站这个长期支持人员驻留的平台，以后普通的老百姓就可以通过各种方式（进入太空）。随着以后太空旅游、商业航天的发展，大家可能有机会到空间站上住一住，看一看太空风景。这也是我们从事载人航天的梦想，能够给大家提供一个"太空家园"。

中新社记者：目前，中国第三批航天员已选拔完成并投入训练。与杨利伟、王亚平等第一、第二批航天员相比，第三批航天员的人员选拔有哪些新标准？

王为：第三批航天员选拔范围比前面两批航天员更加广泛，这也是为了以后空间站长期在轨运行的需要。因为以前的任务比较特定，实验的任务就是为了验证载人航天技术，开展一些适度规模的科学实验。但后期空间站运营，目标就慢慢从技术试验转向应用。

因此除了专业的航天驾驶员，还有飞行工程师，主要负责空间站的维修维护。另外还会面向应用选拔一些载荷专家，载荷专家会专门为科学实验做一些技术研发。因此其选拔标准和航天驾驶员有些不同，还得考虑专业领域，对其在太空从事专业活动有一些要求，（两者在）标准上有一些差异。

中新社记者：未来空间站建成并投入使用后，您认为中国人往太空寄送"快递"是否会更频繁？中国在空间站开展的科技创新研究将如何惠及广大民众的生活？

王为：天舟货运飞船就是"快递小哥"，工作会更辛苦，每年都要往空间站上不断运货。一方面要维持空间站运行和保障航天员生活，另一方面还要将各种各样的科学实验载荷运到空间站做实验。"天地物流"会更加频繁，要建立一个常态化的"天地物流"运输循环。

2021 年 3 月，北京小朋友们在中国科学技术馆举办的"中国载人航天互动科普展"上参观太空育种的西红柿。　　　　　　　　　　中新社记者　田雨昊　摄

空间站实验的最终目的就是要服务民众生活，服务国家建设，相关的技术成果一方面是会增进对宇宙的认识，让我们更加了解宇宙空间，特别是近地轨道空间环境内人的生活情况、太空蔬菜培养或动物等相关技术。比如，太空育种就是最典型技术，（在太空育种后）再挪到地面生长，从中找出比较好的种子再培养。这些（太空）技术最终通过转换，会转化为我们（日常）实际会用到的技术和产品。

34

"神十二"到底有多"神"，普通人 有机会去空间站吗

本期策划 ｜ 夏宇华　郭金超　张蔚然
记者 ｜ 马帅莎　郭超凯　让宝奎　蒋启明
撰稿 ｜ 马帅莎　郭超凯
播发时间 ｜ 2021 年 9 月 17 日

采访嘉宾　杨宇光
国际宇航联空间运输委员会
副主席

■ 在空间站运营阶段，东风着陆场将作为主着陆场来使用。东风着
陆场就在酒泉卫星发射中心附近，面积非常广大，可以有一个很
长的范围供选择

■ 我相信未来存在非职业航天员进入空间站的可能性。国外的新闻

记者、影视明星及其他付费太空旅游的乘客，都曾造访过国际空间站。普通人要进入太空，必要的训练是不可缺少的

扫 码
看访谈视频

"

2021 年 9 月 17 日，聂海胜、刘伯明、汤洪波三名航天员搭乘神舟十二号飞船返回舱返回地球，成功着陆于东风着陆场。"太空出差" 3 个月，航天员衣食住行是如何保障的？未来中国空间站将如何建设？普通人是否有机会前往空间站？

访谈实录

FANGTAN SHILU

中新社记者："太空出差" 3 个月期间，神舟十二号飞行乘组共安排了 2 次出舱任务，这 2 次出舱有何不同、各安排了哪些任务？与神舟七号出舱任务相比，神舟十二号的出舱时间更长，这是否意味着中国舱外活动技术有了大幅提高？

杨宇光：建设空间站是一项非常复杂的工程，有非常多的关键技术，比如载人航天三大基本技术：天地往返技术、交会对接技术、舱外活动技术。2008 年的神舟七号出舱时间不到 20 分钟，舱外活动也比较简单，只是证明我们有能力进行舱外活动，但并不能满足未来复杂的科研活动需要。

神舟十二号乘组进行了两次舱外活动，进一步验证舱外活动技术。

首先，这一次三位乘组成员穿的是中国第二代飞天航天服，工作时间更长，理论上可以工作八九个小时，可重复使用 15 次。

神舟十二号任务两次出舱活动更多的是进行技术验证，尤其是第一次舱外活动超过 7 个小时，对二代飞天航天服支持长期舱外活动需要的各种技术进行了全面充分验证。

第一次舱外活动还验证了两项关键技术，一是通过机械臂来辅助航天员在空间站表面进行大范围转移；二是在空间站表面进行爬行，通过安全绳和固定装置，爬到指定位置。第二次舱外活动的任务更为复杂，安装了一套扩展泵组，提高了整个空间站的工作可靠性。

中新社记者：神舟十二号飞行乘组的平均年龄超过 52 岁，有网友说此次任务航天员年龄偏大，为何不选择更年轻的航天员？载人航天对航天员的年龄是否有限制？未来中国是否需要进一步加强航天员的梯队建设？

杨宇光：50 多岁并不是一个很大的年龄，美国、俄罗斯以及其他国家都有大量 50 岁以上航天员。最高的年龄纪录是美国第一位进行轨道飞行的航天员约翰·格伦，他在（上世纪）60 年代驾驶"水星号"飞船进行了美国第一次环绕地球的太空飞行，在接近 80 岁高龄又乘坐航天飞机再次进入太空。

航天员从初期选拔到经过长期的身体条件适应能力、各种空间操作技能训练，达到能够进行实际飞行的资质，至少需要两年以上。过去国外在进行重要航天任务时，（航天员乘组中）至少有一人有航天飞行经历。比如，美国第一次登月的阿波罗 11 号飞船乘组，三位宇航员之前全都有过太空飞行经历。

神舟十二号任务非常重要，承担了首次长期驻留、可再生环控生保系统、复杂出舱活动等任务，更需要一个经验丰富的乘组。从神舟九号任务开始，一般是"一老带两新"或者"一老带一新"，这次变成了

"两老带一新"，甚至聂海胜过去有过两次飞行经历。

中国目前已完成第三批航天员选拔，里面不但有航天驾驶员，还有航天任务专家和随船工程师。第一代航天员都是从飞行员里面挑选的，到了第三批航天员，因为空间站任务科学研究的比重越来越高，就需要有更多的工程师、科学家进入轨道，进行更复杂的空间科学研究和实际操作。

中新社记者：神舟十二号飞行乘组的在轨时间长达 3 个月，未来航天员在中国空间站的在轨驻留时间还将增加到 6 个月，在轨时间的延长，对人类发展航天技术、开展空间实验有什么意义？

2021 年 6 月 17 日清晨，聂海胜、刘伯明、汤洪波 3 名航天员在酒泉卫星发射中心问天阁广场领命出征，开启为期 3 个月的飞行任务。

中新社记者 郭超凯 摄

杨宇光：长期驻留要解决很多问题，比如人在失重条件下会肌肉萎缩、骨骼钙质流失。"天和"核心舱带上天的太空跑台和太空自行车，比过去的设计更为合理，可以进行更有效锻炼。

长期太空驻留必须解决的另一个问题是可再生式的环控生保系统，很多资源要回收利用。以尿处理为例，实际上是将尿液送到蒸汽压缩蒸馏装置里面，首先让它变成一个非常低的压力，比较容易蒸发和汽化，汽化后再让水气分离，水蒸气冷凝形成蒸馏水，进行一些处理之后再通过净化系统过滤，就可以达到饮用水的标准。

航天员平时还会定期抽血，血样要带回地球研究。未来航天员从神舟十三号开始要在轨半年以上的时间。这一次发现的各种问题，都可以为以后在轨驻留奠定非常好的基础。

在轨飞行除了支撑科研活动，也为未来走向更远的深空奠定基础。比如，从地球到火星考察往返的时间超过一年半，大部分时间是在飞船里面待着，这样的过程必须首先在近地轨道空间站里去验证。

中新社记者：结束3个月的"太空出差"，神舟十二号飞行乘组顺利返回地球，从太空微重力环境返航，航天员需要提前做好哪些准备工作，以便更快适应地球环境？

杨宇光：从已经公布的航天员在轨生活和工作规划来看，我们注意到一个细节，他们在临近返回时，每天的锻炼时间和强度会增大，这就是非常好的准备工作。为保证骨钙不流失、肌肉不萎缩，航天员每天要进行足量锻炼，回到地球以后能够尽快进行重力的再适应。

这一次飞行也是（目前）神舟飞船在轨时间最长的一次。神舟飞船靠泊到空间站以后，虽然它的大部分设备处在休眠状态，但依然会经历太空辐射环境、恶劣真空环境考验。

神舟飞船关系到航天员乘组安全，所以在返回前要对各个分系统比如推进系统、GNC分系统（制导、导航与控制分系统）、测控等分系统进行测试，保证每个分系统都是正常的才能够返回。

这一次是我们首次返回东风着陆场，过去所有（载人）航天飞行都是返回到四子王旗着陆场，东风着陆场是作为备份着陆场。未来在空间站运营阶段，东风着陆场将作为主着陆场来使用。

中新社记者： 着陆场的变化主要是出于哪方面考虑？

杨宇光： 载人航天器包括空间站大部分都是在比较低的轨道高度上，主要是为了规避空间辐射的影响。因为地球附近有一个范艾伦辐射带，这个辐射带下边缘大约是在六七百公里高度，如果航天器的轨道高度高于这个高度，它会受到更多的辐射影响，在三四百公里高的高度，辐射会小很多。

但是这带来另外一个问题，因为这个高度以 7.8 公里每秒绕地球飞行，受到的大气阻力会使飞船或空间站的高度不断降低。

2021 年 9 月 17 日，神舟十二号载人飞船返回舱在东风着陆场成功着陆，航天员聂海胜（中）、刘伯明（右）、汤洪波安全顺利出舱。

中新社发 中国载人航天工程办公室 供图

过去天宫一号、二号和神舟飞船的乘组任务，因为时间比较短，不需要大范围改变轨道，空间站长期在轨运行，轨道高度变化比较大，到合适的时候就要进行一次轨道保持，抬高高度。

轨道高度变化比较大就带来一个问题，返回时理论上着陆点的位置会有比较大的变化。四子王旗着陆场是一个相对来说比较小的着陆场，而东风着陆场就在酒泉卫星发射中心附近，面积非常广大，可以有一个很长的范围供选择。我认为这可能是选择东风着陆场作为目前空间站运营阶段主着陆场的最主要原因。

中新社记者：在返回地球的过程中，如何保障航天员的安全？

杨宇光：返回过程和发射过程一样，是航天飞行中风险比较大的环节。目前人类在轨飞行过程中发生过一些险象环生的事故，大部分都是在发射阶段以及返回阶段发生的。

返回过程中有几方面风险。一是反推，原来是环绕地球的轨道，通过推进舱发动机的工作，变到能够再入的轨道，这是风险比较大的环节，首先它要准确。

二是在返回过程中有数次分离操作，第一个操作是轨道舱和整个飞船分离，我们称之为轨返分离；第二次是完成反推以后，推进舱和返回舱要分离，我们称之为推返分离，这两次分离都非常重要，必须要正常完成。

再入飞行过程，也就是到了100公里以下，返回舱和大气摩擦会产生极高的温度。飞船下面有一个防热大底，飞船表面有防热的烧蚀材料来保证高温不会传到舱内，保证航天员的安全。

返回到大约10公里高，速度已经降到了200多米（每秒）的时候，就要开伞，把速度进一步降低。为保证航天员安全，有一套主伞，还有一套备份伞，一旦主伞打开出问题的话，备份伞要进行工作，保证能够降到一个比较低的速度，正常降落到地球表面，但对航天员的冲击依然是比较大的。

所以我们又有两个措施，一个措施就是在落地前把座椅升高，有点像家里折叠床的气压杆；另外一个措施，是返回舱抛掉防热大底以后，到距离地面一米高时精确发出指令，让几个小的固体火箭发动机反推，进一步降低飞船着陆速度，使航天员非常轻柔地落到地球表面。

中新社记者：神舟十二号三名航天员都是男性，未来空间站的航天员飞行乘组是否会有女性航天员，女性航天员的加入对中国发展航天技术、中国空间站运营都有哪些意义呢？

杨宇光：女航天员的重要性是不可替代的。人类进入太空是为了进行更多科学实验，以及走向更深远的太空。从这个角度来说，只有男性航天员是不完整的，而且女性有特殊优势，在一些更细致的操作上有更多优势，包括语言优势等。从长期太空生活看，男女互补在心理方面的代偿作用对于长期太空飞行也非常重要。

从国外例子看，有大量女航天员不但能在空间站进行长期驻留，有些甚至作为航天器驾驶员乃至整个飞行任务的指令长，这种情况是存在的。刘洋、王亚平已经作为中国神舟九号、神舟十号飞船的乘组经历过太空飞行，时间都不短，达到了十几天以上，我们期待未来中国空间站也会有女航天员的出现，这是必然的。

中新社记者："太空出差"三人组凯旋后，后续中国还将陆续实施多次发射任务，在2022年完成空间站的在轨建造，未来中国空间站将如何建设？完整体的"天宫"空间站长什么样？它将发挥哪些关键作用？

杨宇光：天宫空间站的初期规划是T字形构型，天和核心舱的前端有一个节点舱，节点舱一左一右，各连接一个实验舱，右边是问天实验舱，左边是梦天实验舱，这两个实验舱和核心舱都是20多吨重，这是空间站的基本构型。

中国空间站航天员出舱场景展示。　　　　　中新社记者 孙自法 摄

　　除了这三个基本舱段以外，天和核心舱尾部还会对接一艘天舟货运飞船，给航天员送去生活物资、科研仪器，给空间站送去推进剂补加，生活垃圾、废弃科学仪器也要放到这里面，不但是"快递小哥"，还是"储藏室""垃圾箱"。

　　在空间站前端会对接 1 到 2 艘神舟飞船，短期内空间站可以支撑 6 个人在轨进行乘组轮换。未来空间站还具备扩展能力，可以加第二核心舱，最大将来可以扩展到 180 吨的组合体规模。

　　需要强调一下，180 吨的重量也不到国际空间站的一半，这比较符合中国作为发展中国家，但又是一个航天大国的定位，也就是规模适度，更注重效率，来完成更多科学实验，为人类科学进步作出贡献。

　　除了空间站基本配置，还会有一个独立飞行的光学舱——巡天望远镜，可对大范围的天空进行成像，获得海量科学数据。它和空间站在同一个轨道上运行，正常情况下是独立运行的，需要维修时可以和空间站对接，由航天员对它进行维护操作。

中新社记者：近期维珍银河、蓝色起源相继推出了亚轨道太空旅游，未来普通人是否有机会前往中国的空间站，要进驻空间站需要满足哪些条件？

杨宇光：我相信未来存在非职业航天员进入空间站的可能性。国外的新闻记者、影视明星及其他付费太空旅游的乘客，都曾造访过国际空间站。普通人要进入太空，必要的训练是不可缺少的。

一是要能够经受飞行过程中的环境，包括起飞过程中的超重和剧烈振动，这方面要进行适应性训练。航天员进行航天训练时，要在离心机上，模拟超重训练要达到身体 8 倍的重量。

二是要进行失重环境训练，一方面是体验，另一方面避免将来有严重的不适应。此外还要进行救援训练。航天员要在荒漠、海上、森林里面进行生存锻炼。进行舱外活动的航天员还要在加了盐的水池，也叫中性浮力水池里面进行相应训练。

这些训练理论上对普通老百姓是开放的，但是确实像我们讲的，航天员是万里挑一的职业，每个人都很努力，但是并不是每个人都有飞天的机会。

35

中国空间站如何让女航天员"美上天"，外国人加入还远吗

本期策划 ｜ 夏宇华　郭金超　张蔚然

记者 ｜ 马帅莎　郭超凯　徐朋朋　田雨昊

撰稿 ｜ 马帅莎　郭超凯

播发时间 ｜ 2021 年 10 月 16 日

采访嘉宾　庞之浩
全国空间探测技术首席科学传播专家

■ 这次是（中国）首次在太空执行 6 个月任务，另外有女航天员上天。（驻留）时间长达 6 个月，将达到目前国际空间站（航天员驻留）的水平

■ 天舟三号根据这次任务需求，为女航天员送去了卫生用品、少量

无毒化妆品，女航天员化妆以后可能心理状态会更好

■ 我们在空间站设计了一套货物在轨信息管理系统。比如航天员想找鱼香肉丝，在系统中输入，系统就会告诉他是在什么地方，在哪个包裹里、怎么走，他就可以根据坐标编码去寻找

扫　码
看访谈视频

"

2021 年 10 月 16 日，神舟十三号飞船搭载 3 名航天员成功进入太空。中国空间站迎来首位女航天员的同时，航天员们还将再次刷新在轨驻留时长。与神舟十二号相比，神舟十三号任务有哪些新特点？航天员长达半年的太空生活如何保障？女航天员的加入将为中国空间站带来什么？

访谈实录

FANGTAN SHILU

中新社记者：神舟十三号飞行任务是中国空间站第二次载人飞行任务。与神舟十二号任务相比，"神十三"任务有何新特点或看点？

庞之浩：这次是（中国）首次在太空执行 6 个月任务，另外有女航天员上天，很有看点。一是要深入验证航天员长期在轨驻留保障技术，包括空间站再生式生命保障系统技术、航天员物资供应管理、航天员健康管理，为后续长期驻留做准备。

二是（验证）飞船的长期驻留保障技术。针对空间站的复杂构型

和姿态(带来的复杂)外热流的影响,从神舟十二号开始,就对热控技术和电源技术进行了改进,这次要再次用6个月时间来验证飞船表现如何。

三是要掌握航天员长期在轨驻留的生活工作经验、生理心理变化。神舟十二号任务完成得很圆满,但一两次成功不代表成熟,所以这次任务要再一次(进行)检验,比如航天员和机械臂共同完成出舱任务、检验东风着陆场在不同季节的搜索救援能力。

中新社记者: 神舟十三号飞行乘组在轨驻留时间再次延长,这对中国空间站建设、开展科学实验分别有什么意义?未来半年空间站会开展哪些学科试验,可能有哪些技术成果普惠大众?

庞之浩: 这次航天员在轨时间长了一倍,可以完成更多科研任务和需要航天员长期在轨驻留的任务。核心舱上每个实验柜都是一个综合性实验室,神舟十二号航天员已经进行组装调试和测试实验(柜),这次航天员可以直接开展实验,比如人系统研究柜、高微重力实验柜、无容器(材料)科学实验柜。

第三个实验柜效益可能更凸显。在地面进行冶炼,一般都要有容器装熔体,高温情况下,容器会对熔体引入杂质。这个实验柜可以让熔体悬浮,进行无容器实验规避这个问题,利用激光升高温度,能达到3000多度,可以开展新型实验提纯,冶炼出非常纯净的材料再进行材料研究,这些可能对地面有直接用途。

中新社记者: 航天员在轨驻留时间的延长会为任务带来哪些挑战和风险?空间站和地面分别采取了哪些应对措施?有何应急准备?

庞之浩: (驻留)时间长达6个月,将达到目前国际空间站(航天员驻留)的水平。大量研究表明6个月是既保证航天员身体情况,又保证经费比较节省的最佳时间。延长驻留时间对航天员的生理和心理影响会比 3 个月更大。

比如在生理方面，由于微重力环境影响，长期驻留太空，航天员的骨质脱钙和肌肉萎缩现象会比较严重。目前有几项对策，最重要的是加强锻炼，（神舟十三号乘组）比神舟十二号乘组要锻炼得更多，可能一天得锻炼两个小时以上。二是用"企鹅服"，它是一种压力服。三是用负压筒，航天员在失重环境下体液都往上走，所以脸都比较大，我们叫"月亮脸"，用负压筒（可以）让体液往下走。四是吃特殊药，我们不仅有西药，还有中药。另外要补充水源、加强营养，上天前要进行相关训练。

中新社记者： 神舟十三号飞行任务中，首次有女航天员入驻中国空间站。与男航天员相比，女性航天员是如何选拔、训练的？其选拔、训练有何特殊之处？

庞之浩： 载人航天任务艰巨，技能复杂，环境比较特殊，有一定风险，所以对航天员的身体条件和心理素质都提出很高要求，女航天员也不例外。男女航天员的选拔与训练标准基本一样，没有针对女航天员的特殊选拔和训练标准。

空间站航天任务比较复杂，所以进行了分工。有飞行专家，也叫航天驾驶员；有任务专家，即航天飞行工程师；甚至还有载荷专家。女航天员现在占整个航天队伍比例一般是 10%，从全世界来讲，（女航天员）大部分都是任务专家，这跟女航天员的生理、心理情况有一定关系，比如女性脂肪比较多，平均个头矮、体重轻、有氧运动消耗的能量也低。但也有个别是飞行专家，比如说美国航天飞机第一个女驾驶员和指令长柯林斯。

大量实践和理论研究发现，女航天员有执行太空任务的能力，而且在某些方面感觉更敏锐，心思更细腻，考虑问题更全面，处理问题更注意方式方法，沟通能力更好。在微重力环境下，女航天员的雌激素（水平）和镁的代谢优于男航天员，（体内）铁含量低，所以被认为比较适合长期太空生活，不容易出现铁中毒、血栓、血管痉挛、心律紊乱。

中新社记者： 作为入驻中国空间站的首位女航天员，王亚平已是第二次进入太空。选择王亚平作为神舟十三号飞行乘组成员是出于哪方面考虑？

庞之浩： 王亚平的身体心理都比较成熟。这次（任务）是首次驻留6个月，派王亚平上去有明显优势。女航天员长期在轨驻留，从生理构造和心理素质讲，她可能更成熟、稳健，对航天环境的适应能力更持久。

王亚平在水下进行出舱训练。　　　　中新社发　徐部　摄

同时，她能给乘组带来活力，使配合更顺畅，工作效率更高，上去以后可以开展更全面的航天医学实验，并且王亚平拥有飞天经验，这次以老带新，比较合适。

中新社记者：我们注意到，天舟三号货运飞船专门为女航天员送去了化妆品、女性服装等日用品。为迎接女航天员，中国空间站做了哪些准备？将如何保障女航天员的长期在轨工作生活？

庞之浩：根据女性生理特点和生活需要，我们确实应该做一些特殊准备。比如飞船座椅是根据女航天员的身材特制的，让她无论飞天还是返回，都比较舒适。

二是对她的舱内航天服也进行了定制，尤其是女性的手比较纤细，我们做了适合女性的手套。她穿上以后无论是工作还是处理其他问题，都会比较方便。女航天员大小便收集系统的高度距离也进行了调整；另外还给她配置了巧克力、甜点和补血用品。

天舟三号根据这次任务需求，为女航天员送去了卫生用品、少量无毒化妆品，女航天员化妆以后可能心理状态会更好。针对女航天员生理特点比如月经问题，实践表明，女航天员在太空月经基本正常，但是月经期间进行太空行走，容易得减压病，所以在月经期间，一般不进行太空行走。

中新社记者：此前神舟十二号飞行乘组三名航天员都进行了舱外活动。"神十三"任务期间，女航天员是否有可能开展舱外作业？航天员在空间站是否会有任务分工？

庞之浩：我想这次女航天员会进行舱外作业，从而诞生中国太空行走第一女（航天员）。这不光是一个荣誉，我们要探索女航天员舱外行走的规律、特点、优势等。女航天员整体来讲身材比较矮小，但是这也有优势，因为在舱外活动时身体小，更容易控制，可以完成更细腻的工作。

王亚平参加人船联试。   中新社发 孔方舟 摄

在太空，航天员一般都要把自己作为研究对象，开展航天医学和空间生命科学研究。比如美国航天员格林 77 岁上太空，研究长期太空生活对老人生理心理的影响。这次王亚平上去，可以开展以女性为主的航天医学和空间科学生命研究，为以后长期载人航天做准备。

中新社记者：我们注意到，天舟三号货运飞船又向空间站送去了一套 90 多公斤的舱外航天服，中国空间站目前已有 3 套舱外航天服。这是出于哪方面考虑？与之前的两套舱外航天服相比，这套舱外航天服有何不同？

庞之浩：天舟三号运去航天服重量比以往的轻一些，但是性能跟另两套一样，达到第二代"飞天"舱外航天服性能指标。

目前世界上女航天员太空行走次数少，原因之一是没有专门适合女性的舱外航天服。最典型的例子就是美国曾经要开展一次全女性太空行走，一般太空行走都是一男一女或者两名男性，当时空间站上只有一套适合女航天员的舱外航天服，后来又运去了一套比较小的适合女性的舱外航天服，才完成了首次全女性太空行走。所以舱外航天服对太空行走很重要。

中新社记者： 为保障神舟十三号飞行乘组半年的物资需求，天舟三号货运飞船装载的货包数量比天舟二号更多。为方便航天员快速锁定和使用包裹，科研人员做了哪些设计？

庞之浩： 为了航天员寻找方便，我们在空间站设计了一套货物在轨信息管理系统。比如航天员想找鱼香肉丝，在系统中输入，系统就会告诉他是在什么地方，在哪个包裹里、怎么走，他就可以根据坐标编码去寻找。每个包裹上都有二维码，航天员有一个跟手机差不多大小的装置，通过扫描二维码就能进一步确认里面是什么货物，且同类货物的库存量是多少，很快捷。

根据神舟十二号航天员的建议，我们又对天舟三号送去的货包增加了标识，每个货包上都有彩色蝴蝶带，比如绿色的是食品，深蓝色的是设备，浅蓝色的是物资。

中新社记者： 天舟三号与空间站组合体交会对接后，空间站呈"一"字构型，神舟十三号靠泊后，空间站的构型再次改变。空间站构型及其变化有何讲究？中国空间站为什么设计成T字形？

庞之浩： 空间站的构型要保证它的主结构和质量尽量对称和紧凑，保证质心能够居中，这样可以少消耗姿态控制所需要的能量。（天和）核心舱一前一后对接货运飞船是为了平衡，而且飞船上去以后也是在同一个轨道平面内，沿着轨道半径方向对接，所以对姿态控制没有影响。

二是装在尺寸和质量大小基本相同的两个实验舱端部的两个太阳能

电池翼,不管空间站以何种姿势飞行,都能被太阳光照射,随时能够供电。T 字形末端设有气闸舱,气闸舱泄气或出现异常时,也不会影响空间站其他压力舱。

以后对接成 T 字形,核心舱还保留着后向前向下向对接口,后向是对接货运飞船的,天舟货运飞船对接以后,可以保证组合体利用货运飞船发动机,使整个空间站组合体进行轨道机动。

中新社记者: 从"神十二"到"神十三",中国空间站正逐步走向成熟。中国多次公开表示欢迎外国航天员加入空间站,实际上这些年来也有不少外国航天员正在学习中文。您认为,未来外国航天员加入中国空间站,对空间站建设和国际合作有何意义?外国航天员何时可以加入中国空间站?

庞之浩: 我觉得确实有意义。已经有几名国外航天员到中国进行训练,包括在烟台进行救生训练,他们都是空间站的老手。他们到中国空间站,会带来如何在空间站上长期生活工作的经验,可以取得新成果。国际空间站有可能在 2024 年退役,中国空间站算是后起之秀,采用了很多新技术,双方各自发挥特长,成果共享,能够少花钱多办事。

国外航天员还可能带来新的实验和先进仪器,使中国空间站快出成果、多出成果,提高空间站效率。我们的科学家跟他们一起工作也可以受到启示,使空间站发挥更好的效益。

我想在两个实验舱对接到核心舱以后,就可以加入外国宇航员了。中国已经开展世界范围的科学实验征集,已经有一些实验通过审定,被认为既有科研价值又安全,目前已经选择了第一批,以后还会选择第二批。有的科学实验可能是把他们的实验(装备)送上去,由我们来操作,有些实验可能是国外航天员搭乘我们的飞船上去亲自做。

36

天问一号"探火"还要迈过几道关，
火星探测难在哪儿

🎙 **本期策划** ｜ 夏宇华　郭金超

👤 **记者** ｜ 郭超凯　徐朋朋　蒋启明

✍ **撰稿** ｜ 郭超凯

🕐 **播发时间** ｜ 2020 年 10 月 29 日

采访嘉宾　刘彤杰
时任中国国家航天局探月与航天工程中心
副主任，现任上海航天技术研究院科技委
副主任

- （天问一号着陆地点）在乌托邦平原南部，地质学家说这里很可能是一个古海洋所在地，在古海洋和古陆地交界处，科学家认为该地有很高的科学价值

- 火星是类地行星，和地球环境有很多相似之处，国际上也选择火

星作为探测重点。我们对火星也有很大的关注度，因此选择火星来探测。火星作为类地行星，有大气，表面也有形貌，我们来看看它的演化是不是地球演化的未来

扫　码
看访谈视频

> 2020年10月28日，天问一号探测器顺利完成第3次轨道中途修正。在飞向火星的途中，天问一号为何要进行轨道中途修正？火星探测的难点在哪？距离成功降落火星，天问一号还要迈过几道关？

访谈实录

FANGTAN SHILU

中新社记者：10月28日天问一号顺利完成了第3次轨道中途修正，能否给我们解释一下什么是轨道中途修正？在飞向火星的途中，为什么要进行轨道中途修正？

刘彤杰：在火箭发射探测器时，探测器会有入轨偏差，在飞行控制过程中还会产生飞行控制偏差。这两个偏差如果日积月累起来，就会在空间上或时间上偏离和火星交汇的那一点。空间上，即轨道面上，如果和火星的位置没在一个面上，它就会飞离火星，不会被火星引力捕获。时间上，天问一号如果错过与火星交会的时间节点，也会擦肩而过，因此需要轨道中途修正。轨道中途修正的另外一个作用是检测一下探测器上的发动机，让它工作一下，避免在太空中不工作的状态过长。

2021年6月11日，中国国家航天局公布了由"祝融号"火星车拍摄的"着巡合影"图，火星车行驶至着陆平台南向约10米处，释放安装在车底部的分离相机，之后火星车退至着陆平台附近。

中新社发 中国国家航天局 供图

中新社记者：在第3次轨道中途修正之后，天问一号将会在当前的轨道飞行约4个月与火星交会。如果要成功着陆火星，天问一号还要迈过几道关？

刘彤杰：从7月23日发射，到现在已经飞了3个月左右，后续还要再飞将近4个月。从发射到火星引力捕获需要将近7个月时间，后续要经历至少三道关口才能圆满实现探测。

第一道难关，就是在火星引力范围之内近火捕获。既要让火星捕获非常精准，让探测器在火星引力范围之内进行制动，速度不要过大；又可以环绕起来，避免探测器飞出去或撞上火星。

第二道难关，在火星轨道上环绕2至3个月之后还要寻找一个非常好的小窗口，让它进入到火星大气。火星是有大气的，其大气的密度是地球大气的 1% 左右。它在减速过程中有大气减速、气动减速、降落伞减速，还有反推发动机减速，最后靠着陆腿着陆在火星表面，吸收撞击的能量，这个过程非常难。就像空间（返回）舱进入地球一样，它在大气减速的过程中会有 8 分钟左右的黑障（通信中断），其进入速度相当高，通信无法获得信号。由于距离相当远，从火星回传到地球控制地面站也有很大时延，不可能实现实时控制。所以，进入 / 减速 / 软着陆这个过程是靠（天问一号）自主完成一系列动作，不是靠地面控制。

第三道难关，软着陆在火星表面，工作还不算做完，还要把火星车释放到火星表面上，让它走起来并开展探测。火星车上 6 个科学仪器要发挥作用，难度也很大，因为我们对火星表面的环境认知还相当少。如果软着陆在火星表面上，落得不够平坦或姿势不够正，火星车怎么开下来呢？可以从轨道的前面下，也可以从后边下，就看当时落下去的姿态、地形等情况。

要圆满地完成火星探测任务，这三道难关是一定要闯过的。

中新社记者：正如您所说，天问一号还要迈过三道难关才能成功着陆火星，这也恰好说明了火星探测的不容易。事实上，人类历史上曾经进行过 40 多次火星探测，但是成功率不足 50%。您能否给我们解释一下火星探测的难点到底在哪儿？

刘彤杰：火星探测从上世纪 60 年代就已开始，那个时期由于对火星的认知还比较少，航天技术又在初创起步阶段，因此刚开始失败略多一些，但后来的失败和火星探测技术难度大有很大关系。比如，要有庞大的运载火箭把探测器运送到轨道上，让它能够环绕火星探测，甚至软着陆在火星表面。

火箭（方面）我们现在有长征五号火箭，这是第一步——实现大火箭的研制。我们历经多年攻克了很多技术难关。第二步，在设计探测器时还有发射窗口的问题。因为火星、地球离得近，每26个月才有一次机会，每一次机会有半个月到一个月左右的时间，而每天火箭发射探测器有30分钟左右的发射机会，这就是发射窗口。发射窗口非常局限，这就是它的又一大难度。

另外，火星最远距地球有4亿公里，大家都知道月亮距地球最远距离只有40万公里。这就使得深空测控通信上有延迟。当地球和火星距离达到4亿公里时，时延可达到20多分钟，从（地球）这边发个指令，火星上收到时已经过去20多分钟。这就带来一个问题，探测器自主探测能力一定要强，这是它另外一个难度。

还有一个难度是近火捕获，让火星把探测器捕获。另外，进入、减速和软着陆于火星表面的过程也非常难，这就是火星探测几大难点。

中新社记者：到明年5月份，天问一号预计将会在火星着陆，天问一号将会选择在火星的哪个区域着陆呢？

刘彤杰：现在选择的地点是在火星北半球，国际上有着陆计划的火星探测任务，大多数选择在火星北半球。因为南半球全是山地，更加坑洼不平，北半球有平原。我们选择软着陆的地区正好是个平原，叫乌托邦平原，（着陆地点）在乌托邦平原南部。地质学家说这里很可能是一个古海洋所在地。

在古海洋和古陆地交界处，科学家认为该地有很高的科学价值，很有可能会取得意想不到的科学成果，这就是选择这个地方来进行软着陆、巡视探测的原因。

中新社记者：成功降落在乌托邦平原之后，天问一号会开展哪些科研探测任务？

刘彤杰：着陆在火星表面后，火星车即巡视器会开展科研探测。火星车上有6台仪器。比如，导航地形相机是两个功能复用，既可以给火星车导航，又可以看前面的地形地貌，从视觉上让科学家了解到前面是不是有更多探测价值。

（火星车上的）次表层雷达，可以探测浅层结构。火星表面气象测量仪可以测气温、气压、风速、风向。火星表面有大气，月球表面上没大气，（因此火星探测器和月球探测器的）仪器也不同。火星车还可以测磁场、表面物质成分，这都是科学家关心的内容。

2020年7月23日，中国在文昌航天发射场用长征五号遥四运载火箭成功发射首次火星探测任务天问一号探测器，迈出了中国行星探测第一步。

中新社记者 骆云飞 摄

中国国家航天局 2022 年 6 月 29 日公布天问一号探测器拍摄的火星影像。图为中分相机拍摄的阿拉伯高地撞击坑影像，图像展示了该地区分布的数十个撞击坑的地貌特征。　　中新社发 中国科学院国家天文台 供图

环绕器上有中分辨率相机、高分辨率相机，对火星的表面形貌进行探测。环绕器上还有磁强计、矿物光谱分析仪、离子与中性粒子探测和能量粒子探测器。如果科学数据获取足够多，相信一定会产生有影响力的成果。

中新社记者：我们也预祝中国的火星探测能够取得好的成果。今年阿联酋、中国和美国先后发射了三个火星探测器，掀开了人类火星探测新的篇章。这三个国家的火星探测计划有什么异同？侧重点分别在哪里？

刘彤杰： 正是因为有发射窗口，所以这三个国家集中在今年7月份实施发射。其实之前还有欧空局和俄罗斯合作的 ExoMars（火星探测）项目，但他们因为技术原因推迟了。

这三个探测器各有特点，阿联酋的"希望号"是一个环绕探测器，相当于火星的环绕卫星，它着重对火星大气进行探测研究。美国的"毅力号"是一个巡视器，相当于火星车，它是用悬吊的方式把火星车落在火星表面上。我们既有环绕火星的环绕器，还有（着陆于火星表面上的）火星车巡视探测，天地结合起来探测。但是三个任务各有千秋，毕竟每个国家的技术路线是不一样的。

中新社记者： 您刚才提到天问一号任务将会通过一次任务完成"绕、着、巡"三大目标，这在全球应该还是第一次，如果任务能够成功，对中国航天来说意味着什么？

刘彤杰： 首先我觉得开展深空探测、行星探测工程是人类探索精神的体现。如果我们首次火星探测任务圆满成功，这说明中国人在这方面有了长足进步，为人类和平利用太空作出更多贡献。比如，我们有能力探测包括火星在内的太阳系行星，有能力开展相关科研工作，取得一些原创成果；对太阳系演化、地球演化能得出进一步科学成果，其实也是为人类在地球生存提供更多知识。这是技术和伦理层面的作用。

这么难的科技工程，如果我们都能完成得很好，可以激发青少年对科学的热情，投身到国家建设中去，大家既可以仰望星空，又脚踏实地开展工作，激发大家的探测热情，尤其是年轻人。所以我们愿意到高校和中学去给他们做一些工程介绍。对老百姓来说，航天还是一个比较神秘的领域。

对我们而言，这就是我们的工作，只不过这个工作大家接触相对少一些，我们有责任让更多人了解到其中的过程、知识和精神，这样就可以为人类和平利用太空作更多贡献。无论从科技角度上，还是人才培养上，还是世界观的培养建立上都是有很大作用的。

中新社记者：中国行星探测的第一站选择了火星，我们为什么要进行火星探测？

刘彤杰：为什么选火星探测？（这是因为）火星是类地行星，和地球环境有很多相似之处，国际上也选择火星作为探测重点。我们对火星也有很大的关注度，因此选择火星来探测。火星作为类地行星，有大气，表面也有形貌，我们来看看它的演化是不是地球演化的未来。

火星很可能以前存在过生命，但是现在它大气稀薄了，生命也不存在了。人类如果无限度地对地球开发破坏，地球会不会有朝一日也会发展成火星，这是科学家们提出过的问题。我们对火星有很大的好奇心，对探测火星也寄予很大希望，这是探测火星的主要原因。

中新社记者：天问一号迈出了中国行星探测的第一步，未来中国在深空探测领域还有哪些计划和安排呢？

刘彤杰：行星探测计划规划了 4 次任务，首次火星探测天问一号任务是第一次，已经发射实施了，目前其他任务正在论证中。第二次规划的是小行星探测任务，预计在 2024 年前后实施。此后还会有火星采样返回任务，这是在 2030 年前后。在 2030 年前后还有一次木星系及行星际穿越探测，即探测完木星和木卫 4 之后还要飞往更远的深空。

37

"嫦五"探月有何难，月球"挖土"有何用

🎙 本期策划 ｜ 唐伟杰　李雨昕

👤 记者 ｜ 郭超凯　张素　张尼　单冰洁

👤 撰稿 ｜ 张素　郭超凯

🕐 播发时间 ｜ 2020 年 11 月 24 日

采访嘉宾　李青

中国航天科技集团五院嫦娥五号探测器

总体副主任设计师

- 这次（执行任务）的嫦娥五号探测器由轨道器、返回器、着陆器和上升器组成

- 中国嫦娥五号探测器的目标任务是：实现月面自动采样返回，采集约 2 千克月球样品返回，开展月球样品地面分析研究。整个任务飞行过程分为 11 个阶段，总飞行时间约 23 天

■ 建立月球家园——也就是建立支持长期人员生存的综合型月球科研站，或者叫月球村——实际上已经被提上计划日程。这也是人类航天事业发展的大势所趋

扫 码
看访谈视频

> 2020 年 11 月 24 日 4 时 30 分，长征五号遥五运载火箭成功发射探月工程嫦娥五号探测器，顺利将探测器送入预定轨道，开启中国首次地外天体采样返回之旅。
>
> 这是中国探月工程"绕、落、回"三步走中的收官之战，更是中国航天领域迄今为止最复杂、难度最大的任务之一。"嫦五"探月有何难？月球"挖土"有何用？

访谈实录

FANGTAN SHILU

中新社记者：为什么这次发射窗口时间会选在凌晨，最佳发射时间要满足什么条件？

李青：最佳发射时间取决于任务设计。嫦娥五号探测器最主要的任务是完成月面采样。要保证采样过程中具有最佳测控状态，我们希望在地球的深夜、月球的白昼去完成。这个时候也相当于我们所说的满月状态，满月时对月球具有最佳的观测条件，也具有最佳的测控条件，受到这些条件约束，我们经过轨道计算反衍出最佳发射时间是在凌晨 4 时 30

分左右。

中新社记者： 从嫦娥一号到嫦娥五号，请您带我们回顾一下中国的探月历程。

李青： 中国探月工程按照"绕、落、回"三步走战略，目前已成功执行五次任务。

嫦娥一号于 2007 年 10 月在西昌卫星发射中心发射，在完成预定的环绕探测任务后，于 2009 年 3 月成功受控撞月。

嫦娥二号作为二期工程的先导任务，于 2010 年 10 月成功发射，在对嫦娥三号准备着陆的虹湾地区进行高分辨率成像之后，于 2011 年 4 月开始拓展任务，完成进入日地拉格朗日 L2 点环绕轨道的技术试验，随后飞越图塔蒂斯小行星并传回照片，目前已成为中国飞离地球最远的探测器，也开启了中国多目标深空探测的先河。

嫦娥三号探测器由着陆器和巡视器组成，于 2013 年 12 月成功发射并安全着陆于月球正面虹湾地区，着陆后巡视器与着陆器分离，分别完成了预定的月面探测任务。

嫦娥五号飞行试验器主要用于验证半弹道跳跃式再入返回技术，于 2014 年 10 月成功发射，在经历地月转移、月球近旁转向、月地转移之后，返回器与服务舱分离并进行再入返回，最后成功着陆于内蒙古四子王旗预定区域。

嫦娥四号在嫦娥三号的基础上进行适应性改进，选择月球背面开展着陆和巡视探测任务，并发射中继星"鹊桥"以解决通信问题，已于 2019 年 1 月成功着陆在月球背面南极—艾特肯盆地，成为世界首个在月球背面实现软着陆巡视探测的航天器，目前仍在正常工作。

这次（执行任务）的嫦娥五号探测器由轨道器、返回器、着陆器和上升器组成。根据最新消息已于今天凌晨 4 点 30 分左右由长征五号遥五运载火箭发射，目前已成功进入地月转移轨道。

2020 年 11 月 24 日 4 时 30 分，中国在文昌航天发射场，用长征五号遥五运载火箭成功发射探月工程嫦娥五号探测器。　　中新社记者　骆云飞　摄

中新社记者：您是否可以为我们详细介绍一下嫦娥五号这次的任务？

李青：中国嫦娥五号探测器的目标任务是：实现月面自动采样返回，采集约 2 千克月球样品返回，开展月球样品地面分析研究。

整个任务飞行过程分为 11 个阶段，总飞行时间约 23 天。

第一个阶段是发射入轨段。探测器由长征五号运载火箭发射升空，器箭分离后进入地月转移轨道。这个阶段在今天已经完成了。

第二个阶段是地月转移段。探测器沿地月转移轨道飞行约 5 天，到达轨道高度约为 200 公里的近月点附近，期间将经历 1 至 3 次中途修正。

第三个阶段是近月制动段，（即）"刹车"。探测器在近月点附近，实施一次近月制动，进入近月点高度 200 公里的环月椭圆轨道；在环月椭圆轨道运行三圈后，实施第二次近月制动，进入平均高度200公里的环月圆轨道。近月制动过程飞行时间约1天。

第四个阶段是环月飞行段。探测器在环月圆轨道飞行约4圈后，着陆上升组合体与轨返组合体实现分离，轨返组合体继续环月飞行，着陆上升组合体在环月轨道上运行约12圈后，实施两次降轨变轨，进入近月点约15公里、远月点约200公里的椭圆轨道。

第五个阶段是着陆下降段。着陆上升组合体在环月椭圆轨道上继续运行约10圈后，择机实施着陆下降，在月面预定区域进行软着陆，着陆下降过程约15分钟。

第六个阶段是月面工作段。着陆上升组合体着陆后，采用钻取和表取两种采样方式，完成月壤的采样和封装；同时，有效载荷开展就位探测；采样结束后，对上升器进行月面定位，完成上升器起飞状态准备。月面工作时间约2天。

第七个阶段是月面上升段。月面工作完成后，上升器以着陆器为平台起飞，经过垂直上升、姿态调整、轨道入射，进入近月点15公里、远月点180公里的上升目标轨道，飞行时间约6分钟。

第八个阶段是交会对接与样品转移段。上升器进入目标轨道后，通过实施四次轨道机动，最终导引至高度为210公里的环月圆轨道上。上升器远程导引时间约2天。当上升器位于轨返组合体前方50公里左右、上方10公里左右的位置时，开始进入近程自主控制段。轨返组合体为主动飞行器，上升器为目标飞行器，建立对接停靠所需的初始条件，开始对接。轨道器对接机构捕获锁定上升器后，样品转移机构开始动作，将上升器中的样品容器转移至返回器内部，完成样品转移操作；之后轨返组合体择机与上升器及对接舱分离。

第九个阶段是环月等待段。轨返组合体在环月轨道上停留5至7天，等待月地转移窗口。

第十个阶段是月地转移段。轨返组合体在月地转移窗口到达后，通过实施两次轨道机动，进入月地转移轨道。月地转移飞行时间约 4 至 5 天，期间通过实施 1 至 3 次中途修正，以满足返回器再入点参数的要求。

第十一个阶段是再入回收段。当轨返组合体距离地球表面高度约为 5000 公里时，轨道器与返回器解锁分离。分离后轨道器进行规避机动，返回器以半弹道跳跃式再入方式返回地球，并在 10 公里高度开伞，最终落至内蒙古四子王旗着陆场。

中新社记者：通俗来说这次任务是"抓一把土返回地球"。"这一把土"是什么样的"土"？为何选择带回这样的样本？将对今后科研工作有何帮助？

工作人员开启嫦娥五号返回器进行检查。　　　　　　　中新社记者 侯宇 摄

李青： 嫦娥五号探测器设计了两种采样方式，分别是钻取采样和表取采样。钻取采样是用一个约2米（长）的钻杆钻入月表内部，采集两米深度、约0.5千克的样品。表取采样是用机械臂进行多点采样，采样区域包括平地，撞击坑、凸起、小石块都可以作为采样样品，这些样品的分布不同，具有不同地质特点，也有不同演化历史，可以大幅提高科研价值。钻取采样和表取采样后分别进行封装，再对样品容器进行密封，以保证样本在返回过程中不受到外界环境的污染。

中新社记者： 这次任务被称为迄今为止航天领域最复杂、难度最大的任务之一，您如何定义"最复杂、难度最大"？任务难点究竟在哪？

李青： 嫦娥五号探测器任务技术难点主要表现在轨道设计、月面采样封装、月面起飞上升、月球轨道交会对接与样品转移等方面。

首先是月球轨道设计复杂。因为嫦娥五号探测器的飞行阶段多，各个阶段轨道方案耦合紧密，涉及测控、运载和着陆场的多种限制，约束条件多，飞行过程还涉及月面起飞、轨道交会对接、月地轨道等新的飞行阶段，在以前"绕"和"落"任务中是没有涉及的。飞行过程复杂，轨道设计难度较大，在标称轨道设计方案上还需要考虑推进剂资源受限的情况下制订各种预案，对轨道设计也是全新的挑战。

第二是月面采样封装技术，这是全新的技术，也是嫦娥五号月球无人采样返回任务的核心环节之一。该任务采用钻取和表取结合，多点采样方式，采样装置是全新研制，技术新、难度大，需要考虑飞行任务及探测器的测控、光照条件、电源、热控等各种约束，采样期间面临月面持续高温的工作环境，同时采样任务时序紧张、机构动作多、不确定因素多。

第三是月面起飞上升验证比较难。由上升器、着陆器和月面构成的月面起飞系统，其初始状态源自着陆上升组合体着陆月面的场坪条件、着陆的姿态及方位等条件，月面起飞初始条件无法像运载火箭和导弹一样在地面由地面人员完成测调和确认，必须依靠自主定位定姿方式确定起飞的初始状态。面对倾斜发射的情况，需要明确起飞稳定性的各种因素及其耦合的影响，依靠精确的定姿能力完成空中对准以实现精确入轨。与常规的航天器面临的羽流环境不同，上升器发动机在受限空间中点火是有非常复杂的羽流力热效应，需要通过大量的地面仿真和试验去进行验证。

第四是月球轨道交会对接与样品转移自主要求高。与近地轨道交会对接不同，嫦娥五号月球轨道交会对接没有卫星导航信号的支持，对接与样品转移过程的自主要求很高。同时在月球交会对接过程中，地面测控支持能力受到限制，受到对接机构大小的限制，对接精度要求较高。嫦娥五号探测器对接与样品转移机构在保证对接精度的同时还必须满足样品转移的相关要求。对接机构与样品转移机构的一体化设计，也是该技术研究中的难点。

中新社记者："绕、落、回"中"回"是关键一步，请问我们希望达到什么科学目标？

李青：作为中国探月工程"绕、落、回"三步走的收官之战，嫦娥五号任务意义重大、影响深远、举世瞩目。三步走目标中"绕"是完成了中国首次月球环绕探测任务，"落"是完成了中国首次月球软着陆和巡视探测任务。最后"回"的关键一步将实现中国首次月球无人采样返回任务，包括多个首次：首次月面自动采样与封装、首次月面起飞上升、首次月球轨道交会对接、首次带月壤高速（再入）返回地球、首次自取月球样品的存储、分析和研究。

嫦娥五号任务的科学目标主要是开展着陆点区域形貌探测和地质背景勘察，获取与月球样品相关的现场分析数据，建立现场探测数据与实验室分析数据之间的联系；对月球样品进行系统、长期的实验室研究，分析月壤的结构、物理特性、物质组成，深化月球成因和演化历史的研究。

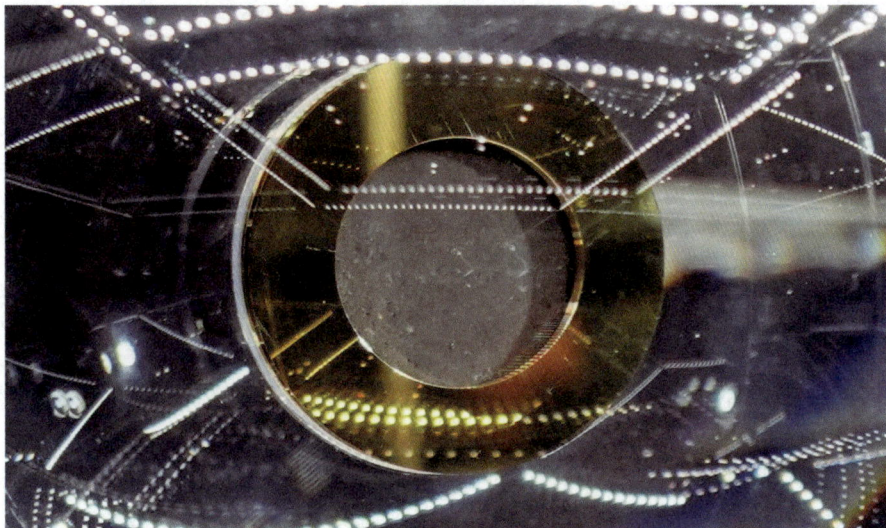

2021年6月26日，由嫦娥五号探测器采集的月球样品（月壤）首次在香港展出。　　　　　　　　　　　　　　　　中新社记者　张炜　摄

中新社记者：您说到多个首次，也提到"绕、落、回"三步走具有深远影响。这在帮助我们认识月球的问题上会有重大突破吗？

李青：完成探月三步走标志着中国掌握了全面的月球无人探测技术。通过探月工程的研究成果，大幅提高了中国科学家对月球地形地貌及地质构造、物质成分、月壤特性、月面环境等的全球性、整体性与综合性的认识，使中国掌握了第一手的月球探测数据，为后续的月球探测工程和月球科研站选址与建设提供了科学依据。

中新社记者：探月工程中还有一个"网红"是玉兔二号月球车，据了解它已完成自主唤醒并开始新一轮月昼工作期。能否介绍玉兔二号与嫦娥五号有什么不同？

李青："玉兔"月球车实际上指的是"嫦娥"着陆器所携带的巡视器。"玉兔一号"月球车是嫦娥三号探测器的巡视器，"玉兔二号"月球车是嫦娥四号探测器的巡视器，因此它们都是嫦娥探测器的一部分。

"嫦娥"着陆器除了保证整个探测器安全着陆以外，还具备原位探测功能，通过长时间的原位探测可以获取着陆区附近比较详细的探测数据以及时间历程。而"玉兔"月球车具有移动装置，主要用于巡视探测，可以大幅扩展月面探测的范围。这两种探测方式相互补充、相互结合，有利于提高探测的效率。

中新社记者：依托我们所拿到的月球科研数据，您认为是否可以像现代科幻片里那样建立我们的月球家园？

李青：嫦娥奔月的神话传说寄托了中国古人对月球的美好幻想。根据目前月球探测历程所取得的成果和未来的月球探测计划，建立月球家园——也就是建立支持长期人员生存的综合型月球科研站，或者叫月球村——实际上已经被提上计划日程，从技术上讲虽然还有很多关键技术有待去突破，但是应该已经没有太多科幻成分。这也是人类航天事业发展的大势所趋。

但我要强调的是，一以贯之，久久为功。在政策的持续支持下，在长期和平的国内和国际环境下，在长期良好的国际合作氛围下，更在所有航天工作者不懈的努力下，这一天才有望早日到来。

38

"嫦五"归来，"太空快递"如何用，漫天星辰如何"摘"

本期策划｜夏宇华　郭金超　张蔚然
记者｜郭超凯　程宇　盛佳鹏
撰稿｜郭超凯
播发时间｜2020 年 12 月 17 日

采访嘉宾　裴照宇
嫦娥五号任务新闻发言人

- （嫦娥五号月面采样）采用无人的方式，采样只花了 19 个小时
- 在嫦娥五号任务中，有一个专门的国旗展开机构。在完成采样任务后，（嫦娥五号）启动了国旗展开机构，是从着陆器的侧面伸出来的。着陆器在完成采样和起飞的支持作用后，就永远留在月面，国旗也会永远地留在月面

"

　　2020 年 12 月 17 日，嫦娥五号探测器在完成月球自动采样后返回地球，成功着陆于内蒙古四子王旗着陆场。嫦娥五号任务是中国探月工程"绕、落、回"三步走的收官之战，也是中国航天领域迄今为止最复杂、难度最大的任务之一。中国为何要去月球"挖土"？嫦娥五号探测器是如何再入返回地球？带回的月球样品又将如何使用？未来中国还会探索哪些星球？

访谈实录

FANGTAN SHILU

　　中新社记者：12 月 17 日，嫦娥五号探测器"万里走单骑"结束月球任务返回地球，成功着陆于内蒙古四子王旗着陆场。您能否带我们简单回顾一下，嫦娥五号探月之旅是如何一路"过关斩将"？期间经历了什么？

　　裴照宇：嫦娥五号从 2020 年 11 月 24 日发射以来，经历了地月转移、近月制动、环月飞行，着陆器和上升器（组合体）进行月面着陆，开展了月面采样、月面上升、与轨道器进行交会对接和样品转移，之后轨返组合体进行环月等待飞行，然后又进行了两次月地入射、月地转移、高速再入地球，大概算下来是 11 个（飞行）阶段。

中新社记者：您刚才提到嫦娥五号再入返回的方案，为了让它顺利回家，科技人员设计了一种独特方式，俗称在太空中"打水漂"。您能不能给我们解释一下什么是太空"打水漂"？实施"打水漂"的难度和关键点在哪里？

裴照宇：这一次嫦娥五号选择的再入方案，准确地说叫半弹道跳跃式再入。这里面有两个关键，一个是半弹道，一个是跳跃式。

嫦娥五号以（每秒）11公里左右的速度再入地球，主要面临两个问题。一（是）速度高会带来力的影响、热的影响，这个速度比地球轨道再入速度（每秒）七点几公里，要多三点几公里。我们采用跳跃式，通过两次再入地球，增大航程增加再入时间，使得力的冲击降低，热的影响也降低。

2021年12月4日，经过科研团队的数据接收和处理，中国国家航天局公布了中国探月工程嫦娥五号探测器在月球表面展示五星红旗的照片。

中新社发 国家航天局 供图

采用半弹道式，就是以初始的再入速度、姿态、再入角等作为再入的初始条件，通过升力控制实现对飞行轨迹的航向控制和俯仰控制，这样就可以更准确地落在预定着落地点。所以半弹道跳跃式再入解决了落点精度问题和再入过程的力的影响、热的影响问题。

我们平时都玩过打水漂，用一个片石打在水面上，在进入水面之后，水的升力会使片石再一次弹起，然后重力又会让它再一次进入水面以下。嫦娥五号返回器也大概是这个过程，它第一次进入大气之后，大气会给它提供一定升力，升力使得它又从大气层中出来，进入到大气层外，然后重力又会使它再次进入大气层，这就是我们所说的"打水漂"。

中新社记者：嫦娥五号探测器在月面工作期间，只用 19 个小时就完成了月面自动采样，比预期要顺利一些。回头看整个过程，您觉得它实际的操作难度是要高于还是低于预期？

裴照宇：在嫦娥五号任务中，着陆之后的很多环节是过去没有经验的。第一个（难题）就是月面采样，因为要采用无人的方式，跟着陆的状态密切相关，跟月面的地形、地貌、地质也密切相关。在嫦娥五号任务中，采样虽然只花了 19 个小时，但是从过程来看，刚开始我们认为（着陆点）表面有点像沙漠与戈壁交界处的地貌，以为（月面）比较坚硬，（后来）用表取方式进行采样感觉还行，比较好采，所以采样时间就节省下来了。

（利用）节省下来的时间，我们又开展一些其他工作，比如国旗展示，有效载荷的第二次全面探测，还有上升的一些准备工作，这些工作原来预留的是 8 个小时，现在就显得更加从容。

中新社记者：嫦娥五号在完成月面自动采样之后，也进行了一系列工作，其中有一个民众比较关注，即五星红旗在月面的"独立展示"。现在嫦娥五号已经回到地球，网友们也非常好奇，五星红旗到底是留在月球还是带回了地球？

裴照宇：嫦娥三号、嫦娥四号都是落月、巡视任务，我们在落月的着陆器和巡视器表面贴了国旗，这两次任务的国旗，伴随着嫦娥三号、四号永久留在月球表面。

在嫦娥五号任务中，我们采用另外一种方式来展示国旗，有一个专门的国旗展开机构。在完成采样任务后，（嫦娥五号）启动了国旗展开机构，是从着陆器的侧面伸出来的。着陆器在完成采样和起飞的支持作用后，就永远留在月面，国旗也会永远地留在月面。

中新社记者：在拿到月球样品这份"太空快递"之后，我们会如何处理？这个样品对于我们了解月球又有哪些帮助？

嫦娥五号上升器点火起飞模拟图。　　　　中新社发 国家航天局 供图

2020 年 12 月 17 日晚，回收后的嫦娥五号返回器被运回其诞生地——位于北京的中国空间技术研究院。　　　　　　　　　中新社记者　侯宇　摄

裴照宇：首先要解封，样品容器是在真空状态下进行封装的，进入地球之后，要在地球的环境下操作，不同于一般的罐子开封。解封之后要对样品进行分样，进行基本特性、物理化学特性测试。然后要进行样品登记，给每一份样品建立档案。

从科学研究的角度，我们将制定一个样品管理办法，对样品如何管理，如何分配使用，会做出具体规定。样品是科学研究重要的基础物质，一方面我们会组织国内科学家对样品进行研究，同时管理办法中也提出积极开展样品研究的国际合作，我们也欢迎国外科学家来开展样品研究。

样品管理办法中提到，要成立一个科学家委员会，向国际征集样品研究的方案、建议，通过科学家委员会对这些建议进行评估，认为哪些建议有科学价值，样品使用合理，样品的管理有序可靠。通过这种方式来决定提供哪些样品，从事哪些研究。我们没有提出国别限制，鼓励科学家进行样品的研究合作。

中新社记者：之前曾经有报道提出，嫦娥五号带回的月球样品会分为两份，一份保存在北京，另外一份保存在湖南，这个消息是否属实？在对月球样品进行处理、研究之后，我们后续会怎么去保存这些样品？

裴照宇：当时在论证探月工程三期的总体方案时，考虑到月球样品非常珍贵，应该有一个稳妥的方式来确保样品安全。所以就想到，一个地方在北京，因为这是地面应用系统所在地，负责样品的处理、保存、管理等工作。还有一个地方，它要起到异地容灾备份的作用，从这个角度说，要选择地质条件比较好的地方，（大家）认为湖南适合。

中新社记者：除了"嫦娥"以外，中国还有很多寓意深刻的浪漫名字，比如说"北斗""天问""天宫"，很多网友也说中国航天人是"平平无奇的取名小天才"，您能否给我们讲一下这些重大工程都是怎么起名的，背后有啥讲究？

裴照宇：第一，中华民族有 5000 年的文明史，创造了灿烂文化，也包括很多神话梦想，这给我们取名提供了不竭的源泉。中华民族是一个追求梦想的民族，航天实际上也是一个追求梦想的事业，这里有很好的匹配性，这是中国文化带给我们思想的火花。

第二，起名也是个很严肃的事情。任务起名要考虑到名字与任务的匹配性、与神话故事的匹配性，还要考虑到民众的可接受性和认可性。当然，起名字有一套严格程序，一般的做法会先进行网络或者民众征集，之后再请专家进行筛选，留下认可度比较高的几个（名字），然后再做最后决定。

中新社记者： 嫦娥五号任务是中国航天迄今为止最复杂、难度最大的任务之一。难度这么大，中国为什么还要去月球"挖土"，探月对于中国航天来说，意义何在？这次任务是否也为中国未来的载人登月做准备？

裴照宇：（从工程方面看），中国（探月工程）规划了"绕落回"三步走，通过绕、落，我们掌握了一些技术，通过返回具备了地月往返能力。

从科学方面，我们通过"绕"进行全面普查，通过"落"进行区域性详查，但是鉴于重量限制，携带上去的科学仪器重量有限，精度有限，无法跟地面仪器设备相比。获得样品后，通过地面精细研究，结合"绕"和"落"的科学数据，对月球的认知可能更加全面，也更加精细。

（至于）探月对于航天发展的影响，打一个比喻，人们对月球的认知，就跟百年前人们对海洋、深海的认知差不多，在100年前我们可能不太清楚深海有什么，更没想到我们真有能力、有必要开采出来为人类服务。现在的月球，人们对它的认知还处在这样的一个阶段。

中国对地球轨道的航天活动已经进行多年，也比较成熟。目前（已经）从掌握空间技术阶段拓展到空间应用阶段，而月球及深空，我们还很少涉足。月球与深空探测是带动航天技术发展的好载体，开展月球和深空探测，既是长远战略性的需要，也是发展航天技术的需要。

通过"绕落回"三步走，我们掌握了月球探测基本、主要的技术，可以为未来月球探测、深空探测积累技术、奠定基础。

有人评价这次嫦娥五号采样返回，就像一次无人版的阿波罗计划。当然，从整个飞行过程来看，与阿波罗计划是有相似之处的，但是在具体的技术环节，有人和无人又是不同的。

2020 年 12 月 17 日北京时间 1 时 59 分，嫦娥五号返回器在内蒙古四子王旗预定区域成功着陆，标志着中国首次地外天体采样返回任务圆满完成。

汪江波 摄

中新社记者：后续中国探月工程还有哪些计划和安排，预计将实现什么目标？

裴照宇："绕落回"可以说是中国月球探测的开始，通过这三个阶段的实施，我们掌握技术之后，下一步可能是空间技术、空间科学和空间应用全面发展。

为了更好地服务于空间科学和空间应用，大家提出来月球科研站的概念。打一个比方，我们去南极考察，过去是派船去，每次船去船回的方式，在南极进行的考察活动是有限的，现在我们已经在南极建了好几个科研站、考察站，这样在南极的科考活动更有效益了。所以我们想在月面建设一个月球科研站，它能够更好地服务于空间科学和空间应用。

中新社记者：建设月球科研站除了是中国的计划以外，欧空局、俄罗斯、日本也有相关的计划和安排。未来在科研站建设方面，中国是否有考虑跟国际同行一块合作努力？

裴照宇：中国的月球探测越来越开放，更多地跟国际合作伙伴进行合作。嫦娥四号就搭载了4个国家的科学仪器，我们已经对外发布了嫦娥六号、小行星探测的合作机遇。

在月球科研站方面，中国把它作为未来月球探测发展的主要目标。中国是以开放合作的方式来开展月球科研站建设；我们在国际上提出了共建国际月球科研站的倡议，也得到了一些国家和国际组织的响应。

另外在行星探测方面，今年7月份中国发射了天问一号，是中国的第一个火星探测任务。按照规划，中国还将在未来十年内实施一次小行星探测任务，一次火星采样返回任务，还有一次木星系探测和行星际穿越的深空探测任务。

整体来看，中国探测的对象已经从月球进入到行星际，探测目标已经从掌握空间技术到全面发展空间技术、空间科学和空间应用，发展方式从以独立自主为主转向全面开放合作的阶段。

同时，我们也注意到国际上很多国家在开展月球探测，月球探测正在成为航天方面的新热点，中国也愿意在其他国家牵头组织的任务中参与其中。

中新社记者：您刚才提到，中国未来的行星探测可能会选择木星、小行星。中国在"探火""探月"之后，是否会"淘金"，到金星探测？中国在行星探测的选择方面，为什么会选择木星和小行星而不选择金星？

　　裴照宇：对于行星际探测，中国专家进行长时间论证，想着怎样以最少代价、最少任务次数来实现更多探测目标，从这个角度来说，暂时把金星放在一边。但这是暂时的，我们可能会通过与其他国家合作的方式，来开展金星或其他行星的探测活动。

港澳传声

香港如何再出发，林郑月娥权威回应

🎙 本期策划 ｜ 王丹鹰

👤 记者 ｜ 刘辰瑶 陈烁 李雨齐 张炜

👤 撰稿 ｜ 刘辰瑶

🕐 播发时间 ｜ 2020 年 10 月 19 日

采访嘉宾 林郑月娥
香港特别行政区第五任行政长官

- ■ 过去一年多，香港发生了很多的事情，所以还是要坚持"一国两制"的贯彻落实，还是要坚持我们作为中华人民共和国一个部分，还是要坚持维护国家安全，所以我觉得坚持是很重要的

- ■ 现在内地是国内国外双循环的经济布局，我希望香港的企业能融入发展的格局里边，都能参与在国内的市场；在国外的循环就是

更用好香港跟国际的联系，我们提供一个平台给内地的企业，尤其是到一些"一带一路"沿线国家和地区去发展

■ 政府对于教育的工作不单是给钱，也要管理，让教育这么重要的事业能循着一个正确的道路去走

扫　码
看访谈视频

> 日前，深圳经济特区建立40周年庆祝大会隆重举行。香港与深圳一河之隔，经济发展枝干相持，深圳这40年迅速崛起与香港息息相关。深圳的"生日大礼"会对香港的发展有什么积极影响？香港将如何抓住新的改革开放机遇再出发？

访谈实录

FANGTAN SHILU

中新社记者： 10月14日您受邀出席了深圳经济特区建立40周年庆祝大会，您印象最深的是什么？

林郑月娥： 我坐在台上听习主席的讲话，印象最深刻的是两个词语，一个是"坚持"，一个是"改革"。

我相信在40年前，国家改革开放没多久，在一个边陲的小镇要搞一个特区，肯定是有很多的反对，有人说是不是走资本主义的路，所以当时我觉得领导肯定要有一份坚持。40年过后，所有的人都见到深圳翻天覆地的发展，也是制造了一个世界经济的奇迹。在这一刻还是要坚

2019 年 1 月 14 日，由香港特别行政区政府及香港贸易发展局主办的第 12 届亚洲金融论坛在香港会展中心开幕，香港特区行政长官林郑月娥在开幕式上致辞。

中新社记者 张炜 摄

持，对的事情，走对了路，就要坚持。

放在香港来说，这个词对我的影响也是非常深刻的，过去一年多，香港发生了很多的事情，所以还是要坚持"一国两制"的贯彻落实，还是要坚持我们作为中华人民共和国一个部分，还是要坚持维护国家安全，所以我觉得坚持是很重要的。

改革，其实好像习主席说，改革的路还要走下去。因为不改革，在现在全球经济一体化，就很容易失去你的竞争力、你的独特优势，对于香港这也是对的。

当然香港从来是一个比较开放自由的经济体，我们面对的改革跟内地不一样，但是每一个制度、每一个体系、每一个政策，都要不断地重新看一看，随着新的发展，有没有改革的需要。

我现在看到香港未来的经济发展，应该更把握融入国家发展大局，把握国家发展带给我们的可以改革的机遇。

中新社记者：深圳和香港只有一河之隔，您如何看待两地的关系？在"一国两制"下，您觉得香港有哪些不可撼动的优势？这将在今后的双城关系中起到什么样的作用？

林郑月娥：深圳跟香港是毗邻，在过去深圳改革开放的 40 年间，香港是一个很积极的参与者。在最初的时候，香港的企业随着深圳的改革开放，进去投资设厂，到深圳有了一定的发展，需要一个平台把内地的企业跟国际联系起来，把资金引进来，香港也做了一个很好的联系人的角色。

未来深圳会走科技创新的路，香港也希望经济比较多元，也在科技创新有发展的机会，那么跟深圳紧密合作，就给了我们很大的助力，两地的优势可以互补。

40 年前香港已经有一定的发展，但在土地、在人力资源有局限，当时深圳为我们提供了解决的方法，把制造业放到深圳，所以香港能在过去几十年发展成为全球的国际金融中心、商贸中心、航运中心。现在在科技创新方面，香港的优势是有很好的高等院校，有很好的科研能力，但是由于我们已经基本上没有制造业，所以科研的转化、商业化，就要靠深圳的先进的制造业。

但是最重要两地的互补就是"一国两制"。我们是在一个国家里边，中央支持，两地的合作就更有动力，但是我们又保留了香港本身的制度，好像是法律制度，科研能力，跟国际的接轨，在基本法下受到保障的资金自由流动，这可以为深圳进一步的发展提供很好的动力。

中新社记者：有人说习主席这次的讲话，等于是开启了改革开放的新时代，您认为香港应该如何抓住改革开放的机遇再出发呢？

林郑月娥： 香港一直的发展都是跟内地的发展分不开的，也不单是深圳，我到每一个地方去，无论是一线的城市，或者是一些二线的城市，当地的书记、市长都告诉我，香港是我们这里最大的外资来源地，就可以看到香港的企业家非常灵活，看到商机，作为先行者进去。

未来的发展，现在内地是国内国外双循环的经济布局，我希望香港的企业能融入发展的格局里边，都能参与在国内的市场；在国外的循环就是更用好香港跟国际的联系，我们提供一个平台给内地的企业，尤其是到一些"一带一路"沿线国家和地区去发展。

2018年7月17日，从香港大屿山向西拍摄的港珠澳大桥雄姿。总长约55公里的世界最长跨海大桥将香港、澳门、珠海三地人流、车流、物流更加紧密地联系在一起。

中新社记者 张炜 摄

总的来说，我觉得内地现在是疫情之后还有增长的全世界一个主要经济体，等于是香港有一个很好的机会，所以怎么用好我们独特的优势，怎么更好地融入国家发展大局，也是我未来的工作的重点。

中新社记者：您刚才提到了未来的工作，后续会到北京跟一些部委商讨一些惠港政策，能不能稍微给我们透露一下，希望在哪些方面得到中央的支持呢？

林郑月娥：主要是几个范畴，都是过去这几年我们有做，但是还能加强，巩固实力，提升我们的地位的。

一个当然是金融，香港作为一个国际金融中心，也是全球最大的离岸人民币中心，过去几年我们受惠于国家金融的改革开放，两地金融的互联互通，包括有沪港通、深港通、债券通，早前也公布了粤港澳大湾区的理财通都可以落实，所以我在金融方面再提了一些。

另外就是科技创新，这三年多，香港特区政府在科技创新投入了大量的资源，很大的力度，在这个方面接近1000亿港币，现在希望中央进一步支持，由香港深圳合作，打造粤港澳大湾区一个国际的科技创新中心，这个是重点。

第三方面就是，香港的国际机场，是亚洲区或者是这个区域里边的一个航空枢纽，但是这次疫情受到很大的打击。我们同时间又在扩大机场，三跑道的工程还在建，所以我希望有一些政策巩固提升香港国际机场作为大湾区航空枢纽的地位。

当然还有一些是民生方面的，有关疫情后的通关，往后内地研发生产了疫苗的供应方面，几方面的都是有一些。

中新社记者：您刚刚提到了民生方面，我们听说最近有很多的社团，还有市民来请愿，提出自己的一些诉求，希望能够在《施政报告》中有所体现。您是否考虑会采纳一些建议，比如说包括教育方面，还有就像您说的抗疫的医疗方面。

林郑月娥： 每年大概在《施政报告》发表前，都是很多人来，很多诉求，我们都是很用心去听，看看有什么能吸纳在《施政报告》里边，但是恐怕也不是每一个要求都能满足。我们是一个规模比较小的政府，政府开支只占了整个本地生产总值大概五分之一，所以是有局限的。

但是你刚才提到教育方面，我个人对于教育的理念是，教育太重要了，它是一个培养下一代的问题，尤其是香港是一个人才汇聚的地方，没有人，我们就没有经济的增长。所以从 2017 年我上任到现在，已经为教育投入了每年 130 亿港币，无论是在高等的教育、在基础的教育，我们都投入了资源。当然政府对于教育的工作不单是给钱，也要管理，让教育这么重要的事业能循着一个正确的道路去走。

在市民的要求方面，除了教育以外，最重要的还是社会福利、医疗。尤其是香港的医疗系统，基本上是公营医疗系统为主的。所以每年对于怎么办好香港的公营医疗服务，怎么能缩短轮候的时间，都有大量希望特区政府做的，我很愿意在能力范围，多用公共资源来改善市民的生活，所以从我上任的 2017 年到现在，已经把政府的经常性开支增加了 30% 以上，所以差不多每一年以 10% 增加，这是非常厉害的，尤其是在这几年的经济不算太好的情况下。

中新社记者： 下面的问题是关于您个人的。我们知道深圳香港联系非常紧密，很多基建项目，包括咱们的香园围口岸，都是您在担任发展局局长的时候来开展的。那么我们想知道，您当初开展这些项目的想法是什么？现在看到这些项目如火如荼地进行，您觉得是给了自己一份什么样的礼物？

林郑月娥： 我担任公务，今年是 40 年，跟深圳特区一样，所以每一次看到我有参与的项目能圆满完成，都是一份很大的满足感，尤其是这些工作对老百姓是有利的。

我记得当年我出任发展局局长，其中一个工作就是有关跨境基建，不单是莲塘（香园围）口岸，还有落马洲河套区科技创新的发展，深圳河的治理。有几个项目现在已经完成了：口岸已经开通了；落马洲河套区已经立项，现在在做土地的平整，也是跟深圳成立了一个委员会去处理；深圳河基本上已经很好，污染也没了。

所以看到深港两地共同合作，做成了一些事情是非常好的感觉。而且在合作的过程里边，跟深圳的官员、市领导也建立了一个好朋友的关系，这个也是非常难得的。

我希望未来，尤其是我现在是特区的行政长官，可以影响推动的范围，远远比一个发展局局长要宽，所以我希望往后在科技创新，在文化艺术，在青年的交流，都能够把港深合作推到一个新的台阶上面。

中新社记者：您刚刚也说就是承担了公职 40 年，我之前看过您写的回顾自己公职生涯的文章，我们觉得您做了非常多的工作，香港发展到今天您是功不可没，但是在去年一年的黑暴事件中，您也承受了非常多的委屈，您如何评价您的政治生涯中这样的遭遇呢？

林郑月娥：这也不是我个人有什么评价了，我觉得我们是本着服务市民的心去办事，尤其是当了行政长官，是一个双首长的职位，我要对香港特别行政区负责，我也要对中央人民政府负责。

这几年我除了用以往的经验去管理城市，也更有深刻的体会，就是香港作为中华人民共和国不可分离的一个部分，我们都担当一些保护国家的任务。所以在今年，在很困难的环境下，我们能落实国家安全法，我觉得对香港未来的发展是很重要。

对于我个人我就没有什么考虑，外国政府要制裁我们负责去保护国家安全的官员，我认为需要去解释为什么做这个行为的是他们，不是我们，我跟我的主要官员，对于能在这个时刻担上这个很重要的历史任务，真的感到很光荣，也希望能把这个事情办好。个人的委屈，个人有的时候不开心，我觉得对我来说是肯定不重要。

中新社记者：现在有很多外国势力在刻意抹黑我们的政府，包括您和您的这些同事，甚至昨天（10月15日）美国方面又提出了所谓"香港自治法"，您是什么样的心态去看待这些？

林郑月娥：每一个国家都有国家安全，每个国家都要为维护国家安全而进行有些法律的制定，而且每一个国家都应该有它的自主权，所以对西方国家有一些政府的官员或者是一些国会的议员，在完全没有根据事实，对于国家、对于香港做出一些无理的批评，我们必须要反驳。

你要制裁我们就不到美国去了。你要让我们在日常的个人生活方面有一些不方便，我们也可以承受。反正很快国际社会会看清楚，是谁有道理，谁没有道理，一些霸权主义我们不应该容忍的。

中新社记者：您是特首，同时您还是一名女性，一个妻子，一个母亲。经历去年的黑暴事件，包括今年特区政府制定很多防疫措施的种种，坊间有一些不一样的声音，那么您的家人是怎么支持您继续前行的？

林郑月娥：基本上是默默地支持，他们是非常低调的，虽然他们心里边可能也感到很不高兴，觉得妻子或者是妈妈做了大量的工作，还是受到这样的对待，但是他们总是很支持我，也不问我，反正他说你做的事情我们肯定100%支持，我们不需要问你做的是什么事情，你的考虑是什么，因为我不是一个立法会议员，我不是一个传媒，我是你的最亲密的最相信你的家人。

中新社记者：谢谢您，之前看了您每个月在25号都会发表一下特区政府关于防疫的一些工作，我们也希望能有更多的市民更多地理解您，像您的家人一样支持您，谢谢。

40

李家超：我最大的期望就是为香港多做事

本期策划 ｜ 曾嘉　张炜

记者 ｜ 索有为　李越　梁源　范思忆

撰稿 ｜ 索有为

播发时间 ｜ 2022 年 8 月 1 日

采访嘉宾　李家超
香港特别行政区
行政长官

- 我希望政府可以凝聚社会的力量、各界的力量，那么 1+1 就可以比 2 大，也希望大家共同努力，（创造）香港更美好的明天

- 香港整个发展除了联通国际，更要融入国家发展大局。所以，我把减少往来两地的不方便，作为我的第一个目标

- 关心青年，在就学方面我们要尽量给他们更多机会，就业方面要

尽量帮助他们，在创业方面我们要开拓空间，置业方面要纳入土地房屋供应

> 2022 年是香港回归 25 周年，未来五年是香港"由治及兴"的关键五年，中央对新一届特区政府寄予厚望。香港特区行政长官李家超履新一个月来有何感受？未来五年香港面临的最大难点是什么？在应对这些难题的时候，怎样处理"过程"和"结果"之间的关系？对各界关注的与内地实现正常通关，李家超有何考量和举措？

访谈实录

FANGTAN SHILU

中新社记者： 从 7 月 1 日您宣誓就职以来，我们注意到您的日程非常紧张和丰富，上任一个月来您最大的感受是什么，和您预期的思路和效果有什么不同吗？

李家超： 最大的感受就是工作的数量很多，要解决的问题很多，但这也是一个重要的动力。我非常荣幸可以就任行政长官，我最大的期望就是为香港多做事，解决老百姓的问题。所以从上任到现在，虽然工作真的很忙，但是动力越来越大。我也非常感谢我的团队，他们的施政理念跟我很一致，而且他们都很实干，希望把问题解决，为老百姓做实事。

在履新满月之际，香港特区行政长官李家超接受中新社"中国焦点面对面"专访，对一系列问题进行回应和解读。　　　　中新社记者　张炜　摄

中新社记者：这也正如您参选当初提出的"同为香港开新篇"，您最强调的就是这个"同"字。

李家超：我说的"同"当然包括我们的团队要团结，但是我说的"同"还有一个更大的概念，就是整个社会。我希望政府可以凝聚社会的力量、各界的力量，那么1+1就可以比2大，也希望大家共同努力，（创造）香港更美好的明天。

中新社记者：在您看来，未来的五年香港面临的最大难题是什么？在面对这些难题的时候，您怎样处理"过程"和"结果"之间的关系？

李家超：我觉得很多问题都有它的难度，因为大部分的问题都是累积起来的。当然，有一些可以比较快解决的，比如在强大的统筹下或者是集中力量去解决一些地区的环境等老百姓关心的痛点，可能比较快可以处理，但是很多（问题）都是累积下来的，特别是房屋的问题，纵然每一届（特区）政府都很努力去希望解决问题，但是我们曾经有一段时间没有建房、没有大力开发土地，所以我们现在就要尽快把时间追回来，这当然不是很容易的事，但是也要面对。在我的竞选政纲里也提到了土地房屋问题，首先要"提速、提量、提效"，把所有可以做的事情推前一点，所以我提出"提前上楼"计划，纵然这个提前的时间可能就是几个月，但是对等了很久的老百姓家庭来讲，几个月也非常重要了，因为他们对房屋方面有很迫切的要求。我们的土地供应从长远来讲、十年来讲，当然是足够的，但是十年太长。我希望把这个供应提前，如果可以，朝一年两年三年尽量去做，把所有不必要的程序压缩起来。而且统筹也是重要的，因为涉及不同的部门，如果协调好了，几个部门一起做，效果也更好。在房屋方面我已经成立两个工作组，工作组上任 100 天要提交初步的一个建议书。两个组都是由司长级的官员去领导，目的就是要高层领导，效率方面希望做得更好，指挥方面希望做得最好，而且所有部门的服从性也就更有效，去全方位、集中精力解决这个问题。

中新社记者： 我们也注意到您在上任之后直面"通关"难题，提出"中途方案"，但近期香港的疫情又呈现反弹趋势。根据香港自身的特点和环境，您认为如何尽快达到这个抗疫的目标？

李家超： 无论从什么角度，我们在各个方面都要尽量努力（达到这个目标）。第一，我们跟内地的融合是这么的紧密，而且香港整个发展除了联通国际，更要融入国家发展大局。所以尽快和内地正常往来是非常重要的，香港居民在这方面的要求也很大。但是我们也要务实，香港现在每天都有 4000 多宗个案（新冠确诊病例），而且趋势还在上升，内地也有管控疫情的压力，如果要一步到位可能就难了，所以，我把减少往来两地的不方便，作为我的第一个目标，这当然要跟内地的同事们谈。当然，时间可能要长一点，所以第一步可能就要把减少不方便作为第一个目标，之后慢慢达到正常往来。香港也要做好自己的疫情管控，把确诊的个案（病例）压下来，所以我已经要求用更精准的方法去管控疫情，包括数据分析、把需要管控好的人一定要管控好。

中新社记者：北部都会区建设蓝图绘就，香港也正加快融入国家发展大局和粤港澳大湾区建设，其间将怎样"把有为政府同高效市场更好结合起来"？

李家超：北部都会区是一个大的计划，我是会亲身领导的，我现在的想法是把这个大的计划，短期、中期、长期分阶段，在落实过程中就可以用我刚才提到的"提速、提量、提效"，每个环节在蓝图规划出来后再压缩，让效率提高。第二，就是把有为政府跟市场优势去结合起来。我们要解决问题的时候，都要从这个角度去考虑。在处理香港房价问题时，我们已经有类似的市场和有为政府结合的做法。简单来讲，我们曾经担心房价升得太快，就增加了买家的印花税，去压缩一下市场需求，但也不影响市场基本的运作。

中新社记者：您上任后首创"前厅交流会"，以促进行政立法机关建立紧密协作关系，前期的沟通效果如何？

李家超：首先我要谈谈"前厅交流会"的目的是什么，因为在"爱国者治港"的原则下，我们不单是系统方面有"爱国者治港"，怎么把"爱国者治港"这套拳打好，也是更重要的。习主席在七一重要讲话里谈到"着力提高治理水平"，我觉得有三方面，第一是系统上的设计，第二是执行力，第三是效果。我提出"前厅交流会"就是系统上的设计，是以行政主导的角度去看这个问题。行政主导，第一要主导，第二要主动。所以我就主动提出把"爱国者治港"再提升一个层次，把行政和立法的关系搞好，就有更好的基础做好良政善治，我觉得"前厅交

2022 年 7 月 13 日，李家超在立法会参加首次"前厅交流会"。
中新社发 香港特区政府新闻处 供图

流会"是一个好的开端。不同的官员都有信心跟立法会议员沟通，这是开了一个门。我要求司局长积极在这方面主动作为，我听到的立法会议员的反应都是非常正面的，但要继续推进才可以达到我所希望达到的另外一个阶段。怎样优化和演变呢？就从过程里面体会吧，我是非常乐观的。

中新社记者：您在参选期间深入基层，走进劏房，但解决那些日积月累的深层次问题，需要足够的担当和勇气，更需要时间和耐力，这期间又该如何平衡现实困难与市民期望的矛盾？

李家超：每个政府都要面对这个问题。老百姓对政府有要求是很合理的，也是不会停止的，因为政府的存在就是要解决老百姓的问题，解决民生问题。（老百姓）每天都会有新的要求，所以我的概念是尽全力，每天都可以解决最多的问题。当然，行政长官个人可以做到的有限，所以刚才说的"同"这个概念就重要了，我的团队要团结起来，上下一心，互补优势。第二，官员要积极发挥自己的领导作用，在问题初步出现的时候立即主动介入。每个问题都以这个态度去解决，我觉得成功的机会也大很多。当然，政府永远都有一个压力，就是老百姓的要求总是比我们解决问题的速度更快。但我也是乐观的，因为我当了公务员40多年，绝大部分的公务员参与自己的工作都是"有心"的，希望可以做一些成果出来，让社会觉得自己的工作是有价值的。

现在我提倡的是什么？就是把系统优化，让公务员的能力释放出来。如果是程序太多，程序不合理、旧了，就改；如果是法律不与时并进了，也改。每天我比昨天多解决一个问题，就用这个态度去解决老百姓的问题。

中新社记者：香港的未来在青年，你如何进一步做好青年的工作？

李家超：青年是我们的未来，我也希望我老的时候青年可以照顾好我，今后我也依赖我们新一代去照顾香港。关心青年，在就学方面我们要尽量给他们更多机会，就业方面要尽量帮助他们，在创业方面我们要开拓空间，置业方面要纳入土地房屋供应。刚才提到的几个方面都需要做大量的工作。另外，我已经要求（相关部门）制订一个青年的政策，让青年强化自己的能力，有一个正面的价值观，有国际视野、国家观念，也有家国情怀，素质提高，而且能力也提高，多元地去照顾他们的理想。

中新社记者：我们也注意到您很重视舆论公关，是不是有想法把各个政策局的舆论公关都统起来，以加强应急处置能力？

李家超：我主要想，要很公道地让老百姓明白政府的工作。以前的经验是政府做了很多事，但是老百姓可能看不到、听不到，感觉（政府）好像没做事。所以要提高透明度、多开放。我希望要多用社交媒体让老百姓也知道我们政府的工作。第二，我们也希望老百姓感觉在香港生活有幸福感，你要把你做的事情、做的成绩让大家都知道，那么幸福感才出现了，从这两个角度我推动政府不同的部门、不同的官员尽量把自己开放出来，尽量把自己的信息也广播出来，而且在这个过程中也能听到回应，可以精益求精地去做得更好。而且我希望把我们的网络接触的范围扩大。因为说好"香港故事"不单单是在香港说，在内地也说，因为我们是一家人，让内地同胞更了解香港现在的情况，大家的关系更好，互相支持的程度就好，所以我觉得"家好国好"，香港这个"家"要扩大到国家层面的大家庭。

而且"香港故事"在国际上也要说，让外国人知道香港的情况，我们现在要把香港打造成文化之都，让他们知道香港的文化艺术发展很有吸引力，希望来看看。开放自己，让更多范围的人士了解香港，我觉得都是对香港好，而且也是对人民好。

中新社记者：您还特别重视社交平台，上任后开通了微博并及时更新。您开通这些社交账号的初衷何在？

李家超：我觉得所有事情没有最好，只有更好。我刚才提到了，我希望大家更了解对方，也希望我们不需要经过中间人去让大家了解。微博有这个好处，我会直接跟广泛的老百姓沟通，而且我也收到一些信息，让我知道香港跟内地的关系应该怎么处理，这也是重要的。我觉得，既然我们是一家人，每一个想法都应该知道。我觉得大家有共同意愿，都是希望香港好，因为香港好符合国家利益，也符合我们中华民族伟大复兴的共同目标。所以我开通微博，从中也学习了很多东西。

中新社记者：前几天，有专栏作家指有团体因为在灯柱悬挂国旗贺国庆，被路政署征收逾14万港元。您通过社交平台予以回应，指示有关部门豁免相关费用，并展开关于正确悬挂国旗及区旗的教育工作，让市民正确使用国旗。对于这件事情的处理，我们是不是可以理解这是为"着力提高治理水平"，而在治理机制上迈出的一小步？

李家超：当然有这个角度，但是我觉得更重要的就是我们有责任做事情要尽快做好。两个元素，第一要尽快，第二要做好。香港从2019年到现在，我们首先有香港国安法，把香港的安全、和平、稳定带回来了，之后完善选举制度、落实"爱国者治港"，在这个基础上，怎么做好"一国两制"应该做的事情，不单要看香港利益，更要看国家利益。在"一国两制"下的爱国意识是应该培养的，我们以前在这方面做得不够，现在努力做。所以我在这个事情里的感受就是：领导的作用很重要，领导要立场很明确。现在特区政府的政策是推动爱国主义教育，每个部门要（围绕）这个目标去做工作；之后也要系统地把爱国主义教育做好。现在我已经要求有个政策去做好爱国主义教育的每个环节。比如：很多人不知道悬挂国旗之后怎么处理，不许用不尊敬的方法去处理，要用尊敬的方法处理，这是教育的一部分。我对（这个）事情的判断就是：部门需要领导做出明确的、方向性的指导，我也希望在这五年，我们在这方面会做得更好更快。

中新社记者：最后想请特首谈谈您接下来要推进的新举措。

李家超：我将在10月发表我的第一份施政报告。现在开展了咨询，我个人有一些新的想法，也听听各界的意见，综合之后在10月的施政报告中会有一些新举措向大家交代，所以给我一些时间吧，10月，很快的。

41

贺一诚：爱国爱澳，让市民有受益感

🎤 本期策划 ｜ 魏群

👤 记者 ｜ 陈小愿　刘超　崔楠

👤 撰稿 ｜ 陈小愿　唐贵江

🕐 播发时间 ｜ 2021 年 3 月 9 日

采访嘉宾　贺一诚

澳门特别行政区

行政长官

■ "十四五"规划涉及澳门和横琴深度合作，有助（澳门）整体产业多元化发展上一个新的台阶

■ 澳门的大学里的重点实验室，与珠海或内地其他城市可以进行有关合作。澳门的大学可以在其他城市办新校区，像澳门旅游学院可以为大湾区的旅游学员做有关培训工作，这就是发挥澳门优势，

和大湾区城市共同发展

■ 本届特区政府设立了青少年爱国爱澳教育基地，让下一代保持这个优良传统。这是澳门的优势，所以办起事来大家比较容易统一思想

扫 码
看访谈视频

"

2020年新冠肺炎疫情对全球造成冲击，澳门特区政府反应迅速，措施得力，在较短时间内控制住疫情。在海外疫情仍然严重的情况下，澳门作为知名旅游城市，旅游业受到很大冲击，促进澳门经济适度多元发展，增强抵御风险能力，显得越来越迫切。"十四五"时期，国家深化改革开放，推进粤港澳大湾区建设，澳门如何发挥自身优势，既实现更好发展，又助力国家建设？

访谈实录

FANGTAN SHILU

中新社记者：2020年以来新冠肺炎疫情席卷全球，澳门特区政府快速反应，措施有力，在较短时间内控制住了疫情。近期您率先接种了新冠疫苗，现在第二批国产疫苗也运抵澳门，请问澳门何时能实现全民接种疫苗？您认为接下来澳门疫情防控的重点是什么？

贺一诚：这场疫情是全球性的，澳门在全体市民共同努力下，防控

疫情取得了一定的成绩，这来之不易。包括输入个案在内，澳门共 48 宗新冠肺炎确诊病例，做到了零死亡、零社区暴发，已经连续 340 多天没有本地个案。2021 年澳门还是会把抗疫工作放在首位。

在国家支持下，澳门获得了（国产的）灭活疫苗，也订购了 BioNTech 的 mRNA 疫苗及阿斯利康的腺病毒载体疫苗，市民可以自己挑选接种哪一种疫苗。现在已经有四万多人登记注射，估计再过几个月覆盖面可能会比较广。

澳门的疫苗是充足的，有信心做好澳门居民的防疫保障工作，也期待内地、海外其他国家地区的人民都能够做到有关疫苗的覆盖，使澳门旅游业发展和整体的人员来往都回复到正常。

中新社记者：澳门作为闻名全球的旅游城市，去年旅游业受到疫情严重冲击。现在澳门面临的经济压力如何？在当前形势下，您认为推动澳门经济适度多元发展是否显得更加紧迫？特区政府有没有进一步的规划和方向？

贺一诚：特区政府 20 多年来一直在为（推动）产业多元化不断努力。旅游业对澳门这座小城市来讲，是重点发展的一个产业，2019 年（接待）游客约 4000 万（人次）。旅游业受疫情冲击，整体经济受影响是必然的。

澳门经济适度多元化发展，要再加快脚步。在第二个五年规划里，澳门把大健康产业、金融产业、科技产业和文化产业这四大产业作为抓手，每个产业再通过落实一两个项目切入，加快多元发展。

在科技方面，有大健康、集成电路、卫星、智能化等方面的四个国家重点实验室，这也是澳门与内地合作的一个重要平台，我们希望通过这些国家重点实验室、科技人员，与内地有关产业结合，把澳门的科技成果转化为产品，使澳门的产品多元化迈上新的台阶。

在中央的领导和支持下，估计澳门适度多元发展不需要很久就能有较大的变化，特别是"十四五"规划涉及澳门和横琴深度合作，有助整体产业多元化发展上一个新的台阶。

中新社记者：说到澳门经济适度多元发展，人们常会提到粤港澳大湾区建设。作为大湾区建设的重要参与者，您认为澳门的竞争优势主要是什么？

贺一诚：粤港澳大湾区建设的规划，是要内地九个城市和香港、澳门各自发挥优势产业，避免产业重叠发展，不是要产生相互竞争局面，这是一个很好的方向。我上两个月到大湾区各个城市拜访和参观后，感觉他们都在发挥自身优势产业，没有重叠发展，没有浪费资源或恶性竞争，而是形成良性互动机制。

澳门是大湾区面积最小的城市，希望和其他城市融合在一起，发挥自身优势。例如，澳门的大学里的重点实验室，与珠海或内地其他城市可以进行有关合作。澳门的大学可以在其他城市办新校区，像澳门旅游学院可以为大湾区的旅游学员做有关培训工作，这就是发挥澳门优势，和大湾区城市共同发展。

中新社记者："一国两制"是粤港澳大湾区建设的优势，但也有人担心粤港澳三地规则不同，可能面临一些挑战，请问在规则衔接方面，您认为目前有哪些重点工作要进行？

贺一诚：从规则来讲，粤港澳大湾区最主要是法律体系不同，内地九个城市和香港、澳门分为三个不同的法律体系，比如香港实施普通法、判例法，与内地不同。澳门是成文法，内地也是，因此在实务层面上比较好操作。现在澳门律师已经在大湾区（内地城市）开了律师事务所，加强了有关往来，加深了对内地法系的认识。我在全国人大常委会工作了五届，在澳门立法会也工作了三届，所以我有充分的信心，在法律体系方面，澳门能够和内地配合得好。

澳门特别行政区行政长官贺一诚接受中新社"中国焦点面对面"专访，进行权威解读。

中新社记者 崔楠 摄

横琴的发展对于澳门来讲是一个新的机遇，因为澳门地方面积小，而横琴有 106 平方公里，所以这是一个（新的）发展空间。希望双方通过真诚合作，能够把这个空间发挥得最好。

中新社记者： 当前，国家正在构建国内国际双循环发展新格局，请问特区在搭建中国与葡语国家商贸合作服务平台方面有哪些新的规划？

贺一诚： 中国与葡语国家商贸合作服务平台方面，我们有中葡论坛部长级会议等机制。有葡语系国家不断地加入，去年又增加了一个。葡语系国家和地区有两亿多人口，我们（要）建立好商务合作服务平台。

澳门的商贸服务平台建立后，澳门作为平台的角色，可以和他们共同探讨中葡商贸服务合作平台的发展。澳门和葡语系国家是同一个法律体系，希望和他们建立更大的合作空间。因为疫情影响，去年中葡论坛的部长级会议延迟了。中葡论坛部长级会议，有助增加双方了解，希望争取今年能开这个会议。

中新社记者：澳门市民素有爱国爱澳的优良传统，回归以来，具有澳门特色的"一国两制"实践不断向前推进。您认为，澳门在这方面取得成功有什么启示？

贺一诚：从澳门回归前和回归20多年来的历程看，爱国爱澳传统保持得比较好。做好相关教育工作是爱国爱澳得以传承的重要原因。如果教育做得不好，不理解中国近代史，在这方面走偏了，就会发生其他的不同看法。

庆祝澳门回归祖国20周年澳珠烟花汇演。　　中新社记者 陈骥旻 摄

澳门回归以来，一直没有放松教育工作，本届特区政府设立了青少年爱国爱澳教育基地，让下一代保持这个优良传统。这是澳门的优势，所以办起事来大家比较容易统一思想。像疫情防控方面，我们的工作做好了，内地的朋友可以来澳门旅游。这是相辅相成的。

爱国爱澳工作，一定要做到让老百姓摸得着、感受得到。让他们知道，有这个情怀，对以后发展的好处在哪里。现在澳门很多居民在横琴获得了医疗保险，澳门单牌车可以开到横琴等，这在以前是无法想象的，是在良好的基础上才能实现的。所以澳门市民体会得到，就会更加爱国爱澳，对澳门的发展会更好。

中新社记者：从担任全国人大代表到澳门特首，您已参加过多次全国两会，这些年来您看到国家有哪些发展变化？以不同的身份参加全国两会，您有什么感受？

贺一诚：出席和列席全国两会是两种不同的身份，前者有表决权，而后者没有，这是最大区别。我担任过五届全国人大代表，（第一次）参加全国人民代表大会那年，中国的 GDP 还没有达到 10 万亿元人民币，2001 年才超过 10 万亿元。广东省去年 GDP 已经到了 11 万亿元，超过 2001 年全国 GDP 总量，而国家 2020 年 GDP 已经超过 100 万亿元，这是最大的变化。

这 20 年间，中国在社会主义市场经济方面立了很多配套的法律，每一条、每一款我都经历过，所以在这方面很有体会。中国的发展以法治为先，依法治国，全国人大常委会立了很多配套的法律，在哪一方面缺乏，就在哪方面补，已建成中国特色社会主义法律体系。现在我们仍在不断地补充，比如去年完成的民法典等，都是国家在法治方面的巨大跨越。

所以这 20 年我感觉很充实，作为一名曾经的人大代表、一个老常委（全国人大常委会委员），我参与了很多。我为国家感到自豪，也为国家的发展而高兴，为自己参与了这个大时代的工作感到光荣。我对国家的未来充满信心，因为国家会有更多的发展机遇。澳门是国家的一分子，会按照国家政策的方向，把握好国家发展带来的机遇，使澳门发展得更好。

中新社记者：目前香港的局势受到大家很大的关注，这一次全国人大将完善香港的选举制度，也引起各界关注。请问您对香港未来有什么期许？

贺一诚：全国人民代表大会现在在讨论有关完善香港选举制度的决定，是人大的权力。因为香港的选举制度存在一定的漏洞，现在把这个漏洞堵上，是希望能够在香港把"一国两制"做好。

对于澳门来讲，在行政长官选举和立法会选举制度上，按既定程序做好工作，有效贯彻落实了"一国两制"。澳门在2009年就立好了国安法，不能也不让外国势力在澳门干预我们的工作。我们（要）守卫国家的安全。

现在看到的香港问题是一个国家安全问题，香港的问题是由很多外国人在插手、干预而产生的。澳门要做好这一方面工作，把关于国家安全的系列法律立好、补充好。同时，我们还是按照现有制度，保证澳门今年的第七届立法会选举能够完成好。

香港"财爷"解析香港三大机遇

🎙 **本期策划** ｜ 王丹鹰

👤 **记者** ｜ 李越　陈烁　李雨齐

👤 **撰稿** ｜ 刘辰瑶　王嘉程　李越

🕐 **播发时间** ｜ 2020 年 11 月 6 日

采访嘉宾　陈茂波
时任香港特别行政区财政司
司长

■ 最近这半年，有不少内地在境外上市的企业回来香港二次上市，
是对我们股票市场的信心一票，很重要

■ 内地经济迅速复苏对我们的帮助，在第三季度就看得出来。第三
季度，内地经济增长大概 4.9%，出口增长了很多，也带动了香港
的进出口在第三季度恢复增长

■ 我觉得，往后除了金融产业、金融服务业以外，创新科技是我们努力的方向。我（对香港前景）感到很乐观

> 中共十九届五中全会日前在北京闭幕，会议对中国"十四五"规划作出部署，并提出了2035年远景目标。面对新的国家规划，香港如何扭转当前面临的经济负增长压力？如何巩固国际金融中心等地位？如何在国家规划以及大湾区建设中发挥独特优势？

扫 码
看访谈视频

访谈实录

FANGTAN SHILU

中新社记者：今年是"十三五"规划的收官之年，回顾当时的港澳专章，其中特别提到了要"深化内地与港澳的合作""支持提升港澳的经济竞争力"。当时有很多评论文章说，香港面临着一个重大机遇。现在回顾这五年，您觉得香港在其中把握住了哪些机会，又带来了什么样的发展？

陈茂波："十三五"规划其中一点是巩固和提升香港作为国际金融、航运、贸易中心的地位。在这方面，过去五年，我们取得了很大的发展，这要感谢中央给我们的支持。

举个例子，在金融市场方面，2015年在这边上市的内地企业大概

900 多家，现在已经到了大概 1300 家。市值当时大概是 15 万亿（港币，下同），现在已经增加到超过 33 万亿。股票市场的成交量，当时大概 70% 左右跟内地有关的企业成交，现在超过 80%。市值当时大概是 60% 多，现在也接近 80%。可以说，由于中央的政策支持，内地企业走向国际，来香港投资融资，把我们的股票市场推上了一个新台阶。

中新社记者：今年是不同寻常的一年，因为疫情，香港各行各业都受到了一定程度的影响。我们回顾 SARS 时，经济能够迅速地复苏，是跟当时中央政府开通内地居民港澳个人游有一定关系，以及当时签署了 CEPA（《内地与香港关于建立更紧密经贸关系的安排》）的大礼包。今年情况截然不同，疫情持续时间特别长。在这种情况下，香港想要经济尽快复苏的话，您有什么样的应对措施呢？

陈茂波：2003 年 SARS 的时候，其实是我们从 1998 年亚洲金融风暴，到美国的科网股爆破，然后到 SARS，经济是往下走了一段时间。当时是很困难的，房价掉了 60% 以上，失业率到 8% 多。那个时候国家给我们政策支持，自由行、CEPA，所以在谷底我们反弹得很快。新冠肺炎疫情往后的经济恢复，我们估计不一定能像过往有 V 形反弹。这一次可能需要的时间长一些。

不过我们也不要给短期的、眼前的困难遮蔽了看中长线的机遇。粤港澳大湾区的发展，对香港来说很重要。我们是一个比较成熟的经济体，人均 GDP 已经超过 46000 美元，人口 700 多万。但是，一个比较小的市场发展到这个阶段，要往上到另外一个台阶，粤港澳大湾区对于我们（就很重要了），一方面（大湾区）是一个大的市场，（香港可以）通过大湾区扣进内地的内循环。另外一方面，在产业方面我们主要是金融、房地产，如果能跟深圳、广州，跟其他兄弟城市，在创科、先进制造业方面互相促进的话，也给我们另外一个台阶。所以尽管短期经济恢复需要一段时间，不过从中长线来说还是比较乐观。

国家在内外循环、相互促进这个角度，也提出改革开放这个国家发展战略是坚持不变的，是在一个更高的水平上双向的开放。我们作为国家的一个重要的跟国际（接轨）的门户、桥梁，在这方面的角色还是很重要，也给我们提供发展的机遇。

中新社记者：今年特区政府似乎也调整了"花钱"的风格，推出了多轮防疫抗疫基金，也第一次给全民每人派发了 1 万元。但是您曾经在预算案中预告过，可能未来几年经营账目上录得的都会是赤字。特区政府有没有做好准备，去应对持续的财政赤字问题？

陈茂波：未来五年总的来说，每一年都有赤字，但是金额不是很大，大概 100 多亿到 200 亿至 300 亿左右。我们一年的总开支超过 6000 个亿，所以在整个布局里边还算是比较平衡的预算，尤其是考虑到国际环境这么复杂，我们面对经济下行的情况。现在估计，到明年 3 月底，还有大概 8000 多亿的财政储备，这个水平，大概是我们开支的 12、13 个月，还算比较稳健。

往后，一方面，特区政府要继续投资（重要基建），尤其是在经济下行的时候，政府的投资是重要的。另外一方面，经常性开支，我们要进入一个整固期，不能随便增加。

在收入方面，我们也做了一些研究。现在国际上在税务方面也出现不同程度的竞争。在这方面，如果能增加收入，也不影响我们的竞争力，我们会积极考虑。现在，在这方面言之尚早，不是有一个马上要做的计划。社会需要有一定的讨论，要审慎从事。

中新社记者：我们近期注意到有诸多不同持份者都在向特区政府提出一些诉求，希望能够动用财政储备来帮助社会渡过难关。但是要维护金融安全，就必须也要维持财政的稳健，您是如何来平衡这两者的？

陈茂波：香港在"一国两制"这个特殊安排下，有一个很特别的情况，也是历史的原因，就是港币跟美元挂钩。这对金融稳定很重要，对安定社会民心也很重要。《基本法》第 107 条就提到我们要收支平衡，避免赤字。同时，开支增长要跟经济增长相匹配，这是财政纪律方面的要求。

另外一方面，《基本法》从 111 条到 113 条也提到，港元要保持自由兑换，不实施外汇管制，资金自由进出。我们发行港币的时候，需要有 100% 的储备支持。所以，联系汇率制度，有一定的设计，这个设计保证了金融的稳定，但同时也限制了一些空间。我们可以说没有什么货币政策的空间。利率基本上由于跟美元挂钩，也跟美元的利率挂钩。也不能随便发行债务，不能随便增加货币供应。

因此财政政策、财政储备对我们来说就很重要。这也解释了为什么刚才我说，在经济下行、外围环境困难的时候，一方面我们要帮助老百姓，要支持经济发展，钱的话，应该用还是要用。同时，要审慎从事，要小心用。

举个例子，去年出现社会事件的时候，有一段时间大家担心会不会资金流出，令香港的金融稳定出现问题。前阵子美国所谓制裁，在坊间有很多不同的猜测，会不会造成金融稳定的问题。回过头来看，我们的金融市场非常稳定。所以，有一定的财政纪律，保持一定的财政储备，以至于我们能保持金融稳定是很重要的。这中间，我们要小心平衡。

中新社记者：就像您刚才说的，香港近来有不少可喜的迹象。我记得您在 7 月份的时候就说过，自 4 月以来，连续 3 个月有大概超过 1000 亿的资金流入香港。今年 10 月，录得香港银行体系总结余的数字是 2016 年以来的新高。接下来可能还会有一大波的优质企业到香港来上市。这些向我们都透露了一个什么样的信号呢？

陈茂波：这也表示（香港）作为一个国际金融中心，汇率稳定、资

2021 年 2 月 16 日，香港股市牛年首个交易日"牛气冲天"。

中新社记者 张炜 摄

金自由进出是很重要的核心竞争力。4 月份开始到现在，流进来 3000 多亿港币。所以我们银行结余现在 4000 多亿，很高。

曾经也有一些朋友问：钱进来这么多，是不是准备到时候一起走出去，冲击联系汇率？到时候金融稳定会不会出问题？也有这些猜测和担心。

我可以跟大家说，这些钱进来，我们给他港币，拿了美元，还是投放在美元资产，随时做好准备。你随便进来，随便走，都能给你兑换，也不会对我们的金融稳定造成影响。

最近这半年，有不少内地在境外上市的企业回来香港二次上市，是对我们股票市场的信心一票，很重要。我们也看了一下，要排队过来的还不少。中间有一些规模比较大，也吸引很多老百姓的兴趣。这个过程里边流进来的资金，社会动起来的资金也不少。我们都很小心在监督，没有看见什么特殊的情况。这也表示我们金融系统的运转还是有序，很畅顺。

中新社记者：我们能不能这样理解，国际疫情肆虐的情况下，资金持续地在流入香港，是国际资本对于港元以及香港国际金融中心地位还是有信心的，是这样吗？

陈茂波：对我们金融体系、金融系统是非常有信心。这也是用行动打破了之前一些猜测。主要是国安立法、美国所谓的对香港制裁，会不会对我们金融中心地位造成影响。这些国际资金，哪里有机会，哪里有前途，生意好、能赚钱，他就来。

所以最重要还是，一方面，用好国家给我们的发展机遇，发展我们的金融中心。同时，在监控方面要不断警醒，不断动态的、长时间的、跨界别（跨界别就等于说这个银行体系、股票市场、外汇市场）联动式的全天候监督。这个工作如果我们做得好，就可以在一个比较稳的情况下用好这些资金。

中新社记者：内地经济现在正在迅速复苏，中央也提出了新发展格局。您觉得内地经济迅速复苏，对于香港提供了哪些机遇？

陈茂波：内地经济迅速复苏对我们的帮助，在第三季度就看得出来。第三季度，内地经济增长大概4.9%，出口增长了很多，也带动了香港的进出口在第三季度恢复增长。9月份，我们出口增加更厉害。可以说内地经济复苏对我们有立竿见影的影响。

外贸以外，我们也希望能在内循环这一块把握机遇。

国家推动内循环，对我们香港来说是一个很大的机遇。一方面，国家要增加内需，除了量以外，还有提升内涵。对香港来说，我们就鼓励港商在一些优质产品外销以外，要多花精神开拓内地的市场。另外一方面，由于内需需求这么大，港商在贸易方面拿到境外的优质产品，怎做好分散的渠道，也是一个机遇。

中新社记者： 上周五中全会在北京闭幕，会上对于中国"十四五"规划作出部署，还提出了 2035 年的远景目标。您从中看到了香港又将面临什么样的机会，以及在其中会发挥什么样的作用？

陈茂波： 在经济方面，其实三个重点：一个是内需；一个是创新跟科技；然后第三方面，是在一个更高水平，双向改革开放。

内需这块，香港通过大湾区扣进内循环，港商有很大的发展机遇。

外循环方面，香港这个特别的角色会继续发挥作用。金融市场，在今年 3 月底，境外投资者投资内地 A 股，有 70% 是通过深港通、沪港通债券的。全世界的投资，往后都会增加在内地投资的比重。这个增加的过程里，香港就能发挥作用。

吸引科技人才、创科机构、创科企业来到香港落户，用好跟深圳之间的邻近关系，在这方面，我们（也）有很大的发展空间。

中新社记者： 综合现在所有内外环境的因素来看，您觉得香港未来会是一个什么样的前景？

陈茂波： 我觉得，往后除了金融产业，金融服务业以外，创新科技是我们努力的方向。

从贸易、航运来说，空运有很大的发展空间。作为大湾区国际航空枢纽，疫情以前，每天在香港出发的航线，超过 1000 个航班，到境外 200 多个航站。货运方面，大概一年 460 万公吨，全球第一。客量方面，大概超过 7000 万，全球第四。我们现在在做（机场）三跑，做完以后，一年可以处理的人流超过 1 亿，货运超过 900 万吨。在发展第三方物流业、高增值物流服务方面有很大的发展空间。这也是我们作为大湾区国际航空枢纽可以发挥的另外一个长处。

第三方面，是推动两地人民往来。"十三五"（期间），几个重要的跨境基建落成，港珠澳大桥、广深港高铁、莲塘／香园围公路。一小时生活圈已经建立，三小时以内，基本上覆盖了整个珠三角，这对两地人民往来很方便。香港市民、香港年轻人如果有兴趣到大湾区发展、生活的话，就会更便捷。所以，这也不单纯是经济了，是社会、民生。所以我（对香港前景）感到很乐观。

谭咏麟：香港精神是拼出来的，机会在"前"

🎙 本期策划 ｜ 曾嘉　张炜

👤 记者 ｜ 范思忆　李志华　李越

👤 撰稿 ｜ 索有为

🕐 播发时间 ｜ 2022 年 6 月 28 日

采访嘉宾　谭咏麟

香港著名艺人

■ 现在的小孩子都在"温室"里被过分保护，突然间在外面有一些
风风雨雨的打击，他们就会很气馁，可能有一种失败感，这真的
要慢慢来教育

■ 《成功需苦干》是一首我非常喜欢的歌曲，里面的每一句歌词都

具有鼓励性

■ 我们很荣幸，在（20世纪）90年代初就开始进入内地。我们见证了国家从一个比较落后的情况，慢慢一线城市、二线城市、连三线城市都非常发达了

> "
>
> 　　2022年7月1日，香港将迎来回归祖国25周年。25年间，越来越多的香港演艺人员到内地发展，香港演艺业的发展也见证了香港社会环境的变化。
>
> 　　回归以来，香港演艺界有哪些变化和发展？爱国情怀如何薪火相传？怎么看待粤港澳大湾区协同共融？

扫　码
看访谈视频

访谈实录

FANGTAN SHILU

中新社记者：您经常说"我永远25岁"，为什么会这么说？您是怎样保持这种年轻的状态？

谭咏麟：我常常挂在嘴边说，我永远25岁。我觉得25岁是一个很好的年龄。因为25岁大部分都是已经念完书，出社会工作了一段时间，处事待人都会比较有经验，而且比较懂怎样去应付事情，年轻又有干劲。无论是做任何一个行业，25岁都是一个非常好的年龄。

我用运动来保持状态，前一阵子隔离时不能聚众，不能踢球也不能

去健身房，我就去爬山。平常我是礼拜二、礼拜四晚上踢球，礼拜三、礼拜六白天踢球。

中新社记者：很多人都将您称为爱国歌手，您也曾经说过您的爱国情怀离不开父亲，父亲给您带来什么样的影响？

谭咏麟：我小时候他就常常给我看一些东西。当时滇缅公路唯一一条补给线到重庆的，是我爸爸来（参与）对接。

因为路是很曲折的，常常都会有车从上面掉下来，又不能开得猛，晚上都是漆黑，这样摸黑走路的。因为白天日本的军队会过来轰炸，然后就不能在白天走路，只能晚上，非常非常危险。我们现在的和平日子不是轻易得来的，所以我希望不要再有战争。

中新社记者：熟悉您的朋友经常说您的成长经历非常具有榜样作用，展现了香港人的"狮子山精神"。现在香港有一些年轻人常会抱怨，抱怨买不起楼、抱怨前途渺茫等。您会怎样为他们加油鼓劲呢？

谭咏麟：我曾经住过北角健康村，也是公屋。那个时候地方很小，爸爸妈妈还有两个姐姐跟三个妹妹，我们八个人住在一块，很挤的。虽然地方小，但是气氛很好，也没有计较。为什么那时候那么辛苦都没有埋怨？因为大家都有那种香港精神，再往后60、70、80年代，都是拼出来的。

我的爸爸妈妈出身在大户家庭，然后他们到香港来，爸爸一个人在工作，要熬出六个孩子的饮食起居，还有供书教学。曾经有一段时间，在姐姐还没去工作时，我连5块钱的学费都交不出来，还要问一些亲朋（借），靠他们帮助。

那个时候的风气就是大家庭，一家有六七个孩子很平常，起码四五个，偶尔会有一些吵吵闹闹，但兄弟姐妹间的感情非常融洽。现在的小孩子都在"温室"里被过分保护，突然间在外面有一些风风雨雨的打击，他们就会很气馁，可能有一种失败感，这真的要慢慢来教育。

中新社记者：您参与组建了一个乐队叫"温拿乐队"，在香港甚至在全球风靡一时。请您分享一下当时组团的故事，包括从 Loosers 到 Wynners 的改名，中间发生了什么？

谭咏麟：其实以前的 Loosers 也不是失败，就是放轻松。但是谐音跟"失败"同音，所以很多人叫我们"失败者"。但我们从失败里面磨炼出来变成 Wynners（Winner），就成功了。

那个年代都是一帮小孩在街上，很开心地就会过一天了，也没有现在那么多物质要求。（乐队）里有好几个都是亲戚。比如，吉他手阿健和阿强是在电气道做裁缝，陈友住在他们后面，陈百祥跟他弟弟都是在同一个区。我认识他们后就变成一个队。我们在 70 年代推出第一张唱片，短时间内就在泰国、马来西亚等地登上榜首，变成很多地区 DJ 爱播的音乐。当时只是爱音乐，只是希望把原汁原味在音乐里面表达出来，我们都以跟原唱一模一样为荣。后来就慢慢发展变成了香港原创音乐。

中新社记者：您的很多歌曲都展现了一种励志向上的态度，激励了一代又一代年轻人。您最喜欢的一首代表作是什么？

谭咏麟：有一阵子我常会改编一些歌，想想有没有可能把我们的精神放进歌词里面，希望可以鼓励一下年轻人，让他们努力工作、努力学习。

《成功需苦干》是一首我非常喜欢的歌曲，里面的每一句歌词都具有鼓励性。

中新社记者：可不可以现场给我们唱一段呢？

谭咏麟：现场来两句？卡拉 OK 吗？我这样清唱吗？一二就好了：

莫再因辛酸心创伤

不必费心力去找真相

世态纵未如意

亦必须直往

成功需苦干

愿抱稳宗旨咪谋望

不必怕失败引起不安

纵有困惑迷茫

亦必须自信

能找到方向

中新社记者：您很早就选择了北上发展，当时是什么契机？第一次去内地城市的经历现在还记得吗？您走了哪些城市，有没有一些印象深刻的事？

谭咏麟：我们很荣幸，在90年代初就开始进入内地。这几年再重新去一些地方，都已经认不出来了。我们见证了国家从一个比较落后的情况，慢慢一线城市、二线城市、连三线城市都非常发达了。每一次回去看到（发展）都很开心。

印象深刻的当然有，尤其是深圳。深圳因为比较近，我们又常常去那边打球，可以去吃东西买东西，几乎是每半年、几个月没去就会发现，我（印象中）在哪个地方的标志都不见了，整个大楼、地区都改了，变成另外一些新的东西，这个真的很厉害。

我第一次到内地的城市是（上海），（当时）还是比较落后。现在不一样了，现在不得了，尤其是外滩附近已经非常繁华。

以前我们常常听到，亲戚朋友在内地要求寄什么东西回去，希望寄冰箱、电视机等一些电器用品，还有一些原材料食物，都希望从香港寄过去。现在不需要了，现在太先进了。

2022年9月27日，香港街头迎国庆气氛浓厚，旺角街头的灯柱挂满国庆彩旗。

中新社记者 李志华 摄

中新社记者：如今回头看北上发展的这个决定，有没有什么感受？这个决定为您的生活和工作带来了什么样的改变？

谭咏麟：当然是更大的市场。我们从香港，还有（到）东南亚，（市场）其实已经很广了，在全球有华人的地方，我都会有我的市场，但是加起来都不够中国（内地）一个市场大。更多的歌迷、更多的观众能够享受我在台上那种投入，我就面对他们有一种回响、一种支持，就形成一种互动，对我们来说是更有动力的。

中新社记者：作为香港乐坛的标志性人物，在这25年中，您见证了香港的哪些改变？

谭咏麟：我们那个年代歌手不多，所以机会很多。现在每天都有新人出来，但他们的演出机会不是很多，所以真的期望能够有一个机构扶持年轻一代的艺人，可以让他们去发挥，这真的很难得。

香港有很多年轻人对于内地完全不了解，也不懂。他们的脑袋里面听来听去可能是一些不好的消息、不好的资讯，对于他们来说完全是被误导。应该多给他们一些机会到我们内地，比如说学生交流，或是年轻艺人的交流，去给他们一个平台。或者香港（特区）政府给一些基金，有人带队按时每个月交流，给年轻人到大湾区走一走，让他们开开眼界，了解现在我们国家已经到了一个什么样的（发展）地步。

年轻人回来后可能有自己的看法、自己的体验，之后把他们的所见所闻放在歌里面，让他们自己发挥出来，就更容易给香港其他年轻人介绍，慢慢用时间来再磨合。

中新社记者：我们注意到您参与了首届粤港澳大湾区文化艺术节，您怎么看待粤港澳大湾区的发展，区域发展协同能为香港带来什么？

谭咏麟：说到香港在大湾区方面的融合，之前有一首歌叫《前》，我觉得是比较有玄机的。因为"前"代表很多，我一直往前，往前看往前冲。还有前海，很多机会都在前海，香港都看得懂。年轻人也要看得懂，大家多方面去了解一下，看看自己适应哪方面，机会都在前面，都在大湾区里面。

大湾区有交通优势，语言也能共通。现在全国的年轻人都往深圳走，在前海方面都有基地。以前我们说的科创基地都在，中药（基地）也在，大把机会现在都放在眼前，要能够抓住，好好地发展。

随着香港现在整个情况稳定下来，还期望将来疫情也慢慢安定下来，我希望香港可以像以前一样，明天会更好！

后 记

    高端人物访谈类融媒图书《中国焦点面对面》，容纳40余篇对话、近百幅照片，约30万字。这些对话在成篇时更多聚焦新闻热点，彼此之间并无绝对关联。纳入本书时，我们将它们大体分为"大国之治""中国这十年""经纬纵横""人文泛舟""逐梦苍穹""港澳传声"六个专题，既为方便读者阅读，也希望借此帮助读者对同类同题材新闻和事件能有更全面更深入的了解。

    同时，通过使用随附每篇对话的二维码，读者还可以观看访谈视频，与权威人士、重磅嘉宾隔屏"面对面"，体验"融媒书"新感受。

    《中国焦点面对面》融媒书并不是一本大部头儿，但其中却蕴含、凝聚着众多同仁、各方人士的关怀、努力与付出。

    《中国焦点面对面》栏目本身的创办与成长以及本书的出版，离不开中新社社长陈陆军同志的大力支持，离不开王晓晖、张明新、陶光雄和俞岚同志的指导。

    在本书编辑过程中，《中国焦点面对面》栏目总策划张红同志统筹书稿内容的编选与审定，吴庆才同志也付出了精力和时间。满会乔、徐曦弋同志承担了本书图片的选配与编辑工作，尹丹丹、刘羡、陈舒一同志参与了编务工作。

我们还要向以下各方致以诚挚的谢意——

中新社社委会、编委会，为本书顺利出版提供了重要的基础和保障；

中国言实出版社社长冯文礼同志为本书顺利出版提供了大力支持，配备了资深且优秀的编校人员和设计人员，提供了所需的技术条件；

所有接受《中国焦点面对面》栏目专访的嘉宾和所有参与栏目的同事，携手合作，共同努力，为世界打开一扇更好读懂中国的窗户。

受篇幅所限，在集结成书时有所取舍，会有遗珠之憾；因水平欠缺，难免存有疏漏。望大家海涵，并不吝指教。

《中国焦点面对面》仍然在继续，关注中国，讲述中国。我们将不懈努力，力争做得更好。

编　者

2023 年 4 月